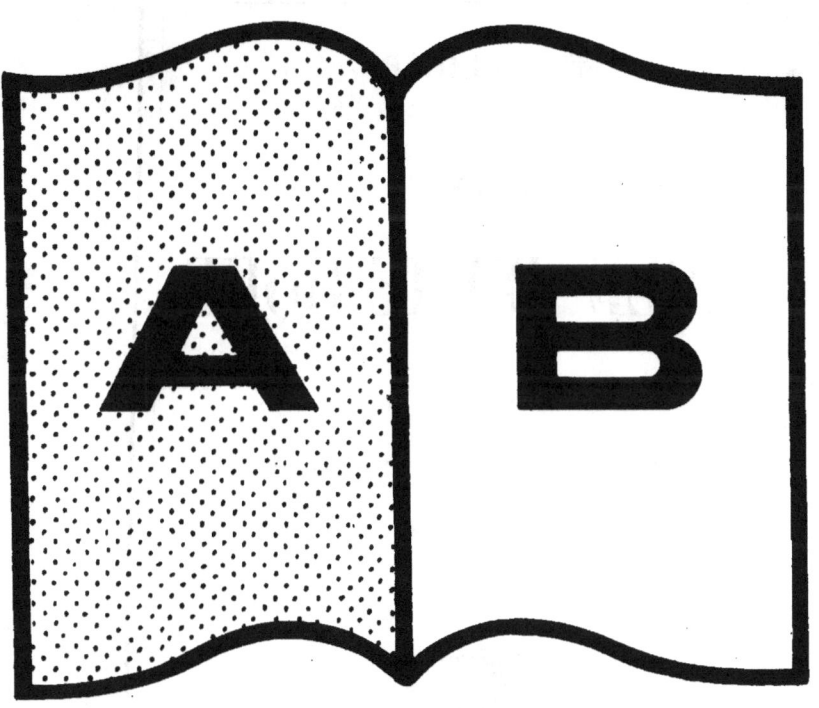

Contraste insuffisant

NF Z 43-120-14

Mme COLOMB

MON
ONCLE D'AMÉRIQUE

OUVRAGE

Illustré de 115 gravures dessinées

Par TOFANI

PARIS
LIBRAIRIE HACHETTE ET Cie
79, BOULEVARD SAINT-GERMAIN, 79

MON ONCLE D'AMÉRIQUE

OUVRAGES DU MÊME AUTEUR

PUBLIÉS DANS LA COLLECTION IN-8° A L'USAGE DE LA JEUNESSE

PAR LA LIBRAIRIE HACHETTE ET C¹ᵉ

Le violoneux de la Sapinière. 1 volume illustré de 85 gravures d'après A. MARIE.
La fille de Carilès. 1 volume illustré de 96 gravures d'après A. MARIE.
Deux mères. 1 volume illustré de 133 gravures d'après A. MARIE.
Le bonheur de Françoise. 1 volume illustré de 112 gravures d'après A. MARIE.
Chloris et Jeanneton. 1 volume illustré de 105 gravures d'après SAHIB.
L'héritière de Vauclain. 1 volume illustré de 104 gravures d'après C. DELORT.
Franchise. 1 volume illustré de 113 gravures d'après C. DELORT.
Feu de paille. 1 volume illustré de 98 gravures d'après TOFANI.
Les étapes de Madeleine. 1 volume illustré de 104 gravures d'après TOFANI.
Denis le Tyran. 1 volume illustré de 115 gravures d'après TOFANI.
Pour la Muse. 1 volume illustré de 105 gravures d'après TOFANI.
Pour la Patrie! 1 volume illustré de 105 gravures d'après E. ZIER.
Hervé Plémeur. 1 volume illustré de 112 gravures d'après E. ZIER.
Jean l'innocent. 1 volume illustré de 110 gravures d'après E. ZIER.
Danielle. 1 volume illustré de 112 gravures d'après TOFANI.
Les Révoltes de Sylvie. 1 volume illustré de 112 gravures d'après TOFANI.

Chaque volume broché, 4 francs. Cartonné, tranches dorées, 6 francs.

MME COLOMB

MON
ONCLE D'AMÉRIQUE

OUVRAGE

Illustré de 115 gravures dessinées

Par TOFANI

PARIS
LIBRAIRIE HACHETTE ET CIE
79, BOULEVARD SAINT-GERMAIN, 79
1890

Droits de traduction et de reproduction réservés.

Une petite rivière traverse la ville.

MON ONCLE D'AMÉRIQUE

CHAPITRE PREMIER

Où l'on fait connaissance avec la nièce de son oncle. — La petite ville anonyme où elle demeure.

Commençons par la petite ville. Ne cherchez pas sur quel point de la carte de France elle pourrait bien être, vous ne trouveriez pas, ou vous vous tromperiez, car il y en a certainement beaucoup qui lui ressemblent, et vous en avez parcouru plusieurs, pour peu que vous ayez voyagé. C'est une petite ville très vieille, et, malgré cela, très propre : cela tient en partie au soin qu'en prennent ses habitants, et en partie aussi à ce que bon nombre de ses petites rues étroites étant en pente assez raide, les averses aident beaucoup au nettoyage. Je dois dire qu'il y pleut souvent : pas longtemps de suite heureusement, mais les ondées sont abondantes, si elles ne sont pas longues. Or vous comprenez facilement qu'un nuage noir qui crève là-haut, et qui verse tout à coup une pluie diluvienne dans une rue inclinée, a vite fait de réunir tout ce qui pouvait s'y trouver d'immondices et de les rouler dans le ruisseau. Le ruisseau grossit, jaune et trouble, il déborde, il emporte tout ce qu'il rencontre..., et, dès que le soleil reparaît, il éclaire de beaux pavés luisants et un lit de ruisseau où il ne reste même pas de sable : tout s'est écoulé. Cette rue était sale il y a une demi-heure, dites-vous? Il s'y trouvait des débris, des fétus de paille, des morceaux de papier de toutes les couleurs qui se souvenaient d'avoir enveloppé du saindoux ou du savon noir, la dépouille d'un poulet qu'une cuisinière avait plumé devant sa porte, des morceaux de houille tombés de la charrette du charbonnier? Voyez maintenant : la rue est aussi propre que la cuisine d'une bonne ménagère, le samedi soir. Et, comme rien n'est plus gai que la propreté, ma petite ville est toute souriante, en dépit de sa vieillesse.

« Comme tout cela est arriéré! » dirait un Parisien égaré dans ses rues, en voyant passer des femmes, la tête ensevelie dans un vaste capot qui rappelle les bourgeoises du moyen âge, et surtout en comparant les toilettes des dames de l'endroit à celles qu'on rencontre aux Champs-Élysées. Arriéré? oui, peut-être bien; on n'y suit la mode qu'à distance. Mais qu'importe la mode de Paris à des gens qui se trouvent bien chez eux et sont très décidés à n'en point sortir? Si parfois une étrangère apparaît avec un chapeau ou un mantelet moderne, on s'étonne, on examine, et, si on trouve l'objet joli, on a tôt fait de le copier; on n'est pas plus maladroit qu'ailleurs à... A propos, si nous lui donnions un nom, à notre petite ville? C'est gênant de parler d'une ville anonyme. Appelons-la Saint-Clair, c'est le nom d'un saint très renommé dans le pays; on l'invoque pour les maux d'yeux, et la principale église de notre petite ville lui est dédiée.

A Saint-Clair donc on voit s'allier dans la toilette des femmes des emprunts faits aux modes de diverses époques. Après tout, ce n'est pas plus laid qu'autre chose, si on a soin de choisir ce qui vous va bien. Mais ce qui est charmant, c'est que la ville ressemble en cela à sa population : elle offre un mélange de vieux et de neuf tout à fait original. On n'y a jamais rien démoli; on a approprié comme on a pu de vieux bâtiments à des usages nouveaux, et le tribunal siège dans un ancien couvent de Bénédictins, pendant que la mairie est installée dans un joli manoir Louis XIII. Il y a toujours eu aux environs une noblesse riche et influente; chaque seigneur possédait une habitation en ville et y venait passer l'hiver. Peu à peu les maisons ont changé de maîtres; la ville en a acquis plusieurs, et l'on a établi le collège dans l'une, des écoles dans les autres; l'hôpital occupe le couvent des Minimes, et on a utilisé comme prison une vieille bâtisse qu'on appelle la maison des Templiers. L'histoire ne fait pourtant aucune mention des Templiers dans les annales de Saint-Clair; mais c'est la tradition, la maison s'appelle ainsi, et les habitants de Saint-Clair croient fermement aux Templiers, que les enfants se représentent comme des espèces d'ogres. Leur maison est, du reste, un spécimen admirablement conservé de l'architecture du treizième siècle.

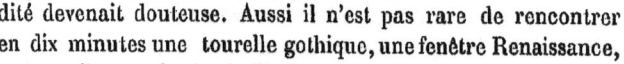

Outre la maison des Templiers, on trouve à Saint-Clair bon nombre d'échantillons de tous les temps. Les propriétaires les ont respectés le plus souvent, se contentant de les réparer sans y rien changer, quand leur solidité devenait douteuse. Aussi il n'est pas rare de rencontrer en dix minutes une tourelle gothique, une fenêtre Renaissance, un portail en style Louis XIII, une façade rocaille, un balcon de fer ouvragé ou un heurtoir du temps de Louis XIV, et même un débris de vieux mur ou un fragment de tour des âges féodaux, que les ravenelles couronnent au printemps de leurs éblouissantes fleurs jaunes. Une claire petite rivière, la Garbouse, traverse la ville et s'en va un peu plus

loin faire tourner les roues de trois ou quatre fabriques, contente d'avoir servi de miroir à une rangée de maisons en bois sculpté, à étages surplombants, d'où les enfants peuvent jeter la ligne dans ses eaux. La promenade publique, où le beau monde se réunit après vêpres et où les manèges de chevaux de bois s'installent pendant la foire, est une longue place plantée de marronniers, située dans la partie la plus neuve de la ville. Il n'y a guère que cinquante ans qu'elle fut créée : Saint-Clair ne possédait auparavant qu'une seule petite place triangulaire entourée de maisons sur ses trois faces, avec l'église dans un angle, angle un peu émoussé bien entendu. L'église est de style roman, avec un clocher carré et une haute flèche ; le grand portail était autrefois en haut d'un assez grand nombre de marches ; mais le sol de la place a été si souvent exhaussé que maintenant il faut descendre pour entrer dans l'église blanchie à la chaux, et qui n'offre de remarquable qu'une chaire en bois sculpté, soutenue par un dragon fantastique, et une statue peinte de saint Clair en habit d'évêque imposant les mains aux aveugles.

Maintenant que vous connaissez la ville, regardez, s'il vous plaît, cette dame sur qui se referme la porte de l'église. Dans l'ombre du profond portail, on ne la distingue pas bien, et puis on ne la voit pas tout entière, le bas de sa personne restant caché par les marches de l'escalier. On voit un chapeau de paille jaune orné de rubans de velours noir et d'un bouquet de coquelicots ; une voilette de dentelle noire, grande et carrée, descend du chapeau et couvre le visage. Là-dessous, un mantelet noir, dit *à la vieille*, sur lequel sont croisées deux mains vêtues de gants noirs en filoselle ; un sac de taffetas puce pend au bras gauche, et la main droite tient une grande ombrelle de taffetas vert, couleur salutaire pour les yeux, comme chacun sait. Elle monte l'escalier ; nous voyons maintenant sa robe de percale fond blanc à dessins chocolat, et ses souliers découverts attachés par des rubans noirs qui se croisent autour de la jambe, en dessinant un X sur un bas bien blanc avant de s'épanouir en un beau nœud. Nous sommes à la mi-mai, et la toilette d'été est bien à sa place ; mais voilà déjà près d'un mois que Mlle Morineau l'a arborée : selon l'antique usage, elle éteint son feu et prend ses vêtements d'été à Pâques. Heureusement qu'à Saint-Clair il ne fait pas froid.

Mlle Julie Morineau est allée de bonne heure porter des fleurs au cimetière, car c'est un des nombreux anniversaires de ses morts; avant de revenir chez elle, elle est entrée à l'église pour dire une petite prière, et maintenant elle prend le chemin de sa maison, où l'attendent Voinette et son déjeuner.

Le déjeuner de Mlle Julie se compose invariablement d'un œuf à la coque, d'un peu de viande froide restée du dîner de la veille, de pommes de terre et d'une tasse de café. Voinette mange les restes des restes; ce n'est pas que sa maîtresse la rationne, mais elle met son orgueil à n'être pas « sur sa bouche », comme elle dit. Et puis elle se pique d'être économe et de ne rien laisser perdre : elle doit bien cela, d'ailleurs, à mademoiselle. Songez donc! sa grand'mère a été la nourrice de mademoiselle; à cause de cela, sa mère, qui était la sœur de lait de mademoiselle, a été élevée par les soins de feu Mme Morineau, qui l'a mariée et meublée; et, quand elle est morte, ainsi que son mari, du temps du choléra, c'est encore Mme Morineau qui a recueilli leur petite fille, laquelle n'était autre que Voinette. De sorte que Voinette, depuis l'âge de cinq ans, a dû à la famille de mademoiselle tout le pain qu'elle a mangé et tous les vêtements qui l'ont couverte, et les bons procédés, les soins quand elle était malade, la patience pour supporter ses défauts, etc., etc... Sans compter que les Morineau n'étaient pas bien riches; la preuve, c'est qu'ils n'ont pas pu amasser une dot suffisante pour marier leur fille, Mlle Julie, qui était pourtant bien gentille dans le temps... Enfin, tout cela est passé, il n'y a plus à en parler...; mais ce qui n'est pas passé, c'est la reconnaissance de Voinette : elle se mettrait au feu pour sa maîtresse, comme on dit. Mais il ne servirait de rien à Mlle Julie que Voinette se mît au feu pour elle; aussi Voinette se contente-t-elle de lui être utile tous les jours, depuis le matin jusqu'au soir, d'une façon à la fois plus pratique et moins pénible; jamais princesse régnante n'a été mieux servie que Mlle Julie Morineau.

Voinette n'a point voulu se marier : qui est-ce qui l'aurait remplacée auprès de mademoiselle? Elle a vu mourir tous les membres de la famille Morineau; mademoiselle a toujours sous la main quelqu'un à qui parler d'eux quand elle en a envie : une autre domestique ne pourrait pas lui donner ce plaisir-là. Mademoiselle a près de soixante ans, Voinette n'en a pas encore quarante; cela se trouve bien, Voinette aura encore de la force pour soigner mademoiselle quand elle sera vieille.

Et elle, Mlle Morineau, rend-elle à Voinette de son cœur tout ce que Voinette lui donne du sien? Elle l'aime autant qu'elle peut aimer quelqu'un; mais de quel degré d'affection est-elle capable? Ah! voilà le défaut de la cuirasse. N'allez pas croire pourtant que Mlle Morineau n'ait pas de cœur; seulement elle a un peu perdu l'habitude de s'en servir. Il y a quarante ans, elle a eu du chagrin à propos d'un mariage manqué; et au lieu de considérer qu'il y avait de par le monde, et même tout autour d'elle, des gens infiniment plus à plaindre qu'elle, elle s'est apitoyée sur son propre sort et s'est si bien confinée dans ses regrets, comme le rat dans son fromage, qu'elle en a peu à peu perdu la notion des peines d'autrui. Elle est charitable à sa manière; elle ne refuse jamais son aumône à une quêteuse, et ne s'informe même pas à qui elle ira; elle sait qu'une chrétienne doit donner et elle donne; sa conscience est en paix. Elle vit tranquillement dans sa petite maison de la rue du Vieux-Pont et entretient toujours les mêmes fleurs dans son jardin, entre les mêmes bordures de buis; pour le jardinage comme pour autre chose, on est fort arriéré à Saint-Clair, et les cinéraires et les fuchsias y sont considérés comme des plantes récemment découvertes. La capucine naine y a causé un étonnement général.

La rue du Vieux-Pont possède un pont, comme son nom l'indique; mais il y a longtemps qu'il ne passe plus d'eau dessous. Il enfourchait autrefois un bras de la Garbouse aujourd'hui desséché et comblé. N'importe, il est resté là et donne de l'air à la rue; à la place où coulait la rivière on n'a rien mis, de sorte qu'en s'accoudant sur le parapet de vieilles pierres branlantes, on a devant soi, de quelque côté qu'on se tourne, une belle échappée sur la campagne très verte et très accidentée. Et comme la maison de Mlle Morineau est située précisément à l'angle du pont, on a une jolie vue de toutes ses fenêtres, rue d'un côté, prés et arbres de l'autre : il y en a pour tous les goûts.

Elle n'est pas grande, la maison de Mlle Morineau : trois fenêtres de façade, un étage et un grenier. En bas, sur la rue, une grille de bois où grimpent des rosiers ; au dedans de la grille, une bordure de buis bien taillé, qui défend le pied des rosiers contre le gros gravier, mis là, sur un espace d'un mètre de large, tout exprès pour que les visiteurs s'y nettoient les pieds avant d'entrer dans la maison. Au rez-de-chaussée, une cuisine à gauche, d'où l'on descend dans la cave, et une pièce blanchie à la chaux qui sert à tour de rôle de lingerie, de buanderie, de séchoir, de fruitier et de resserre à provisions ; à droite, un salon dont une fenêtre donne sur la rue et l'autre sur le jardin ; entre les deux, un corridor et la cage de l'escalier ; au fond, une petite salle à manger avec une porte-fenêtre donnant sur le jardin. En haut, la chambre de Mlle Julie au-dessus du salon, celle de Voinette au-dessus de la salle à manger, et une chambre inhabitée au-dessus de la cuisine, avec un grand cabinet où Mlle Julie pend ses robes. En haut, plusieurs greniers où l'on conserve quantité de vieilles choses qui ne servent plus, qui ne serviront jamais, mais qu'on garde pour les cas où l'on voudrait s'en servir après les avoir fait raccommoder.

Sur le jardin on a une belle vue de campagne ; sur la rue, grâce au pont, on ne manque pas non plus de lumière. La rue elle-même, un peu sinueuse et descendant vers le pont, possède de vieilles maisons à pignon, et celles qui sont relativement neuves sont badigeonnées de couleurs tendres : celle de Mlle Julie est lilas clair. La rue du Vieux-Pont n'est point une rue marchande, et les gens qui aiment le mouvement et le bruit la trouvent un peu triste. Mais chacune de ses maisons, quand elle n'est pas précédée d'un petit parterre, s'égaye au moins d'une glycine, d'une vigne vierge ou d'un rosier grimpant qui fait à ses fenêtres un cadre de verdure. Il faut voir la foule la remonter un jour de fête, surtout s'il survient une des averses coutumières : des fenêtres on domine une procession de parapluies où brillent le rouge, le bleu et le vert, et c'est d'un effet très réjouissant à l'œil.

Mlle Morineau a soulevé le loquet de sa porte à claire-voie ; elle entre et fait crier le gravier sous ses souliers à cothurnes. A ce bruit Voinette paraît à la fenêtre de sa cuisine et s'élance aussitôt pour ouvrir à mademoiselle. Puis elle la débarrasse de son sac, de son chapeau, de son mantelet et de son ombrelle, et se hâte de servir le déjeuner.

La visiteuse vient donner une poignée de main à Mlle Morineau.

CHAPITRE II

Les cent mille francs du père Garenfoin. — La bonne petite Mme Raimblet. — Où Mlle Julie donne des détails sur son oncle d'Amérique. — Une idée lumineuse.

Comme Voinette n'était point une domestique ordinaire, Mlle Morineau lui permettait de lui raconter, tout en la servant, les petits événements de la ville qu'elle avait collectionnés au marché et chez les fournisseurs. Je sais bien que cette façon d'agir n'est pas des plus correctes ; mais elle est plus hygiénique, quand on mange, que le silence et la solitude ; rien n'est plus mauvais pour l'estomac que de manger sans parler, parce qu'alors on mange trop vite. A moins que par gourmandise on ne se délecte à déguster sa nourriture : cela, c'est bien pis, car la gourmandise est encore plus mauvaise pour l'estomac que quoi que ce soit.

Mlle Julie Morineau n'était qu'à peine gourmande, juste ce qu'il fallait pour apprécier les talents culinaires de Voinette et lui adresser de temps en temps un petit compliment bien placé.

« Savez-vous, mademoiselle (Voinette ne parlait point à sa maîtresse à la troisième personne), savez-vous ce qui est arrivé au père Garenfoin ? Son fils, qui est mort des fièvres à l'automne, avait pris un billet d'une loterie de Paris ; la mère Garenfoin l'avait même assez grondé pour avoir perdu vingt sous à une bêtise pareille, comme elle disait. Eh bien, voilà qu'ils ont tiré la loterie à Paris, et c'est le billet du fils Garenfoin qui a gagné le gros lot ! Cent mille francs qui leur arrivent ! La mère Garenfoin en est toute glorieuse ; je suis passée la voir en revenant de chez le boucher, et elle m'a tout conté. Le père Garenfoin ne travaille pas ce matin ; il dit qu'il finira les sabots commandés, mais qu'il ne peut rien faire aujourd'hui ; il a comme les bras cassés. Il fume sa pipe, assis sur son banc, et, quand on lui fait compliment, il secoue la tête et il dit : « Oui, oui, pour des vieux comme nous, c'est bien trop...; si le gars était encore de ce monde, au moins !... » Et il s'essuie la joue avec le dos de sa main. Sa femme le gronde, et puis elle finit par pleurer aussi.

— Oui, c'est comme cela en ce monde ; souvent les noisettes vous arrivent quand on n'a plus de dents pour les casser... Ainsi, moi, il y a eu un temps où l'héritage de mon oncle m'aurait fait grand bien, mais aujourd'hui...

— Eh bien, à présent, m'est avis qu'il ne vous ferait point de mal ! Justement c'est bientôt votre tour de rendre le pain bénit : il vous faudrait bien une robe neuve et un chapeau à la mode. Et puis vous donneriez de la brioche au lieu de pain, comme a fait cette dame anglaise qui était chez la baronne de Viessac, il y a six ans ; ça ferait un effet ! On dit aussi qu'à Paris on trouve des machines qui lavent le linge toutes seules ; ce serait curieux d'en faire venir une ! »

Mlle Julie sourit ; Voinette lui rappelait le berger qui disait : « Si j'étais roi, je garderais mes moutons à cheval ! » Ce fut avec un orgueil mélancolique qu'elle lui répondit : « Ah ! on fait de fameuses fortunes là-bas ! il y aurait de quoi en acheter, des robes et des chapeaux, des lessiveuses et de la brioche, si j'héritais de mon oncle d'Amérique ! »

Un rire frais et perlé, semblable à une gamme chromatique, se fit entendre sous la fenêtre, et une petite femme y présenta sa figure ronde et gaie.

Mlle Morineau lui permettait de lui raconter les événements.

« Voilà encore Julie qui enfourche son dada! dit la petite femme. Est-ce qu'il est débarqué à Saint-Clair, votre oncle d'Amérique?

— Comment voulez-vous qu'il y vienne, puisqu'il ignore qu'il y a de la famille? répliqua Mlle Morineau en se tournant vers la fenêtre, sans lâcher sa fourchette qu'elle tint un moment en l'air à la façon du trident de Neptune.

— On ne sait pas, le hasard est si grand! Qui aurait jamais imaginé qu'il tomberait cent mille francs aux vieux Garenfoin? »

Ce disant, la visiteuse se nettoie les pieds au grattoir et se les frotte sur le paillasson; après quoi elle pénètre dans la salle à manger et vient donner une poignée de main à Mlle Morineau, qui l'appelle « ma chère enfant » et la fait asseoir sans cérémonie près de la table où elle déjeune.

La « chère enfant » a bien quarante ans; mais c'est un nom d'amitié que Mlle Julie lui donne et qu'elle lui continuera certainement jusqu'à la mort de l'une ou de l'autre. Mlle Julie se rappelle, comme si c'était d'hier, le baptême de la petite Marie Dougand, sa première dent, ses premiers pas, sa première fable, sa première communion et son entrée dans le monde; elle a assisté à son mariage et vu grandir tous ses enfants; elle a même soigné leur rougeole et leur coqueluche, parce que ce sont deux maladies qu'elle a eues et qu'elle ne craint plus d'attraper — en général, Mlle Julie craint la contagion et ne s'y expose pas volontiers. — Enfin Mlle Julie porte à la petite Mme Raimblot un intérêt quasi maternel, et ces deux dames sont très intimes. La preuve, c'est que Mme Raimblot entre quand elle veut par la petite porte du jardin, qui donne sur une ruelle, et c'est ce qu'elle vient de faire précisément à cette heure.

« Je vous apporte une drôle de friandise, dit Mme Raimblot en tirant de son sac à ouvrage un petit pot d'aspect bizarre; vous me direz si vous trouvez cela bon. C'est ma cousine, dont le frère habite Constantinople, qui m'a envoyé cela; il paraît que c'est de la confiture de roses, et que les dames turques en mangent toute la journée. C'est drôle, comme les goûts changent selon les pays; j'ai mangé une fois de l'ananas, une autre fois des confitures qui venaient des Antilles ; j'aime mieux les pêches et la gelée de groseille.

— On dit pourtant qu'il pousse de beaux fruits en Amérique..., je l'ai lu dans quantité de livres de voyage. Vous jugez si cela m'intéressait ! quand on a un parent quelque part... Voyons votre confiture turque... C'est douceâtre...; on ne peut pas dire que ce soit mauvais ; mais je suis comme vous, j'aime mieux la gelée de groseille... Voinette la réussit dans la perfection... Merci tout de même ; quand il viendra des enfants me voir, je les en régalerai ; les enfants trouvent tout bon. »

Les deux dames se mirent à rire.

« Resterez-vous un moment avec moi? dit Mlle Morineau en se levant de table.

— Volontiers, j'ai apporté mon ouvrage. Mme Chandois et les demoiselles Mangon, que j'ai rencontrées ce matin, m'ont dit qu'elles viendraient vous voir dans la journée ; vous n'avez pas à sortir?

— Oh ! pas du tout. Passons dans le salon, nous y serons mieux qu'ici... Voulez-vous faire d'abord un petit tour de jardin? »

Mme Raimblot ne demandait pas mieux ; Mme Raimblot ne demandait jamais qu'à faire ce qui pouvait être agréable aux personnes quelconques avec qui elle se trouvait : c'était la meilleure femme que la terre eût portée, et son âme donnait l'idée d'une bergerie où par moments on eût souhaité voir entrer un petit loup, rien que pour y faire un peu de changement. Sa bienveillance universelle avait pourtant moins d'inconvénients que la disposition contraire. Son extérieur s'accordait parfaitement avec son intérieur : ronde de taille, ronde de visage, ronde d'humeur, ses sourcils s'arrondissaient au-dessus d'une paire d'yeux bleu clair un peu à fleur de tête, les plus doux, les plus riants, les plus accommodants qu'on pût rêver. Elle ne pouvait souffrir les querelles, ni même les discussions qui en sont l'avenue, et elle ne se décidait jamais à donner tort à quelqu'un, de sorte qu'il fallait qu'elle fût bien universellement aimée pour avoir réussi à ne se brouiller avec personne. Car les gens aiment assez qu'on soit de leur avis quand ils croient avoir raison, et trouvez-moi des gens qui ne croient pas avoir raison! Je n'ai jamais connu dans ce cas-là que Mme Raimblot elle-même; plutôt que de contredire son prochain, elle lui aurait concédé que la meilleure sauce blanche se faisait avec du beurre rance, ou toute autre hérésie de la même force.

Les deux dames étaient entrées dans le salon. Mme Raimblot ôta son chapeau et son mantelet, tira d'un sac en tapisserie une boule de buis, une pelote de coton blanc à repriser et une paire de chaussettes, et chercha une place où s'installer.

« Mettez-vous ici, » lui dit Mlle Julie en indiquant une sorte d'estrade placée en bas de la fenêtre. Il s'y trouvait de la place pour deux sièges et une petite table, et les personnes ainsi exhaussées dominaient du regard tout le pavé de la rue; rien de ce qui y passait, bêtes ou gens, ne pouvait leur échapper.

« C'est que, voyez-vous, dit la bonne petite Mme Raimblot, Virginie aime beaucoup cette place-là...; non, décidément, il vaut mieux que je la lui laisse... Je vais me mettre à côté de vous.

— Eh! il sera bien temps de céder la place à Virginie, si elle vient! En attendant, prenez-la; vous aussi, vous aimez à voir dans la rue.

— Sans doute, sans doute! Qui est-ce qui n'aime pas à voir dans la rue? Mais je vais la guetter du coin de l'œil pour descendre dès que je la verrai; car, si elle s'apercevait que je lui donne la bonne place, elle me reprocherait de lui faire des sacrifices... Vous savez, c'est son mot : je suis héroïque, je passe mon temps à me sacrifier...; ce n'est pas bien agréable de s'entendre dire ces choses-là!

— A votre place, moi, je ne me dérangerais pas; vous pouvez bien être sûre qu'elle ne se dérangerait pas pour vous, elle!

— Oh! Julie, comment pouvez-vous dire? Virginie est bonne, très bonne; seulement, à cause de sa supériorité, elle a été habituée à être la première partout. Puisque cela lui fait plaisir, il n'est pas bien difficile de la contenter. Mais je vais me mettre sur l'estrade; peut-être qu'elle ne viendra pas, après tout. »

Et Mme Raimblot, prenant la main que Julie lui tendait, fit un effort et se hissa sur l'estrade, un peu haute pour ses petites jambes. Mais elle en redescendit aussitôt.

« La voilà ! Je vais me mettre ici, j'aurai la table pour poser mon coton et mes ciseaux. »

Elle était à peine assise que la porte s'ouvrit ; deux femmes entrèrent, maigres toutes les deux et se ressemblant de visage, mais très différentes de taille, d'allures et de physionomie. L'aînée, Mlle Virginie Mangon, était grande, décidée, portait haut la tête et faisait beaucoup de bruit en marchant ; ses cheveux bruns avaient de bonne heure tourné au gris, et, quoiqu'il y eût peu de différence entre leurs âges, elle paraissait beaucoup plus âgée que sa sœur, Mlle Paméla, petite femme pâle qui glissait comme une ombre et semblait toujours chercher un trou de souris pour s'y cacher. Celle-ci avait le même profil aquilin que Mlle Virginie, mais la courbe altière en était atténuée et comme effacée. Virginie avait des yeux noirs qui semblaient dire à tout venant : « Paraissez, Navarrais, Maures et Castillans ! » Paméla avait des yeux gris un peu ternes, qui paraissaient toujours demander pardon ; et ses cheveux étaient d'une nuance intermédiaire entre le blond et le gris. Tout le monde connaît cette couleur transitoire dans laquelle l'œil étonné croit démêler des tons verdâtres.

« Bonjour, Julie, bonjour, chère madame. Pourquoi êtes-vous descendue ? Vous étiez sur l'estrade.

— Non, non, répondit Mme Raimblot avec un empressement timide ; j'y montais pour voir si vous veniez, voilà tout.

— Hum..., marmotta Mlle Virginie en se débarrassant de son chapeau et d'un châle blanc à palmes que sa sœur lui prit des mains pour aller le ranger bien soigneusement sur un fauteuil. Hum..., ce n'est pas bien sûr, avec votre manie des sacrifices...

— Ma chère, s'écria Mme Raimblot du ton d'un mouton qui se révolte, je vous assure que je ne me sacrifiais pas. Je suis très bien..., je suis beaucoup mieux ici, d'ailleurs.

— Alors pourquoi n'y serais-je pas mieux, moi aussi ? » dit victorieusement Mlle Virginie. Cependant, satisfaite d'avoir par cet argument irréfutable réduit Mme Raimblot au silence, elle s'installe majestueusement sur l'estrade, en face de Mlle Julie. Les deux autres sont déjà établies ; Mme Raimblot introduit sa boule dans le talon d'une chaussette, et Mlle Paméla tricote une jarretière en laine verte, qui, mise à bouillir et ensuite détricotée, simulera un tapis de mousse. Mlle Virginie, qui est l'artiste de la famille, confectionne des fleurs en laine destinées à diaprer ce tapis, tout à fait comme dans la nature.

De quoi parlerait-on ce jour-là, si ce n'est du billet de loterie des vieux Garenfoin ? C'est un événement, cela, comme il n'en arrive pas souvent à Saint-Clair. Et quand il semble qu'on ait épuisé tout ce qu'on pouvait en dire, comme Mme Chandois s'ajoute à la petite société, on recommence. Mme Chandois est une puissante dame, qui tricote sans cesse de petits bas et de petites brassières, parce qu'elle a trois filles mariées et un grand nombre de petits enfants. De plus, comme elle a l'habitude d'être consultée en toute occurrence, elle est fort étonnée et même pis que cela, quand il arrive qu'on ne la consulte pas.

« Cent mille francs ! dit Mlle Virginie. Je me demande ce que ces vieux sabotiers vont pouvoir faire de tant d'argent et à qui ils le légueront, car ils n'ont plus d'héritiers, depuis que leur fils est mort.

— Bah ! dit Mme Raimblot, ils ont peut-être en Amérique des neveux qui attendent l'héritage d'un oncle de France.

— Oh ! pour un neveu d'Amérique, cent mille francs seraient un pauvre héritage, réplique Mme Chandois. On fait d'autres fortunes que cela en Amérique ; n'est-ce pas, Julie ? »

Julie répond par un grand soupir ; puis elle reprend :

« Des fortunes en Amérique ? Je crois bien ! Quand mon grand-père vivait, il avait des centaines d'histoires à nous raconter sur des gens qui y étaient devenus millionnaires. Mon oncle Étienne n'avait pas dû être des derniers à s'enrichir, car il paraît qu'il était résolu, intelligent, patient, et ne reculait devant aucune besogne... D'ailleurs, les premières années on a eu de ses nouvelles, et il réussissait très bien. A l'heure qu'il est, il doit rouler sur l'or..., s'il est encore de ce monde !

2

— Mais en tout cas, ma chère, il n'a pas emporté ses dollars avec lui — Mme Chandois prononçait *dollars* avec emphase — et il aurait pu vous les laisser, ce me semble !

— Ah ! voilà, c'est qu'il y a tout à l'heure soixante ans qu'on a perdu sa trace. Tout porte à croire qu'il a péri avec le *Saint-Gilles*, dont on n'a jamais entendu parler. »

Mme Raimblot et Paméla frissonnèrent ; ce n'était pourtant pas la première fois qu'elles entendaient cette histoire. Mme Chandois et Virginie, qui étaient des femmes fortes, ne sourcillèrent pas et attendirent le reste, qui ne pouvait pas manquer de suivre.

« Oui, reprit Mlle Morineau, le *Saint-Gilles* était parti de Manille pour la Nouvelle-Orléans, et mon oncle — mon grand-oncle, pour mieux dire, car il était le frère cadet de ma défunte grand'mère — se trouvait dessus. Il avait trouvé une bonne place à la Nouvelle-Orléans et il l'avait annoncé à ses parents, promettant de leur écrire sitôt son arrivée. Eh bien, ils n'ont jamais plus reçu de lettre de lui.

— Et le *Saint-Gilles* ?

— Le *Saint-Gilles*, je vous dis qu'on n'en a plus jamais entendu parler. Il aura coulé à fond dans une tempête, cela se voit tous les jours.

— C'est terrible ! dit Mlle Paméla.

— Comment peut-on se faire marin ! dit Mme Raimblot. Heureusement que mes garçons n'ont pas cette idée-là. Je ne leur laisse jamais de livres de voyages dans les mains. L'an dernier, le petit avait eu *Robinson Crusoé* en prix, j'ai été bien vite le changer ; c'est très dangereux, ces lectures-là.

— Eh ! ma chère, vous en ferez des poules mouillées, de vos garçons, dit avec dédain Mlle Virginie. Moi, si j'avais été homme, j'aurais aimé la marine ! »

Mlle Virginie disait souvent : « Si j'avais été homme ! » Elle pensait évidemment que l'humanité avait beaucoup perdu à ce qu'elle ne fût qu'une fille, et elle aimait à raconter les grandes actions qu'elle aurait accomplies « si elle avait été homme ».

« Et il n'y a eu personne de sauvé ? » interrompit Mme Chandois, coupant sans façon la parole à Mlle Virginie. Ce n'était peut-être pas très poli, mais elle avait déjà entendu si souvent ce que Mlle Virginie s'apprêtait à redire !

« Personne ?... peut-être bien que si. Longtemps après, mon bisaïeul a entendu parler d'un matelot américain qui avait fait le dernier voyage du *Saint-Gilles* et qui vivait au Canada, et il lui a écrit. L'homme a répondu, très longtemps encore après. La lettre avait couru après lui, car le service de la poste n'était pas très bien fait dans ce temps-là. On a su par lui que le *Saint-Gilles* avait mis ses chaloupes à la mer avant de périr ; mais le matelot n'était pas dans la même chaloupe que mon oncle et ne savait pas s'il avait pu aborder quelque part. Lui, il avait été recueilli par un bateau de commerce huit jours après : ils n'étaient plus que six dans la chaloupe, et encore ils avaient tant pâti que trois sont morts d'épuisement avant d'avoir pu reprendre des forces. Mais enfin il y en a eu trois qui ont survécu de cette chaloupe-là ; mon oncle aurait bien pu survivre aussi.

— Certainement, dit avec empressement la petite Mme Raimblot. Je parierais qu'il finira par revenir, ma bonne Julie ; quelle fête ce sera ce jour-là ! »

Mme Chandois secoua la tête.

« Ce serait bien étonnant tout de même qu'il n'eût pas donné de ses nouvelles à sa famille... Et puis, ma chère, une question : votre bisaïeul habitait-il Saint-Clair ?

— Non, vraiment ! Il habitait Nantes, où il faisait un grand commerce de draperie ; plus tard, il a marié une de ses filles et il est retourné en Provence, son pays, avec les trois qui lui restaient. Son fils aîné est mort et n'a laissé que des filles.

— Par conséquent personne dans la famille n'a conservé le nom de votre bisaïeul, qui est celui de votre grand-oncle. Alors il n'est pas bien étonnant que vous n'ayez jamais reçu de lettres de lui. Il écrivait à son père, et, comme le père n'y était plus, les lettres étaient renvoyées en Amérique. Comme vous dites, la poste n'était pas très bien servie...

— Oui, ça doit être, dit Mlle Julie pensive. Mon grand-oncle s'appelait Étienne Mauversé, comme son père, mon bisaïeul. Sa fille Jeanne est devenue Mme Boudot ; elle a eu plusieurs enfants, dont ma mère, que vous avez connue, qui a épousé M. Morineau ; je reste seule de cette branche de la famille. Mes grand'tantes — elles étaient trois : Gothon, Justine et Marthon — sont mortes depuis longtemps ; Justine seule était mariée. Elle a laissé des enfants, ainsi que les filles de mon grand-oncle Mauversé ; mais tout cela est dispersé, qui en Provence, qui en Bretagne, qui en Auvergne et peut-être ailleurs. Je ne les connais pas ; mais la famille est la famille, et j'ai dans mon secrétaire la liste exacte de tous mes cousins et cousines, et j'ajoute ceux qui viennent au monde à mesure qu'on me fait part de leur naissance. Nous nous écrivons tous les ans, et ils m'avertissent quand ils déménagent ou quand ils changent de pays. Mais je suis toujours sûre de lire en post-scriptum, au bas de toutes leurs lettres : « Nous n'avons aucune nouvelle de notre oncle d'Amérique. »

— J'ai ouï dire, murmura tout à coup une petite voix timide, qu'on pouvait mettre les objets perdus dans les journaux... et les personnes aussi... »

Toute la société se retourna vers la petite Paméla, toute rougissante de son audace. Sa phrase n'était sans doute pas très bien construite, mais on l'avait comprise.

« C'est étonnant, s'écria Virginie, comme cette petite a des idées ! »

Pour Virginie, Paméla était toujours *cette petite*, quoiqu'il y eût cinquante ans passés qu'elle avait appris son *Pater* tout exprès pour lui servir de marraine.

« C'est vrai, reprit Mme Raimblot, il faut mettre une annonce dans un journal de Paris, de ces journaux qui vont par toute la terre. Et si l'oncle existe encore, il la lira, et alors...

— Mais que faut-il mettre ? demanda Mlle Julie, toute bouleversée par l'espérance. Et puis, où l'envoyer ? Je ne sais pas où demeurent les gens qui font les journaux, moi !

— Ne vous inquiétez pas, j'en fais mon affaire, dit Mme Chandois, heureuse de trouver quelque chose à diriger. Venez dîner chez moi ce soir : mon mari vous rédigera cela. Quant à l'envoyer, s'il ne sait pas comment s'y prendre, il s'en informera auprès de ces messieurs du cercle... Mais est-il possible qu'une pareille idée ne nous soit encore jamais venue? »

C'était bien étonnant, et l'on en tomba d'accord. Puis on plia les ouvrages et l'on se sépara. Mlle Julie monta dans sa chambre, où elle tira de son secrétaire le cahier relié en bleu, qui représentait ses archives de famille, et se mit à copier sur une feuille blanche les nom et prénoms de son oncle d'Amérique et ceux de ses autres parents.

La fête de Noël était revenue.

CHAPITRE III

Une annonce dans les journaux. — A la messe de minuit. — Où Mlle Julie et ses amies sont intriguées par une petite fille en deuil. — Bravoure de Voinette.

Il s'est passé six mois depuis que Mlle Julie Morineau a fait insérer dans un journal la note suivante, rédigée par M. et Mme Chandois — cette dernière ne trouve jamais une besogne bien faite, si elle n'y a mis la main :

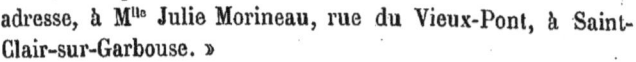

« Avis. — Si Étienne Mauversé, âgé aujourd'hui de quatre-vingt-deux ans, fils de Pierre-Paul Mauversé et de Justine Philisort, son épouse, veut rentrer en relations avec sa famille, qui n'a jamais cessé de le pleurer, — Mme Chandois a beaucoup tenu à cette phrase attendrissante, — qu'il écrive, en lui donnant son adresse, à Mlle Julie Morineau, rue du Vieux-Pont, à Saint-Clair-sur-Garbouse. »

Voilà ! L'annonce partie, Mlle Morineau n'a pas manqué d'acheter le journal tous les jours, pour voir si elle y était, et elle a attendu, avec patience d'abord, l'effet qui devait se produire. Puis, comme rien ne se produisait et que les semaines et les mois s'écoulaient, Mlle Julie s'est dit que peut-être bien son oncle ne lisait pas ce journal-là, et elle a prié M. Chandois de faire mettre l'annonce dans un autre. De journal en journal, toutes ces annonces grèvent bien un peu son petit budget,

et il lui arrive de remplacer sur sa table un poulet fin par une poule au riz; mais aussi comme elle se mettra à son aise, pour la table comme pour le reste, quand elle aura hérité de son oncle d'Amérique! Elle en cause souvent avec ses bonnes amies, et chacune lui suggère un nouveau procédé pour dépenser *son* argent. Mme Raimblot lui parle de mettre à flot tous les pauvres ménages de Saint-Clair qui se trouvent dans la misère par suite de chômage ou de maladie; Mlle Virginie lui conseillerait de voyager, pendant qu'elle a encore bon pied, bon œil : le monde est fait pour qu'on en jouisse, et, si elle, Virginie Mangon, était à même de le parcourir, on la verrait en chemin de fer, en bateau et même en ballon. Paméla, si l'héritage eût été pour elle, aurait voulu doter toutes les jeunes filles de Saint-Clair que le manque d'argent empêchait de trouver un mari, et Mme Chandois ne parle de rien moins que de reconstruire l'église paroissiale sur un plan plus moderne et d'y loger beaucoup de statues peintes.

La fête de Noël était revenue, et Mlle Julie, enveloppée dans une grande mante ouatée, un boa de fourrure jaune autour du cou, se rendait à la messe de minuit, escortée de Voinette qui portait un fanal. Il n'y avait pas de gaz à Saint-Clair; à la vérité, les réverbères suffisaient en temps ordinaire, mais à dix heures on les éteignait tous, et, comme il n'y avait point de lune, les fidèles risquaient de se casser le cou dans les rues en pente, rendues glissantes par le verglas, s'ils ne s'éclairaient eux-mêmes. Aussi tous les groupes qui sortaient des maisons, se dirigeant vers l'église, possédaient-ils une lanterne; on en voyait de toutes les formes, indiquant tous les degrés de fortune et tous les genres de caractère, depuis celle où une bougie de cire brillait, jusqu'à la malheureuse petite lanterne déjetée où un bout de chandelle de résine fumait derrière une vitre trouble. On aurait dit une procession de vers luisants.

Chemin faisant, M{llo} Julie et Voinette échangeaient avec leurs connaissances des saluts et des réflexions sur le temps qu'il faisait, un vrai temps de Noël, clair et froid. Il avait neigé la nuit précédente, dégelé un peu au soleil de midi, et regelé après le coucher du soleil; aussi les gens ne se tenaient-ils qu'à grand' peine en équilibre. De temps en temps on entendait une exclamation, parfois un bruit de verre cassé et ces éclats de rire que provoque toujours une chute; puis des mains charitables se tendaient vers la personne tombée, qui se relevait et continuait sa route en abritant de la main la flamme vacillante de sa chandelle.

De la rue du Vieux-Pont, Mlle Julie avait passé dans la rue de la Corroirie, puis dans celle du Plat-d'Étain, ce qui était le plus court chemin pour arriver à la place de l'Église, lorsqu'elle remarqua une petite créature bizarre qui suivait la direction commune. C'était une jeune fille, ou plutôt une enfant, vêtue de deuil, avec un petit chapeau de paille noire orné de crêpe fané; elle n'avait point de lanterne, mais elle portait une espèce de valise qui paraissait la fatiguer beaucoup. Comme elle passait devant Voinette, elle glissa sur le verglas, fit un faux pas et tomba tout de son long avec son fardeau. Mlle Julie étendit vivement la main et l'aida à se remettre debout. A la clarté du fanal de Voinette, elle distingua deux yeux qui brillaient comme des saphirs dans l'ombre du petit chapeau de paille. Une voix très jeune, nette et claire, articula un : « *Thank you, madam !* » et l'enfant ramassa sa valise et continua son chemin.

« Qu'est-ce qu'elle a dit? » demanda Mlle Paméla; car Mlle Morineau et Voinette étaient sorties de bonne heure de chez elles, tout exprès pour prendre les demoiselles Mangon, qui n'avaient qu'une femme de ménage et n'osaient pas sortir seules le soir.

« Je ne sais pas, je n'ai pas compris, répondit Mlle Julie; je crois pourtant qu'elle m'a appelée madame.

— Elle doit être étrangère, dit Mlle Virginie; dans tous les cas, elle n'est pas d'ici. La voyez-vous là-bas? elle marche plus vite que nous, quoiqu'elle soit bien chargée. Va-t-elle à la messe de minuit? On n'a jamais vu personne y aller avec une valise.

— Je croirais plutôt que c'est un sac de voyage, insinua timidement Paméla.

— Un sac à compartiments alors, moitié valise, moitié sac; quelque invention étrangère. Valise ou sac, ce n'est pas un objet à mener à la messe de minuit... Elle y va pourtant, positivement; la voilà qui traverse la place... Si cela a du bon sens, de laisser une enfant de cet âge-là courir les rues toute seule!

— Quel âge peut-elle bien avoir? reprit Julie; quinze ou seize ans peut-être? Elle est aussi grande que vous, Paméla.

— Mais elle est maigre comme une asperge montée: elle n'a peut-être bien que treize ou quatorze ans... La voilà descendue dans l'église avec son paquet. Nous allons voir si elle s'est mise près de quelqu'un de notre connaissance. »

Les trois demoiselles, suivies de Voinette qui souffla soigneusement, avant d'entrer, les chandelles de son fanal (il était de grand modèle et portait deux chandelles), pénétrèrent sous la voûte et s'avancèrent assez loin dans la nef; elles aimaient à être bien placées. En passant devant un pilier, elles revirent la petite fille de tout à l'heure. Elle s'était mise tout contre le pilier, et elle priait, agenouillée à terre, les coudes appuyés sur sa valise. Elle reconnut Mlle Julie, car elle lui sourit et lui fit un petit signe de tête à la fois amical et respectueux. Sa délicate figure ronde, toute pâle sous son chapeau noir, n'annonçait guère plus de treize ans, et ses petites épaules pointues dessinaient la maigreur de leurs formes sous le châle qui les couvrait.

« Elle est toute seule décidément, murmura Mlle Virginie; ça ne doit pas être grand'chose de bon.

— Ce n'est peut-être pas sa faute, » répondit Mlle Julie. Elle ne savait pas pourquoi, mais cette pauvre fillette l'intéressait.

Sans écouter ses compagnes, qui voulaient s'avancer le plus près possible de l'autel, Mlle Morineau s'arrêta à des chaises d'où l'on pouvait voir la petite inconnue près de son pilier. Elle ne

C'était une jeune fille vêtue de deuil.

prenait pas de chaise décidément ; peut-être n'avait-elle pas dans sa poche un sou pour la payer. Quand elle fut lasse d'être à genoux, elle se releva, déplaça son sac et s'assit dessus. Ses voisins la regardaient curieusement : elle n'avait pas l'air de s'en apercevoir. Elle écoutait les chants, elle regardait l'autel illuminé, les voûtes de l'église, les personnes qui l'entouraient; puis sa figure prenait une expression de tristesse et elle cachait son front dans ses mains. Mlle Julie ne la quittait pas des yeux : qui était-elle? d'où venait-elle? pourquoi était-elle triste? A l'élévation, l'enfant resta longtemps agenouillée, et, quand elle se releva, Mlle Julie vit qu'elle pleurait; elle eut bien de la peine à se retenir d'aller lui demander pourquoi. C'était très singulier; car enfin qu'est-ce que cela lui faisait et en quoi cela la regardait-il ?

Quand la messe fut finie, l'étrangère se leva et suivit le flot de fidèles qui quittaient l'église. Mais, une fois dehors, elle ne parut plus bien sûre de son chemin; elle s'arrêta, hésita un instant et finit par traverser la place et prendre la rue du Plat-d'Étain. Elle la suivit en examinant avec soin toutes les amorces des rues et ruelles qui y donnaient, et finit par passer dans la rue de la Corroirie, où elle recommença le même manège, qui l'amena dans la rue du Vieux-Pont. Là Mlle Morineau et ses amies, qui avaient suivi la même route qu'elle, la quittèrent parce qu'elles firent un détour par la rue du Pigeon-Blanc; il fallait aller déposer chez elles Virginie et Paméla, qui demeuraient sur la place du Marché-Neuf. Une petite ruelle ramena Mlle Julie, Voinette et leur fanal dans la rue du Vieux-Pont.

Ce petit détour les avait attardées; aussi ne voyait-on plus dans toute la rue d'autre lumière que leur fanal : les gens étaient rentrés chez eux. Voinette, qui n'était pas brave, fut donc aussi effrayée qu'étonnée d'entendre tout à coup résonner une sonnette, en qui elle crut reconnaître sa propre sonnette, celle à l'appel de laquelle elle avait l'habitude d'accourir.

« Mademoiselle ! dit-elle d'une voix étouffée en s'arrêtant court au milieu de la rue, mademoiselle, notre sonnette qui va toute seule !

— Tu crois que c'est notre sonnette?

— Bien sûr, mademoiselle ! je dois la connaître, vous pensez ! Tenez, entendez-vous ?

— Oui, j'entends; c'est peut-être un chat qui la remue avec sa patte.

— Oh ! un chat...; il n'aurait pas besoin de sonner pour entrer, il passerait par-dessous la grille.

— Et une personne ouvrirait la grille et irait frapper à la porte de la maison.

— Oui; mais justement, quand on ouvre la grille, ça fait sonner la sonnette... Oh ! entendez-vous encore? Il y a quelqu'un; n'y allez pas, mademoiselle !

— Tu es folle, Voinette; s'il y avait quelqu'un, c'est toujours bien quelqu'un qui ne se cache pas, puisqu'il sonne. Si ce sont de mauvais gars, nous appellerons les voisins. »

Elle marcha résolument vers sa maison et Voinette la suivit. Mais, comme Voinette cherchait à se hâter, pour défendre sa maîtresse contre l'ennemi supposé, et qu'en même temps la peur enlevait toute solidité à ses jambes, elle glissa sur le verglas et tomba avec son fanal, dont les deux chandelles s'éteignirent.

Mlle Julie avait atteint sa maison et distinguait vaguement, se détachant sur la blancheur de la neige, une petite forme noire debout contre la grille.

« Qui êtes-vous? que venez-vous faire chez moi? » cria-t-elle d'une voix qu'elle tâchait de rendre menaçante.

La petite forme noire se détacha de la grille et fit un pas vers elle.

« Vous êtes donc, lui dit-elle en français, mais avec un accent étranger, mademoiselle Julie Morineau? Laissez-moi entrer chez vous, ma cousine; j'ai si grand froid! Je m'appelle Lucette Mauversé.

— Mauversé ! » répéta Mlle Julie stupéfaite. Ce nom indiquait une parenté, et, d'ailleurs, la visiteuse l'appelait ma cousine. Mais en France le nom était éteint; il n'y avait plus de Mauversé. D'où pouvait donc venir celle-là?

Ces questions qu'elle se posait sans pouvoir y répondre, bien entendu, n'empêchèrent pas Mlle Morineau d'ouvrir sa grille et ensuite la porte de sa maison, où elle trouva sur une planchette, à portée de sa main, un bougeoir et une boîte d'allumettes. Puis, quand elle eut éclairé la situation et constaté que la cousine qui lui demandait asile était la petite étrangère de la messe de minuit, elle lui dit gravement : « Entrez, mademoiselle Lucette Mauversé, » et elle s'effaça pour la laisser passer.

La fillette entra, toujours portant son sac de voyage; mais elle était sans doute à bout de forces, car elle le mit à terre dès qu'elle fut dans le corridor, et, s'appuyant contre le mur, elle ferma les yeux en serrant ses mains contre sa poitrine, comme une personne qui se sent défaillir.

Mlle Julie lui saisit une main pour l'empêcher de tomber. Cette main était glacée.

« Pauvre petite, s'écria-t-elle, comme vous avez froid !

— Oh ! non, pas ici..., je suis... si bien, » balbutia Lucette en essayant de se redresser. Mais elle ne put en venir à bout; au contraire, elle s'affaissa tout doucement, glissa le long du mur et se trouva en un instant à demi couchée dans le corridor, sa tête et ses épaules appuyées contre la poitrine de Mlle Julie, qui, en la voyant tomber, s'était précipitée à genoux près d'elle pour la soutenir.

« Ah! mon Dieu, elle se trouve mal! Voinette, aide-moi à l'emporter...; prends la lumière... Comment la faire revenir?

— C'est la petite qui est tombée dans la rue avec son grand sac...; elle l'a toujours, son sac... Portons-la dans la cuisine, mademoiselle : on est chrétien, ce n'est pas pour laisser périr son prochain sans lui porter secours; mais défions-nous... Si elle faisait partie d'une bande de brigands, cette enfant-là? ça s'est vu! Et le sac, c'est peut-être pour mettre ce qu'elle a volé!... Il ne faut pas la laisser entrer dans la salle à manger, à cause de notre argenterie.

— Portons-la dans le salon, sur le canapé... Là, mets un coussin sous sa tête. Ouvre la fenêtre pour lui donner de l'air. A présent, va vite chercher le vinaigre... As-tu encore des plumes du dernier poulet que nous avons mangé? On dit que les plumes brûlées font bon effet... Elle est peut-être trop serrée ; je vais lui détacher sa robe. »

Voinette apporta le vinaigre, après avoir commencé par fermer à double tour et aux verrous la porte de la maison. Et, pendant que sa maîtresse frottait les tempes et le front de Lucette, elle déterrait la braise couverte de cendres, et, avec quelques brins de fagot, elle obtenait un feu clair et joyeux.

« Là, ça va la réchauffer ; on verra après si c'est une voleuse ou une honnête fille... C'est jeune tout de même ; elle a de drôles de parents, qui la laissent courir le monde toute seule et par des nuits pareilles... ; à moins toutefois qu'elle n'ait plus de parents... Elle ne revient pas ; qu'est-ce que nous allons faire ?

— Il faudrait lui faire boire quelque chose de chaud ; mets du lait dans un petit pot et apporte-le près du feu.

— J'ai du bouillon qui mijote sur mon fourneau ; je l'avais préparé pour vous faire un petit réveillon avec du jambon, du pâté et du raisin de conserve. On peut lui donner du bouillon, il vous en restera assez. »

Lucette ouvrit ses lèvres au contact de la tasse et but avidement le bouillon ; une légère teinte rosée reparut sur ses joues et elle entr'ouvrit les yeux. Elle reconnut la dame qui l'avait relevée dans la rue, lui sourit et murmura : « Merci ! » Elle essaya même de se soulever, mais elle n'en eut pas la force et retomba la tête sur le coussin. Ses yeux se fermèrent, se rouvrirent, se fermèrent de nouveau, et elle ne bougea plus.

« Lucette ! Lucette ! appela Mlle Julie. Ah ! mon Dieu, Voinette, elle ne m'entend pas ; est-ce qu'elle est encore évanouie ?

— Oh que non ! elle dort, à cette heure. On ne peut pas la mettre à la porte... Il faut que vous alliez vous coucher, mademoiselle ; je resterai ici à la garder.

— Mais elle est très mal sur ce canapé. Il vaut mieux lui faire un lit dans ma chambre.

— Dans votre chambre ! une fille que nous ne connaissons pas ! ça n'aurait qu'à être une bohémienne qui vous assassinerait cette nuit, pour ouvrir ensuite la porte à sa bande ! Non,

non, pas de ça; je vais lui donner mon lit, et c'est moi qui coucherai près de vous, en travers de la porte encore; on n'entrera pas sans que je le sache. »

Une demi-heure après, Lucette reposait entre deux draps blancs dans le lit de Voinette. La pauvre enfant était si lasse qu'elle s'était laissé déshabiller et coucher sans trop se rendre compte de ce qui se passait. Son sac fut placé sur une chaise au pied de son lit, pour qu'elle le vît en se réveillant. Voinette se pencha sur elle.

« Elle n'a pourtant pas une mauvaise figure, dit-elle; mais, c'est égal, je vais tout de même l'enfermer; une bonne précaution n'a jamais fait de mal. »

Il surnageait accroché à un tronçon de mât.

CHAPITRE IV

Réveil de Lucette. — Petit retour en arrière. — Où Mlle Julie donne audience à Lucette et les nouvelles qu'elle apprend. — La peau de l'ours, pour qui est-elle ?

Il commençait à faire jour lorsque Lucette Mauversé ouvrit les yeux. Elle les referma aussitôt, croyant continuer un rêve. Elle ne connaissait pas cette chambre-là, certainement : est-ce que c'était encore un nouveau logement où elle se trouvait transportée avec son grand-père ? Et lui, où était-il ? dans une chambre voisine sans doute ! Il fallait qu'elle allât bien vite voir s'il n'avait besoin de rien.... Et, chassant le sommeil de son cerveau encore alourdi, Lucette s'assit sur son lit, se frotta les yeux et regarda autour d'elle.

Elle était bien réveillée maintenant et la mémoire lui revenait. Son grand-père n'était pas là : elle l'avait laissé couché, endormi pour toujours dans le cimetière des Français, à New-York... Elle ne rêvait pas; c'était bien vrai qu'elle était arrivée à Saint-Clair où son grand-père l'envoyait. C'était le soir; elle s'était fait indiquer la demeure de Mlle Julie Morineau et elle y était allée. Elle avait sonné plusieurs fois, personne ne lui avait répondu; enfin une fenêtre d'une maison voisine s'était ouverte et une voix lui avait crié que Mlle Morineau et sa bonne étaient déjà parties pour la messe de minuit. Alors elle avait voulu aller, elle aussi, à la messe de minuit; ce n'était pas difficile de trouver le chemin de l'église : on n'avait qu'à suivre tous ces gens qui circulaient avec des lanternes, allant tous du même côté. Après la messe, elle était revenue..., elle avait trouvé sa cousine qui l'avait fait entrer. Comme il faisait chaud dans son corridor, cette douce chaleur avait ranimé Lucette, qui n'en pouvait plus de froid et de fatigue. Et puis il lui avait semblé que tout tournait autour d'elle, et elle ne se souvenait plus de rien, sinon d'une figure inquiète penchée vers elle, qui lui avait vaguement rappelé celle de son grand-père. On l'avait donc apportée dans cette chambre, couchée dans ce lit sans qu'elle s'en aperçût? La vieille demoiselle était très bonne, sûrement; car enfin Lucette n'avait pu lui dire que son nom, sans lui expliquer qui elle était, et l'enfant se mit à espérer en elle.

Elle avait grand besoin d'espérer, la pauvre Lucette, pour détourner sa pensée de tout ce qu'elle avait à regretter ! Comme son passé était fini, mort, effacé, sans qu'il en restât de trace ! Elle avait eu un père et une mère, jeunes tous deux, qu'elle se rappelait encore penchés sur son berceau et souriant à son réveil; elle avait eu un frère et une sœur qui jouaient avec elle : une épidémie avait emporté la mère et les enfants, une explosion de bateau à vapeur avait tué le père. Leur souvenir était resté bien vague dans son esprit: elle n'avait que quatre ans ! Et puis elle n'avait pas souffert de l'isolement : sa nourrice noire, la bonne Thaïs, son grand-père, qui l'aimaient tendrement, avaient su lui faire une enfance joyeuse. Que d'heures charmantes passées avec ce vieillard si doux, qui l'appelait sa petite compagne et sa petite amie, et qui causait avec elle comme s'ils eussent été du même âge. Ils s'entendaient bien tous deux : il aimait à raconter, elle aimait à écouter; aussi elle savait par cœur tous ses récits tant de fois répétés, et elle aurait pu les écrire et faire un livre avec l'histoire de son grand-père.

Elle connaissait, comme si elle avait été élevée parmi eux, son bisaïeul, Pierre-Paul Mauversé, le marchand drapier de la rue de la Poissonnerie, à Nantes; sa bisaïeule, devenue aveugle encore jeune, qui passait sa vie à tricoter, assise dans un grand fauteuil, et leurs six enfants dont son grand-père était le dernier. Elle avait entendu cent fois le récit du mariage de l'aînée, Julienne, avec Marcelin Boudat, qui l'avait emmenée vivre avec lui en Bourgogne, où il faisait le commerce des vins : quelle belle noce on leur avait faite, comme le marié était gai et bon garçon, et comme la mariée était gentille. Puis Étienne lui-même était parti, à quatorze ans, pour aller chez un ami, négociant aux Antilles, qui se chargeait de sa fortune. Il n'y était jamais arrivé; après un naufrage, où il avait vu couler à fond son navire, pendant qu'il surnageait accroché à un tronçon de mât, il avait été recueilli par un brick de commerce qui allait aux Indes.

Des Indes, il avait écrit à ses parents : il repartait comme mousse sur un bateau anglais, et cette fois il espérait bien aborder aux Antilles. Et pourtant la première lettre qu'ils reçurent de lui ne venait point des Antilles : le capitaine, ayant vendu sa cargaison en route, n'était point allé jusque-là, et il prenait à Manille un nouveau chargement pour Bombay. Étienne cherchait un bateau qui partît pour les Antilles, comptant y prendre du service — il avait perdu son argent, et dans ce temps-là l'argent n'était pas une marchandise facile à envoyer — lorsqu'il apprit, par le hasard d'une conversation, que son futur patron venait de faire faillite : ce n'était pas le moment de se rendre près de lui. Il resta à Manille, gagnant sa vie sou par sou, au jour le jour, et il finit par plaire à un riche négociant qui l'admit dans ses bureaux. Il y resta sept ans, bien traité, de mieux en mieux payé, honoré de la confiance de son patron; et il était sur le grand chemin de la fortune, car son patron l'envoyait à la Nouvelle-Orléans pour y fonder une succursale de leur maison de commerce, qu'il aurait dirigée et où il aurait fait de beaux bénéfices. Il partit sur le *Saint-Gilles*... et jamais sa famille n'entendit plus parler de lui. Pendant vingt ans, jeté par une tempête sur la côte la plus sauvage de l'Australie, captif des tribus indigènes, puis délivré par des convicts et forcé de mener avec eux une vie misérable, ensuite matelot, homme de peine, pionnier, chercheur d'or, il avait essayé de tout sans réussir à rien. Il avait écrit à ses parents, mais la guerre ou les naufrages avaient empêché ses lettres de parvenir. Enfin le guignon s'était lassé de le poursuivre : à New-York, où il arrivait avec quelques pépites d'or, il avait eu la chance de rencontrer une affaire avantageuse, et sa fortune s'était rapidement faite; il s'était marié richement, il avait été heureux. Sa femme, son fils, sa bru, son petit-fils, Lucette les connaissait bien aussi par les récits émus du vieillard, quoique de bien bonne heure elle lui fût restée seule de tout ce qu'il avait aimé. Pauvre grand-père! lui qui avait tant souffert et qui était si bon, fallait-il qu'il eût fini sa vie dans de telles tristesses! Et, à cette pensée, Lucette sentit les larmes la gagner...

« Ah! elle est réveillée! mademoiselle, venez voir! » dit une voix à la porte de la chambre; et Lucette vit à cette porte, qui s'était entr'ouverte sans bruit, deux yeux qui la regardaient. Un pas pressé se fit entendre sur le palier; la porte s'ouvrit tout à fait et Voinette s'écarta pour laisser entrer Mlle Julie.

« Eh bien, mon enfant, allez-vous mieux ce matin? dit-elle d'un ton engageant à la jeune fille.

— J'ai donc été malade? Je ne me rappelle plus rien depuis le moment où je suis entrée ici. Ç'a été comme un engourdissement. Vous m'avez couchée? Vous m'avez soignée? Comme vous êtes bonne! Je ne sais pas si je vous ai remerciée : j'étais si fatiguée, j'avais si grand froid! Je ne savais plus ce que je disais.

— Vous m'avez remerciée, soyez tranquille. Êtes-vous reposée à présent? n'avez-vous plus froid?

— Oh! plus du tout; je vais me lever. Comme il doit être tard!

— Un lendemain de messe de minuit, on ne peut pas se lever de bonne heure. Vous devez avoir faim, je pense?

— Peut-être un peu, » murmura Lucette en rougissant. A ce

moment Voinette revint, portant sur un plateau une tasse de chocolat qui embaumait et un petit pain fourré de beurre frais. Elle déposa le plateau sur la table de nuit.

« Là, dit-elle, mangez; après, vous pourrez vous lever, vous aurez repris des forces. Je vais vous chercher votre robe. »

Elle sortit et revint bientôt, portant la petite robe noire bien séchée et bien brossée, qu'elle étala sur une chaise. Puis toutes les deux, la maîtresse et la servante, laissèrent Lucette déjeuner à son aise.

« Lui trouves-tu encore l'air d'une bohémienne, qui va tout voler chez nous? demanda en riant Mlle Julie à Voinette.

— Oh non! mais on ne sait pas, il ne faut pas se fier aux apparences. A la regarder comme ça, elle a l'air d'une pauvre petite fille bien douce, qui a pâti et qui a eu du chagrin aussi, car elle s'est mise à pleurer dès qu'elle a été bien réveillée.

— Pauvre enfant, il n'y a pas à dire, cela fait pitié de la voir toute seule... Elle ne sera sans doute pas longue à se lever; va vite remettre une bûche dans le feu du salon, qu'elle ait chaud pour me raconter son histoire; car elle me la racontera, je pense!

— Il faut espérer...; autrement, ça serait trop facile de tomber chez les gens en leur disant : « Bonjour, ma cousine! » Il faut prouver qu'on est cousins, d'abord!

— Je crois qu'elle dit vrai... Tiens, regarde ce portrait de ma grand'mère — Mlle Julie décrocha une miniature de la cheminée, — je trouve que cette petite lui ressemble.

— Peut-être bien. Moi, je ne m'y connais pas en portraits; mais je l'ai connue, votre grand'mère, et je n'aurais jamais inventé cette ressemblance-là.

— Parce que tu l'as connue vieille. Mais j'entends la petite qui remue dans la chambre; va-t'en vite soigner le feu, je descends. »

Un quart d'heure après, Lucette fit son entrée dans le petit salon où Mlle Morineau, peut-être pour paraître plus imposante, avait pris place sur l'estrade devant la fenêtre. Lucette s'assit en pleine lumière, sur un fauteuil que Voinette lui approcha, et posa à côté d'elle, sur le parquet, son éternelle valise, qu'elle n'avait pas quittée.

« Elle pouvait aussi bien laisser son sac là-haut, marmotta Voinette; il n'y a pas de voleurs dans la maison. »

M¹¹ᵉ Julie cherchait une phrase pour inviter Lucette à lui expliquer sa filiation et même sa présence; mais la jeune fille n'attendit pas qu'elle l'eût trouvée.

« Mademoiselle, dit-elle, c'est bien vous qui avez fait mettre dans le journal le *Figaro* une annonce pour M. Étienne Mauversé, âgé de quatre-vingt-deux ans? On lui demandait s'il voulait rentrer en relations avec sa famille.

— Oui, ma petite, c'est moi, Julie Morineau, fille de Charlotte Boudat, laquelle était fille de Julienne Mauversé, sœur aînée d'Étienne Mauversé, disparu depuis soixante ans. Pouvez-vous me donner de ses nouvelles?

— Oui, ma cousine, répondit tristement l'enfant. Il est mort il y a six semaines, mon pauvre cher grand-père, à New-York, où nous vivions ensemble.

— Mort! »

M¹¹ᵉ Julie demeura comme pétrifiée. Il était mort, l'oncle d'Amérique! Mais alors son héritage? Ah! oui, vraiment, son héritage! il appartenait à cette petite, puisqu'elle parlait d'Étienne Mauversé en l'appelant son grand-père. Et puis y avait-il seulement un héritage? Les héritières n'ont pas coutume de courir le monde en si triste équipage, à moins que celle-là n'eût appris de son grand-père l'amour de sa famille de France... En tous cas, l'héritage était à elle, il n'y avait pas de doute là-dessus : elle aurait tout aussi bien fait de rester en Amérique!

Nous allions dans les quartiers pauvres.

CHAPITRE V

Où Lucette raconte à sa cousine et au lecteur tout ce qu'ils ont besoin de savoir.
Écritures d'outre-tombe. — Les bonnes dispositions de Lucette.

Lucette ne pouvait être au courant des espérances ambitieuses de sa cousine; elle prit pour de la sympathie l'air ahuri et consterné de Mlle Julie, se sentant tomber du haut de ses châteaux en Espagne. Elle reprit, encouragée par cette sympathie supposée :

« Oui, ma bonne cousine, il est mort, et sa seule consolation en mourant, ç'a été l'annonce que vous aviez mise dans les journaux. Il était heureux de penser que je ne resterais pas seule au monde, que je retrouverais une famille en France, où je pourrais parler de lui... Il s'était fait une telle fête de revoir son pays et ses parents avec moi !

— Ah! il voulait revenir en France?

— Oui, ma cousine... Depuis bien des années il avait perdu l'espérance de revoir ses parents, et il pensait que toute sa famille était éteinte, puisqu'il avait beau écrire, ses lettres lui étaient toujours renvoyées : les personnes à qui il écrivait n'existaient plus.

— C'est étonnant... Mon bisaïeul a encore vécu dix ans après la dernière lettre qu'il a reçue de son fils Étienne.

— Mais mon grand-père est resté vingt ans sans pouvoir donner de ses nouvelles; du moins, il écrivait quand il trouvait une occasion, mais ce n'étaient jamais des occasions sûres. Il n'a jamais su si ses lettres étaient arrivées; les réponses ne lui sont pas parvenues, dans tous les cas. Enfin, quand il a été établi à New-York et qu'il a commencé à faire de bonnes affaires, il a écrit, et ses lettres sont bien arrivées à Nantes cette fois; mais la poste les lui a renvoyées avec l'avis qu'il n'y avait pas de Mauversé à Nantes. Il m'a raconté cela bien des fois. Pendant bien des années, il se promettait d'aller lui-même à Nantes quand ses affaires lui permettraient de s'absenter, et de tâcher de découvrir quelqu'un de sa famille. Il pensait que si son frère ou ses parents étaient morts et ses sœurs mariées, personne en effet ne s'appelait plus Mauversé, mais qu'à force de chercher il réussirait mieux que la poste. Et puis le temps a passé; il s'est marié, il a eu un fils, beaucoup d'affaires sur les bras, il n'avait pas le temps de voyager. Il gagnait beaucoup d'argent; il était déjà très riche quand son fils s'est marié, et je crois que, quand il a été grand-père, il n'a plus songé à retourner en France; mon père et ma mère, qui étaient nés en Amérique tous les deux, ne l'y poussaient pas. Puis le malheur est venu : en six mois, mon père, ma mère, mon frère et ma sœur sont morts, et grand-père est resté seul avec moi, qui n'avais que quatre ans.

— Pauvre petite! dit en joignant les mains Mlle Julie, que la pitié gagnait malgré elle.

— Je n'ai pas été malheureuse, ma cousine, grand-père était si bon! Il faisait tout ce que je voulais; il me donnait tout ce que je trouvais joli dans les magasins, quand nous allions nous promener ensemble. Il y avait surtout la promenade du dimanche : nous allions dans les quartiers pauvres de New-York, avec un panier attelé de deux poneys, que grand-père m'apprenait à conduire; le panier, c'était pour porter un grand sac rempli de dollars, de petits vêtements d'enfants, de joujoux, de bonbons; tenez, ce sac-là... Grand-père avait ses notes sur un carnet, et il arrêtait à chaque porte où il y avait des malheureux; nous puisions dans le sac, nous laissions la voiture à la garde du groom, et nous entrions dans la maison. Quand la tournée était finie, le sac était vide, et nous étions joyeux! Pensez donc, ma cousine! voir partout des figures tristes, que vous rendez gaies rien qu'en leur donnant un peu d'argent! Et puis grand-père savait si bien leur parler. « Il faut envoyer vos enfants à l'école, ma bonne femme; je me charge de les habiller... Vous n'avez pas d'ouvrage, mon ami? quel métier savez-vous? Venez demain matin dans mes bureaux, on vous trouvera quelque chose à faire... Votre garçon voudrait gagner sa vie? envoyez-le-moi, je verrai à quoi il est bon, et je le pousserai s'il se conduit bien. » Quelquefois il y avait des gens que l'argent ne consolait pas : ils venaient de perdre un enfant... Alors mon grand-père me montrait en disant : « Moi aussi, j'ai perdu les miens : voilà tout ce qui me reste... » et il pleurait. Je crois que ses larmes les consolaient un peu, car ils le remerciaient d'un air plus reconnaissant encore que les autres. »

Mlle Julie essuya une larme au coin de son œil.

« Oh! merci, ma cousine! s'écria Lucette; vous êtes bonne, vous l'auriez aimé... Et lui aussi vous aurait aimée. Si vous saviez quelle joie il a eue, il y a quatre mois, en lisant votre annonce dans un journal de France! Il riait, il pleurait, il me disait: « Ils se sont souvenus de moi, Lucette, ils se sont souvenus de moi! » Le nom de Morineau ne lui disait rien; mais il pensait que vous deviez être la fille ou la petite-fille d'une de ses sœurs.

— De sa sœur aînée, Julienne Mauversé, mariée à Marcelin Baudot, dont la fille cadette épousa Alexandre Morineau. Je suis la petite-fille de Julienne Mauversé et la petite-nièce de votre grand-père. Nous avons des cousins et cousines dans plusieurs départements, mais c'est moi qui ai mis l'avis dans les journaux.

— Vous auriez eu sa première visite, ma cousine... Il comptait sur ses doigts ses sœurs et son frère, et il disait : « Un frère et quatre sœurs! S'ils ont eu chacun plusieurs enfants, cela va nous faire une fameuse famille! Je veux donner une fête où je les réunirai tous! Il y en a peut-être de riches et de pauvres; mais la liste aura beau en être longue, je veux les mettre tous à leur aise pour le restant de leurs jours. Il nous restera encore de quoi ne pas mourir de faim! » Et il riait.

— Il était donc bien riche? demanda M{^{lle}} Julie haletante.

— Très riche. A nous deux, nous ne pouvions pas dépenser beaucoup, et l'argent allait dans les affaires, où il s'augmentait toujours. Quand j'aurais été d'âge à aller dans le monde, nous aurions dépensé davantage, parce que grand-père aurait donné des fêtes. Il me disait toujours : « Quand tu auras quinze ans, je te mettrai au courant de mes affaires, pour que tu mènes toi-même la maison si je mourais. » Et il m'apprenait l'arithmétique. Cela a l'air de vous étonner, ma cousine? En Amérique il y a beaucoup de femmes qui s'occupent d'affaires.

— Mais non pas des petites filles de quinze ans, je pense!

— Ça dépend : avec un bon premier commis! Enfin, grand-père ne pensait plus qu'à venir en France. Il ne vous a pas écrit, parce qu'il voulait voir lui-même ses parents. Il n'aurait pas dit qu'il était riche, afin de récompenser par la suite ceux qui l'auraient bien reçu le croyant pauvre. Il était très pressé de partir ; mais j'ai eu la rougeole, cela nous a retardés, et puis la mauvaise saison est venue, et il n'a pas voulu m'exposer sur mer au moment des tempêtes. Enfin, il y a deux mois, est arrivée la faillite Droughton... Vous avez bien entendu parler de la faillite Droughton, ma cousine?

— Non, pas du tout! On n'est pas au courant de ces choses-là à Saint-Clair.

— Ah! c'est étonnant... La maison Droughton était la première maison de banque de New-York. Sa faillite en a amené une quantité d'autres. Grand-père, lui, n'a pas fait faillite, mais il a été ruiné. »

M{^{lle}} Julie ne put retenir une exclamation douloureuse.

« Oh! reprit Lucette, c'était terrible, ma cousine, de voir vendre tout, la maison, les beaux meubles, le jardin, et la maison de campagne avec son parc, et mes oiseaux avec leur volière : tout y a passé! Il fallait bien : grand-père voulait tout payer. Il y a bien à New-York des négociants qui donnent cinquante pour cent à leurs créanciers et qui recommencent leur commerce : au bout de quatre ou cinq ans ils ont refait leur fortune, et ils ne pensent plus à payer le reste. Mais grand-père ne voulait pas faire comme eux : ce n'était pas là de l'honneur français, à ce qu'il disait. J'aurais pourtant eu le droit de garder ma jolie chambre, mon piano qui avait des touches en nacre, et tout ce qui était à moi; mais je n'ai pas voulu. Grand-père m'avait toujours dit que j'étais Française; j'ai voulu lui montrer qu'il ne se trompait pas.

— Et... est-ce qu'il est parti? » balbutia Mlle Julie, qui ne savait plus ce qu'elle disait. Un oncle d'Amérique qui non seulement était mort, mais qui encore était mort ruiné, il y avait bien de quoi la bouleverser.

« Il ne voulait plus partir, puisqu'il n'avait plus d'argent, et qu'il n'aurait pas su comment en gagner en France. Nous nous sommes retirés dans un tout petit logement, et je me suis mise à faire le ménage. »

Mlle Julie fit un soubresaut et regarda avec des yeux tout ronds cette singulière petite fille, qui parlait d'affaires comme un vieux banquier et qui s'était si tranquillement mise à faire un métier de servante après avoir puisé pour ses aumônes dans un sac plein de dollars.

« Grand-père ne perdait pas courage, reprit Lucette ; il nous restait un peu plus de mille dollars, et avec cela il voulait se remettre à travailler et regagner ce qu'il avait perdu. Mais il n'en a pas eu le temps. Dès le second jour, en entrant dans sa chambre le matin pour l'embrasser, je l'ai trouvé dans son lit, qui ne pouvait pas remuer. Il pouvait parler, car il m'a dit d'aller chercher un médecin, et, quand le médecin est venu, il a voulu rester seul avec lui : il ne voulait pas que le médecin lui dît devant moi qu'il allait mourir.

— Pauvre oncle! dit Julie avec un air compatissant.

— Il a bien été obligé de me le dire lui-même, puisqu'il n'y avait pas de remède. C'est alors qu'il m'a donné une petite clef, qu'il portait toujours pendue à sa chaîne de montre, et qui ouvrait un vieux secrétaire qu'il n'avait pas voulu vendre. Il m'a ordonné de prendre dans les tiroirs des paquets de lettres noués avec des rubans, et de les mettre dans la valise qui nous servait dans notre promenade du dimanche. « Tu pourras aussi, m'a-t-il dit, y serrer ton linge et tes robes, elle te servira pour ton voyage. Quand je serai mort, tu partiras pour la France; j'ai copié plusieurs fois l'adresse de Mlle Julie Morineau, de peur de la perdre. Tu iras la trouver, tu la remercieras de ma part de s'être souvenue du pauvre voyageur, et tu lui diras que je la prie de t'aider à gagner ta vie. Les lettres serviront à te faire reconnaître : ce sont les lettres que je recevais à Manille de mon père, de ma mère, de mon frère et de mes sœurs, et celles que je leur ai écrites vingt ans après et que la poste me renvoyait. Je les ai gardées pour leur prouver, si jamais je les revoyais, que je n'avais jamais cessé de penser à eux. » Il m'a encore recommandé d'être honnête, courageuse et fière, de n'avoir pas de vanité, de ne jamais mentir et de vivre toujours en présence de Dieu, qui ne me donnerait jamais à porter un fardeau plus lourd que mes forces : ce sont ses paroles, je les ai apprises par cœur, et je me les répète matin et soir en faisant ma prière, pour ne pas les oublier.

— C'est bien ! c'est très bien, mon enfant ! » s'écria Mlle Morineau, soulagée d'une terrible crainte. Elle avait lu autrefois quelques romans de Fenimore Cooper, et n'était pas bien sûre que des Américains pussent adorer autre chose que le grand Manitou.

Lucette parut surprise de cette approbation chaleureuse, à propos d'une chose toute simple. Elle reprit d'une voix altérée, car les souvenirs dont elle parlait lui serreraient le gosier et lui faisaient monter les larmes dans les yeux :

« Je suis restée toute la journée à côté de lui; nous causions et je l'embrassais; il pouvait encore avaler un peu de bouillon, et j'espérais qu'il s'était trompé et qu'il allait guérir. La nuit est venue, et il m'a dit : « Va te coucher, ma chérie, je crois que je vais dormir. » J'ai fait semblant d'y aller, pour ne pas le contrarier; mais, quand il a été endormi, je suis revenue pour le

Il pouvait encore avaler un peu de bouillon.

veiller. Il respirait très fort, sans bouger, et à la fin je me suis endormie, moi aussi. Quand je me suis réveillée, il faisait jour, et mon cher grand-père ne respirait plus...

— Il était mort sans souffrir, ma pauvre enfant.

— C'est ce que les voisines m'ont dit pour me consoler; il faut bien dire quelque chose! J'ai trouvé des gens complaisants qui m'ont aidée, et j'ai obéi à mon grand-père dans tout ce qu'il m'avait commandé. Seulement je n'ai plus que six cents dollars ; j'ai dépensé le reste à faire enterrer grand-père auprès de sa femme et de ses enfants, à payer le médecin, le loyer, mon passage sur le bateau, mon deuil, et à vivre encore quelques jours à New-York. Me voilà près de vous, ma cousine; voulez-vous voir les lettres? je les ai là. »

Et Lucette tira de son sein une petite clef et ouvrit le sac de voyage. Mlle Morineau en vit sortir plusieurs paquets de vieilles lettres jaunies, réunies par des rubans noirs, et une boîte carrée que Lucette ouvrit avec une autre petite clef.

« Ici, dit-elle, ce sont des portraits..., le portrait de mon père et de ma mère, et puis grand-père quand il n'était pas encore vieux, et encore grand-père il y a un an : il me l'a donné pour mon jour de naissance. Ces petits enfants-là, c'est mon frère, ma sœur, et moi à trois ans. Grand-père avait bien aussi son père, sa mère et toute sa famille, mais les sauvages les lui ont brisés et perdus. Tout ce qu'il a pu conserver, ce sont les lettres: ce paquet-là, ce sont les plus anciennes. »

Mlle Morineau dénoua le ruban avec respect. L'écriture de ceux qui ne sont plus, c'est comme une partie d'eux-mêmes qui leur a survécu, et Mlle Morineau reconnaissait l'écriture des vieillards sur ces feuilles jaunies. Quelle tendresse dans ces lettres qui s'en allaient en lointain pays porter au fils les conseils et le souvenir de son père ! La mère aveugle s'était fait guider la main pour lui envoyer sa bénédiction, et Mlle Julie lut avec émotion, tracées en grands caractères maladroits et irréguliers, les paroles qu'Étienne répétait à sa petite-fille, plus d'un demi-siècle après : « Vis toujours en présence de Dieu. » Il y avait là des lettres du frère, qui annonçaient la naissance de ses filles ; il y en avait des jeunes sœurs, Gothon, Justine et Marthon ; il y en avait de Julienne, avec de bons conseils de sœur aînée au frère qu'elle avait presque élevé ; et il y avait sur un bout de papier séparé deux lignes d'une grosse écriture d'enfant : « J'embrasse mon cher oncle Étienne... Charlotte MORINEAU. »

Une larme perla au bord des cils de Mlle Julie, qui porta le papier à ses lèvres.

« C'est l'écriture de ma mère, dit-elle à Lucette.

— Grand-père me l'a montrée bien souvent, l'écriture de sa petite nièce, quand je commençais à écrire, répondit-elle ; et je m'appliquais pour faire aussi bien qu'elle. »

Les derniers paquets de lettres « renvoyées à leur auteur » étaient toutes de la main d'Étienne. Toutes disaient la même chose : son désir ardent d'avoir des nouvelles de sa famille, sa tendresse pour tous les siens, l'histoire de ses vingt ans de martyre, et, à mesure qu'il s'enrichissait, son regret de ne pouvoir faire part aux siens de sa fortune. On ne pouvait plus douter : le grand-père de Lucette était bien l'oncle d'Amérique tant attendu, et il était resté bon parent toute sa vie. Ce n'était pas sa faute si la faillite Droughton l'avait ruiné.

Quand Mlle Julie eut fini de lire, elle tendit ses bras à Lucette.

« Tu es bien ma petite-cousine, et je ferai ce que je pourrai pour toi. Malheureusement je ne suis pas riche..., mais nous avons beaucoup de cousins et de cousines, et je vais leur écrire : il y en a qui sont bien plus à leur aise que moi. »

Lucette rougit.

« Mais je ne demande pas l'aumône, ma cousine. Je vous l'ai déjà dit : grand-père vous prie seulement de m'aider à gagner ma vie. »

Mlle Julie ne put s'empêcher de rire.

« Gagner ta vie ! Avec cette mine et cette taille ! Quel âge as-tu, d'abord ?

— Quatorze ans et vingt-huit jours. Mais ça ne fait rien ; il y a en Amérique des filles de mon âge qui gagnent leur vie. Je ferai tout ce qu'on voudra : grand-père m'a recommandé de n'avoir pas de vanité.

— Bon, bon, nous verrons. Pour aujourd'hui tu vas te reposer : tu dois être fatiguée d'un si grand voyage.

— J'étais fatiguée hier ; mais j'ai si bien dormi et si bien déjeuné ! Je ne demande qu'à avoir de l'ouvrage tout de suite ! »

La poussière est une ennemie perfide.

CHAPITRE VI

Projets de Lucette. — Mlle Morineau, ne se fiant pas à ses lumières naturelles, réunit son cénacle.

C'était très sérieusement que Lucette parlait de travailler; la preuve, c'est qu'en sortant du salon, voyant un balai et un plumeau debout le long du mur dans le corridor, elle les prit et s'en servit avec un soin minutieux; la poussière est une ennemie perfide et tenace, et on en trouve toujours, l'eût-on enlevée un quart d'heure auparavant. Elle aida Voinette à laver et à essuyer la vaisselle, puis elle tira ses vêtements de sa valise, un à un, et se mit à les brosser et à les défriper. Mlle Julie remarqua, parmi différents petits objets, une ménagère bien garnie de fil et d'aiguilles.

« Tu sais donc coudre? demanda-t-elle à Lucette. J'aurais cru que tu ne cousais pas beaucoup, puisque ton grand-père était si riche.

— Je cousais pour ma poupée autrefois, cela m'amusait, répondit Lucette; depuis, j'ai cousu pour les petits pauvres. En apprenant un peu, je pourrais peut-être devenir couturière.

Mais j'aimerais encore mieux être brodeuse. Je faisais de si jolies broderies avec de la soie, de la laine, de la chenille, de l'or, des petits morceaux d'étoffe. Aimerait-on cela à Saint-Clair? je pourrais monter un petit magasin où je vendrais mes ouvrages et où je donnerais des leçons de broderie aux dames. A New-York, il y a plusieurs magasins comme cela qui gagnent beaucoup d'argent. »

Mlle Julie ne répondit pas. Cette petite fille était étonnante, vraiment! parler de travailler comme une ouvrière! Elle n'avait nulle idée des convenances sociales : entrer en apprentissage chez une couturière, dans la même ville où sa cousine vivait de ses rentes et où les parents de cette cousine avaient toujours mené une existence indépendante! Cela ne se pouvait pas. Et fonder un petit commerce! Elle ne pourrait pas être seule dans sa boutique, il faudrait donc que Mlle Julie y vînt avec elle? Elle, Mlle Morineau, fille de M. Louis Morineau, juge de paix, petite-fille de M. Jean Morineau, médecin et maire de Saint-Clair! est-ce que c'était possible? D'un autre côté, elle avait juste de quoi vivre pour elle et Voinette : une troisième personne dans la maison l'obligerait à se priver de bien des choses; ce n'était pas gai, sur ses vieux jours... Renvoyer cette petite, elle en avait le droit certainement; mais en aurait-elle le courage? Ah! il ne ressemblait guère à celui qu'elle avait rêvé, l'héritage de son oncle d'Amérique!

Héritage ou non, l'oncle était mort : la première chose à faire était de prendre le deuil. Mlle Julie laissa Lucette à ses nettoyages et s'en alla fouiller dans ses armoires. Elle aimait les couleurs vives et ne portait pas volontiers du noir; mais elle possédait cependant une robe de mérinos et un chapeau de crêpe pour assister aux enterrements et messes de bout de l'an, avec deux châles, un de barège pour l'été et un de cachemire pour l'hiver. Elle étala tout cela sur son lit, secouant d'abord chaque objet à la fenêtre pour lui faire perdre l'odeur du camphre qui le préservait des insectes; puis elle quitta avec un soupir sa robe de satin de laine bleu, et s'habilla de noir de la tête aux pieds. Ensuite elle descendit et alla trouver Voinette.

« Où faut-il que je fasse le lit de la petite? demanda celle-ci. Est-ce que vous la garderez plusieurs jours? Ses parents, où demeurent-ils? Est-ce qu'ils viendront la chercher?

— Je te dirai cela plus tard... Je sors pour le moment, nous verrons ce qu'il y aura à faire quand je serai rentrée... Si les demoiselles Mangon venaient me voir, dis-leur que je suis chez Mme Chandois et qu'elles seraient bien aimables de venir m'y trouver... et Mme Raimblot aussi, si elle venait...

— Oui, mademoiselle, » répondit Voinette avec une affectation de respect où il entrait un peu de mécontentement. Sa maîtresse n'avait pas l'habitude de lui faire des cachotteries : elle aurait bien pu lui dire ce qu'elle allait faire chez Mme Chandois.

Mlle Julie pourtant n'allait pas directement chez celle-ci ; elle commença par sonner à la porte de Mme Raimblot. Un grand tapage se fit entendre à l'intérieur de la maison, dont la porte fut ouverte par trois garçons de douze à seize ans, réunis en grappe si serrée qu'il eût été difficile de deviner lequel avait le premier mis la main sur le loquet.

« Maman! c'est Mlle Morineau! Mlle Morineau! Morineau! » crièrent les trois voix, dont l'une était très aiguë et l'autre encore plus enrouée.

La figure ronde et riante de Mme Raimblot apparut au fond du corridor.

« Excusez-les, mademoiselle : ces garçons, ça n'est pas maître de sa voix ni de ses mouvements. Ils sont en congé aujourd'hui, et c'est un bacchanal dans toute la maison! c'est à en perdre la tête. Je voudrais être à ce soir pour les voir rentrer au collège, ces diables-là! »

Il ne fallait pas la croire sur parole, la bonne Mme Raimblot. Sur sa physionomie, aussi bien que dans l'accent avec lequel elle disait : « ces diables-là », on pouvait lire une admiration sans bornes pour sa progéniture.

« J'ai un conseil à vous demander, ma bonne amie, répondit Mlle Julie. Mais, comme je veux aussi le demander à Mme Chandois, je vous serai obligée de venir avec moi chez elle. Nous la trouverons, elle ne sort guère les jours de fête.

— Je suis à vous tout de suite... Paul, Édouard, Lucien, allez demander à votre père s'il est prêt à vous mener voir patiner : j'aime autant ne pas vous laisser ici derrière moi. »

Le bruyant trio disparut en un clin d'œil et revint presque aussitôt avec M. Raimblot. La mère passa son inspection, donnant un coup de brosse à la tunique de l'un, un coup de pouce à la cravate de l'autre, faisant mettre les gants et regardant si les souliers étaient bien cirés ; elle leur donna enfin leur *exeat* et sortit à son tour avec Mlle Julie.

« Qu'avez-vous donc aujourd'hui ? lui demanda-t-elle ; je vous trouve un air tout drôle.

— Ah ! si vous saviez ce qui m'arrive ! Je vous dirai cela tout à l'heure... Nous en avions parlé ensemble bien souvent ; mais jamais, au grand jamais, nous n'aurions imaginé pareille chose ! »

« Est-ce que sa tête se prend ? » pensa Mme Raimblot. Et, sans y faire attention, elle pressa le pas vers la maison de Mme Chandois, où devait se révéler le mystère. Il fallut pourtant faire un détour pour passer devant la maison qu'habitaient Virginie et Paméla ; mais une voisine, qui regardait les passants à travers ses vitres, déclara que ces demoiselles étaient déjà sorties.

Mme Chandois était chez elle, en toilette, les pieds sur ses chenets, lisant un roman du vicomte d'Arlincourt — le cabinet de lecture de Saint-Clair les possédait tous. — Elle avait rangé sur une table les cadeaux de Noël destinés à ses petits-enfants, qui devaient venir dîner chez elle, et elle n'était pas fâchée de recevoir des visites pour les leur montrer. Elle reçut donc les deux dames de son air le plus gracieusement majestueux, et commença à leur faire passer en revue les jouets articulés, les nécessaires et les bonshommes de sucre et de chocolat. Mais elle n'obtenait pas grande attention : Mlle Morineau semblait attendre quelque chose du dehors, et Mme Raimblot regardait sans cesse Mlle Morineau d'une façon qui signifiait : « Est-ce que vous n'aviez pas quelque chose à nous dire ? »

Enfin la figure de Mlle Julie s'épanouit : elle reconnaissait ce coup de sonnette. Il était toujours vigoureux, ce coup de sonnette : cela tenait à ce que Mlle Virginie, par habitude de se faire servir, s'effaçait toujours pour laisser sonner sa sœur, et Paméla, comme toutes les petites personnes qui ne se sentent guère fortes, se suspendait à la sonnette de peur de ne pas être entendue.

« Eh bien, qu'est-ce qu'il y a donc? s'écria Virginie dès la porte du salon. Ah! pardon, ma chère Mme Chandois, vous allez bien depuis hier? Mlle Morineau nous a fait dire de venir la trouver chez vous, et nous voilà... Ma bonne Julie, vous allez nous dire ce qui se passe : Voinette a une figure à l'envers, et nous avons aperçu chez vous une petite personne en noir...

— La même qui était à la messe de minuit avec une valise, ajouta Paméla.

— Et qui s'asseyait dessus, reprit Virginie.

— Justement, c'est cela : c'est mon oncle d'Amérique!

— Votre oncle d'Amérique! »

Les quatre voix prononcèrent ces mots avec l'accent d'une stupéfaction profonde, et Mme Raimblot, donnant à sa figure ronde une expression inquiète, se toucha le front du bout des doigts comme pour dire : « Elle perd la tête, c'est sûr; je m'en suis déjà aperçue. »

Mme Chandois, pensant que ce n'était pas le moment de recommencer l'exhibition de ses joujoux, offrit des chaises aux visiteuses et invita ensuite Mlle Morineau à s'expliquer.

« C'est très simple, reprit Julie. Mon oncle d'Amérique existe bien réellement..., c'est-à-dire il existait il y a deux mois et il était puissamment riche. Il a lu l'annonce dans les journaux, et il a été très heureux d'apprendre qu'il avait encore une famille en France. Il disait même à sa petite-fille qu'il voulait nous enrichir tous. »

Les quatre femmes, suspendues aux lèvres de Mlle Julie, semblaient écouter quelque merveilleux conte de fées.

« Et puis? dirent-elles toutes les quatre ensemble.

— Eh bien, il paraît qu'on se ruine dans cette Amérique encore plus vite qu'on ne s'enrichit. Mon oncle a été ruiné tout d'un coup. Il voulait recommencer sa fortune avec le presque rien qui lui restait, mais il a eu une attaque, à ce que j'ai compris, et il est mort en recommandant à sa petite-fille de venir me trouver.

— Toute seule? demanda M°º Chandois, du ton dont elle eût dit : *shocking!*

— Toute seule, à travers la mer, et puis à travers la France. Vos filles n'auraient pas fait cela !

— Je l'espère bien ! On élève singulièrement les jeunes filles en Amérique !

— Après tout, ce n'est pas si mal, répliqua Virginie : cela leur apprend à savoir se retourner dans la vie.

— Allons, allons, calmez-vous, dit la petite M°º Raimblot, qui voyait poindre une dispute. Tout cela dépend des caractères : il y a en tout pays des jeunes filles charmantes... Écoutons le reste de l'histoire !

— Eh bien, le reste, reprit M°º Morineau, c'est que la petite est chez moi, et que je ne sais qu'en faire !

— A-t-elle de l'argent? demanda M°º Chandois.

— A peu près trois mille francs, je crois.

— Ça ne lui fait pas de grosses rentes. Et quel âge peut-elle avoir?

— Quatorze ans. »

M°º Chandois secoua la tête.

« Elle n'est pas bonne à marier de sitôt... et puis il faudrait lui trouver un mari... Trois mille francs... si peu qu'elle mange, ils ne lui dureront pas longtemps.

— Elle a la prétention de gagner sa vie et ne demande qu'à travailler ; elle se ferait volontiers brodeuse ou couturière...

— Ici? près de vous? c'est impossible ! Le lui avez-vous dit?

— Un peu ; mais elle ne comprend pas.

— Il faudrait voir à quoi elle est bonne, dit M°º Raimblot d'un ton conciliant. Dans une famille, par exemple, où il y aurait beaucoup de petits enfants, elle pourrait rendre bien des services..., elle gagnerait son pain de cette façon-là... Ma bonne amie, vous avez la liste de tous les parents de feu votre oncle : n'y en aurait-il point qui voudraient la prendre?

— Je ne sais pas..., je peux leur écrire. Ils vont peut-être me répondre que ce ne sont pas eux qui ont mis l'annonce dans les journaux.

— Mais, si l'oncle était resté millionnaire, ils n'auraient certainement pas refusé ses cadeaux. Il y en a qui sont à leur aise : ils ne refuseront pas de faire quelque chose pour leur petite-cousine. N'est-ce pas, mesdames? »

Ces dames hochèrent la tête par politesse; mais elles se disaient en elles-mêmes qu'elles ne se seraient nullement souciées de détacher une parcelle de leur revenu en faveur d'une petite-cousine qui leur serait tombée du ciel.

« Ne pourrions-nous la voir, cette petite? demanda Mme Chandois.

— Si vous voulez, je vais aller la chercher.

— C'est cela; ces dames ont bien le temps d'attendre? »

Quand ces dames n'auraient pas eu le temps, elles auraient attendu tout de même : elles grillaient de voir la petite-fille de l'oncle d'Amérique. Virginie déclara qu'il était indispensable d'interroger l'enfant pour savoir quel parti il convenait de prendre à son égard.

Dix minutes après, Mlle Julie arrivait près de Lucette. L'enfant avait remis tout en ordre dans sa valise; elle s'était habillée et coiffée avec soin, et Mlle Morineau fut étonnée de la trouver si gentille. Son petit visage rond avait encore des contours enfantins, mais l'expression de ses grands yeux bleus était d'une femme; on y lisait un certain étonnement douloureux, avec une ferme résolution de ne pas se laisser abattre; ils formaient un contraste surprenant avec le front blanc et uni, couronné de boucles de cheveux châtains toutes dorées à l'extrémité, comme il arrive aux cheveux des enfants, et avec sa petite bouche finement découpée, ornée aux coins de fossettes capricieuses. Cette bouche-là était faite pour rire, et ces fossettes devaient être bien jolies, avant que les chagrins des derniers mois eussent amaigri les joues et pâli le visage. Et, en dépit de ses traits tirés, de ses yeux cernés et de sa tristesse, Lucette trouvait encore moyen d'être charmante.

Elle accueillit Mlle Morineau avec un doux sourire : elle ne demandait qu'à l'aimer, cette cousine inconnue chez qui la volonté de son grand-père l'avait envoyée.

« Mets ton châle et ton chapeau, Lucette, lui dit Mlle Julie ; je vais te mener chez des amies à moi, qui désirent te connaître, et qui te seront peut-être utiles.

— Elles me donneront de l'ouvrage? dit avec empressement la petite.

— Elles verront ce qu'on peut faire de toi. Viens et couvre-toi bien, il gèle dur.

— Oh! je ne suis pas frileuse : à New-York, l'hiver est froid, et j'allais pourtant toujours nu-tête dans le jardin. J'ai eu froid cette nuit, mais c'est parce que j'étais fatiguée. »

Elles sortirent. Cela paraissait étrange à la vieille demoiselle, d'avoir cette petite compagne à son côté. Lucette examinait d'un œil curieux les maisons, le pont, la campagne couverte de neige, elle s'arrêtait pour jeter un regard dans la profondeur des ruelles.

« Saint-Clair ne ressemble pas à New-York, n'est-ce pas? lui demanda Mlle Julie.

— Oh! pas du tout. A New-York, les rues sont plus larges, plus claires, plus droites, les maisons sont toutes pareilles. Ici on se croirait dans un tableau; oui, j'ai vu souvent des rues comme cela dans des images, mais je croyais que cela n'existait pas. Je suis bien aise d'en voir : c'est amusant à regarder. »

Mlle Julie fut flattée de l'opinion de Lucette sur sa ville natale : cette petite avait du goût.

Il m'envoie une boîte de fruits confits.

CHAPITRE VII

Présentation et interrogatoire. — Étonnements de Lucette. — Une invitation à dîner qui est une bonne action. — Lettres à la famille.

Oserai-je le dire? Le premier regard de Lucette, en entrant dans le salon de Mme Chandois, fut pour la table aux joujoux : elle était encore si jeune! A la Noël dernière, outre les cadeaux qui devaient lui rester, son grand-père lui avait donné une véritable montagne de jouets de toute espèce, pour qu'elle les distribuât à ses petits pauvres, et elle avait pris un vrai plaisir d'enfant à les faire manœuvrer tous avant de les donner. Ce souvenir lui revint, et la comparaison des deux Noël lui serra le cœur à l'étouffer. Mais elle fit un effort, renfonça bravement les larmes qui allaient déborder de ses yeux, et se tint droite auprès de sa cousine, qui la présentait à ses amies en les lui nommant : « Mme Chandois, chez qui nous sommes. Mlles Virginie et Paméla Mangon. Mme Raimblot. » A l'appel de son nom, Mme Chandois inclina la tête en signe de protection et tendit le bout de ses doigts à Lucette, comme elle avait ouï dire que cela se faisait dans les pays anglais. Virginie l'imita, et la petite Paméla en fit autant; seulement son *shake-hand* eut quelque chose d'amical que n'avaient point eu les deux autres. Quant à la petite Mme Raimblot, elle ouvrit de grands yeux devant ces façons cérémonieuses. Elle ne voyait point en Lucette une Anglaise à qui il fallait donner une poignée de main, mais une pauvre petite fille éloignée de son pays, toute seule au milieu d'étrangers, et, au lieu de lui tendre son gant, elle l'embrassa sur les deux joues. Lucette en devint toute pâle : personne ne l'avait plus embrassée depuis que son grand-père était mort. Elle remercia Mme Raimblot par un regard si reconnaissant, qu'il acheva de lui gagner le cœur de la bonne petite femme.

« Asseyez-vous, mademoiselle, dit Mme Chandois en désignant à Lucette une chaise un peu isolée, où elle avait l'air de jouer à la sellette. Notre amie, Mlle Julie Morineau, nous a réunies pour nous consulter sur ce qu'il serait à propos de faire de vous. Et d'abord, vous-même, avez-vous quelque idée là-dessus?

— Certainement, madame, répondit Lucette avec beaucoup de vivacité. Mon grand-père m'a envoyée en France pour que ma famille m'aidât à gagner ma vie : je demande qu'on me donne de l'ouvrage, et je promets que je le ferai de mon mieux.

— Pauvre petite! murmura Mme Raimblot; que pourrait-elle faire à son âge?

— Oui, qu'êtes-vous capable de faire? reprit Mme Chandois d'un ton important. Dites-nous ce que vous savez, d'abord.

— J'étais dans les premières au collège, surtout en calcul et en latin... »

L'auditoire ouvrit de grands yeux : les petites Françaises, à Saint-Clair, n'apprenaient pas le latin.

« Je sais aussi un peu de musique. Je parle anglais et français, aussi bien l'un que l'autre, et grand-père m'avait aussi appris un peu de portugais et d'espagnol; cela l'amusait et lui rappelait sa jeunesse. Et puis je brode très bien; les marchandes d'ouvrages de la quinzième avenue me faisaient toujours de grands compliments, et je leur ai même appris plusieurs fois des points que j'inventais. Est-ce qu'on ne brode pas en France? Je pensais que je pourrais y gagner ma vie... J'ai beaucoup pensé à cela sur le bateau, où je n'avais rien à faire. »

Mlle Julie échangea un regard avec ses amies; Virginie et Paméla, qui gardaient leur rang, vivant oisives des dons de parents éloignés, paraissaient scandalisées. Mme Chandois reprit :

« Ce n'est pas l'usage en France que les *demoiselles* travaillent de leurs mains pour vivre : on ne les recevrait plus dans la *société*.

— Pourquoi donc, madame? répliqua l'enfant en relevant la tête. Mon grand-père, à New-York, a fait le métier de portefaix, et puis il a vendu des cloches de verre au marché. Quand il a eu amassé quelques dollars, il s'est fait colporteur. Il a eu la chance de rencontrer des affaires avantageuses et n'a jamais laissé échapper une occasion de gagner de l'argent honnêtement. Il a fini par devenir très riche, et je vous assure qu'on le recevait dans toutes les sociétés.

— Un homme, ce n'est pas la même chose...; mais une jeune fille, cela ne se peut pas ici. Votre cousine ne pourrait pas vous permettre de broder pour vendre vos ouvrages dans la ville où elle demeure...

— Si elle avait seulement quatre ou cinq ans de plus, insinua timidement Paméla, on pourrait bien lui chercher une place d'institutrice.

— Cela, à la bonne heure, c'est convenable, dit Mme Chandois; mais elle est trop jeune pour le moment.

— Mais, madame, s'écria Lucette frémissante et prête à pleurer, ce n'est pas ma faute si je n'ai que quatorze ans! Oh! mon pauvre grand-père qui a cru si bien faire en m'envoyant à la famille qui le réclamait! La marchande qui m'avait vendu tant de soies et de velours pour mes ouvrages m'aurait bien prise comme ouvrière, ou bien j'aurais trouvé une place de bonne d'enfants... Est-ce que je ne pourrais pas être bonne d'enfants? En Amérique, on recherche les Françaises pour apprendre leur langue aux bébés; moi, je pourrais leur apprendre l'anglais... »

Son regard en détresse allait de Mme Chandois à Virginie, à Paméla et à Mlle Julie. Celle-ci baissait la tête : elle luttait contre la pitié, et, si l'orpheline eût seulement apporté avec elle de quoi payer son entretien, elle lui eût volontiers offert le foyer et la protection qui lui manquaient. Mais quelle charge ce serait pour son petit budget! et puis quel bouleversement dans ses habitudes! Elle voyait à Saint-Clair les mères de famille trotter toute la journée à la suite de leurs filles pour les mener prendre des leçons, pour les promener, pour les amuser...; ce n'était pas une vie, cela! Il y en avait bien qui les mettaient au couvent ou en pension; mais cela coûtait cher, elle ne pouvait vraiment pas s'imposer cette dépense-là. Que résoudre, pourtant? Elle avait compté sur ses amies pour lui donner une bonne idée; mais, jusqu'à présent, il ne leur en venait guère!

Ce fut Mme Raimblot qui dénoua la situation. D'abord, écartant son fauteuil de celui de Mlle Morineau, elle laissa entre leurs deux places un espace vide assez grand pour y loger une chaise; puis, se levant, elle alla à Lucette, la fit doucement lever et l'attira avec sa chaise jusqu'à cette place vide, où elle l'encadra entre elle-même et Mlle Julie.

« Là, dit-elle; je ne la voyais pas bien, cette petite; cela me gênait. Je pense, comme disait Paméla, qu'une place d'institutrice lui conviendrait quand elle aura l'âge; avec les langues qu'elle sait, elle pourrait se faire bien payer. Il s'agit donc de passer ces quatre ans; et encore, dix-huit ans, ce sera jeune, mais on pourra toujours essayer. Si Mlle Morineau écrivait à toutes les personnes de la famille? Il y en a qui sont riches et qui se chargeraient peut-être de leur petite-cousine jusqu'à ce qu'elle eût fini son éducation; ou bien les uns et les autres pourraient, chacun selon ses moyens, se réunir pour lui faire une petite pension...

— Ah! madame, s'écria Lucette, j'aimerais bien mieux être bonne d'enfants tout de suite que de recevoir l'aumône! Je travaillerais le soir, quand ils seraient couchés, pour devenir institutrice plus tard.

— Mais quand vous auriez été domestique, ma pauvre enfant, on ne voudrait plus de vous comme institutrice. La France ne ressemble pas à l'Amérique, voyez-vous! Quand vous gagnerez de l'argent, vous serez toujours libre de rendre ce que vous aurez reçu; ce sera donc un prêt et non pas une aumône.

— Je vais écrire en rentrant, dit Mlle Julie. Parmi tous les cousins et cousines, il y en aura peut-être qui nous donneront une bonne idée. En attendant, Lucette restera chez moi.

— N'oubliez pas que vous devez venir dîner chez moi, ma bonne amie, dit Mme Raimblot à Julie, qui prenait congé du congrès.

— Vous voyez bien que... je ne peux plus..., lui répondit à voix basse Mlle Morineau.

— A cause de votre deuil et de celui de la petite? repartit l'excellente femme en parlant de façon à être bien entendue. Oh! cela ne fait rien : nous sommes tout à fait en famille. N'est-ce pas, ma mignonne, que vous voudrez bien venir dîner chez moi avec votre cousine pour le jour de Noël? Votre grand-père aurait sûrement accepté, puisqu'il allait partir et qu'il se serait trouvé ici...; il sera content, de là-haut, de vous y voir entourée d'amis. »

Lucette ne répondit pas, parce que l'émotion lui coupait la parole; elle se contenta de prendre la main charitable qui lui était tendue et de la serrer de toutes ses forces. Mais, si la fée aux souhaits se fût présentée en ce moment et lui eût offert un don à son choix, elle lui aurait certainement demandé un emploi quelconque auprès de Mme Raimblot, fût-ce celui de laveuse de vaisselle.

De retour chez elle, Mlle Julie appela Voinette. Il s'agissait de caser la petite-cousine, puisqu'on ne savait pas combien de temps on allait la garder. Heureusement Voinette était de bon accommodement, et les jeunes figures lui faisaient plaisir à regarder; et puis cette petite vaillante, à peine reposée après s'être trouvée mal de fatigue la veille, qui s'était mise à lui aider à son ouvrage..., cela la touchait.

« Eh bien, mademoiselle, ce n'est pas difficile à arranger. Je lui laisserai mon lit comme cette nuit, et je m'en ferai un dans la chambre aux débarras.

— Non, ma cousine, interrompit Lucette, c'est moi qui irai dans la chambre aux débarras; j'y serai très bien.

— Vous ne la connaissez pas, ma petite demoiselle; on n'y a pas fait de feu peut-être bien depuis quinze ans. Elle est très froide, la chambre aux débarras.

— Je ne crains pas du tout le froid et je ne voudrais pas vous déranger. J'ai donc pris votre lit cette nuit? et je ne vous en ai pas seulement remerciée!

— Puisque vous n'en saviez rien! Mais ça m'est égal de donner mon lit; j'ai couché assez souvent sur un matelas par terre dans la chambre du défunt monsieur ou de la défunte madame, quand ils étaient malades, et tout habillée encore, pour être plus vite prête à les soigner! Venez voir la chambre aux débarras: c'était une belle chambre autrefois; la grand'mère de mademoiselle y couchait, et mademoiselle avait ma petite chambre dans ce temps-là... Mais les vieux s'en vont et les enfants grandissent : tout change en ce monde, voyez-vous! »

La chambre aux débarras était grande, et, quoiqu'elle contînt bon nombre de vieux meubles et de vieilles caisses, il y restait encore assez de place pour qu'elle fût habitable. Il n'y avait point à la nettoyer, car Voinette n'y souffrait ni toiles d'araignées ni poussière; elle lui faisait sa toilette deux fois par semaine, par respect pour la mémoire de ses défunts maîtres qui y avaient demeuré. Il n'y eut qu'à décrocher les festons de plantes médicinales qui pendaient, accrochés à des clous fixés dans la maîtresse poutre du plafond, et à remettre des rideaux à une énorme alcôve qui partageait presque la chambre en deux; on poussa ensuite derrière ces rideaux les caisses et les morceaux de meubles démontés, et on eut un espace libre où Voinette installa un lit de sangle sur lequel elle mit deux matelas. Lucette ne connaissait pas ce genre de lit; elle déclara que cela ressemblait à un hamac et qu'elle aimerait beaucoup à coucher là dedans. Elle aida à faire le lit, à mettre de petits rideaux à la fenêtre; elle choisit parmi les meubles à peu près entiers une commode, une table, deux chaises de paille et un vieux fauteuil du siècle passé; elle étendit devant son lit un morceau de tapis, et demanda à Voinette si elle pouvait accrocher ses portraits à des clous qu'elle voyait plantés dans la muraille des deux côtés de la cheminée.

« Bien sûr! répondit Voinette; seulement il ne faudra pas qu'ils soient trop lourds, vos portraits, car les clous pourraient bien être rongés par la rouille, depuis le temps qu'ils sont là! Tenez, celui-ci, où vous mettez ce joli petit garçon, la défunte madame y avait accroché le portrait de son petit frère Étienne, qu'on avait fait faire par un peintre avant qu'il partît pour l'Amérique...

— Mon grand-père! s'écria Lucette. Où est-il? Je voudrais tant le voir!

— C'est mademoiselle qui l'a dans sa chambre. Alors c'est votre grand-père, l'oncle d'Amérique, que mademoiselle attendait toujours et à qui elle a écrit dans les journaux?

— Oui, c'est lui; et, s'il n'était pas mort ruiné, nous serions venus en France ensemble. Il était si content d'apprendre qu'on pensait encore à lui!

— Oui, oui, on y pensait beaucoup! » répondit Voinette, qui devint tout à coup sérieuse.

Comment, l'oncle d'Amérique était mort ruiné! Il y paraissait, d'ailleurs : sa petite-fille n'avait pas l'air d'une millionnaire... Mauvaise affaire pour Mlle Julie... Bah! après tout, elle avait peut-être plus d'argent que Voinette ne croyait, Mlle Julie; et, si elle gardait cette petite, c'est qu'elle aurait de quoi la nourrir... Et puis ça n'était pas une raison pour la traiter mal et la faire grelotter, cette pauvre enfant!

Là-dessus, Voinette tira des *débarras* deux vieux chenets de cuivre, les installa, courut chercher trois bûches et quelques brins de fagot, et alluma un beau feu dans cette cheminée qui n'en avait pas vu depuis si longtemps. Et, comme on ne s'arrête pas en si bon chemin, elle dénicha une ancienne pendule qui ne marchait plus, des flambeaux de l'ancien temps, de vieilles faïences un peu écornées, mais encore brillantes, et para de son mieux la cheminée et la commode. Et qu'on ne dise pas qu'elle faisait de la générosité aux dépens de sa maîtresse : elle donnait sa peine, et cela ne coûtait pas un sou à Mlle Julie. Il n'y avait que le feu : « Mais, pensait Voinette, mademoiselle m'aurait certainement dit d'en allumer pour moi, pour chasser le froid qui est entré dans les murs depuis tant d'années; ainsi ça ne compte pas; et cette pauvre petite, qui est de la famille de mes maîtres, ne se trouvera pas trop mal ici. »

Quand l'installation fut finie et que Lucette eut vidé sa valise dans les tiroirs de la commode, elle alla trouver Mlle Julie, qui relisait des lettres qu'elle venait d'écrire.

« Ma cousine, dit-elle, voudrez-vous venir voir ma chambre? Elle est très bien arrangée.

— Tant mieux, mon enfant; on ne peut pas savoir combien tu y resteras... Je m'occupais de toi : vois-tu, tous ces gens-là sont de notre famille. »

Elle lui désignait les adresses écrites en caractères soignés, comme une page d'écolier, et Lucette lut la première :

A monsieur Germain Maupoix, juge au tribunal de Carpentras.

« Celui-là, dit Julie, en posant son index sur le nom, est le petit-fils de ton oncle Mauversé, le frère aîné de ton grand-père. C'est un vieux garçon, qui ne demandera certainement pas à te prendre chez lui, mais qui pourra bien faire quelque chose pour toi, puisqu'il est tout seul à manger ses revenus. Tous les ans il me souhaite la bonne année, s'informe de ma santé et m'envoie une boîte de fruits confits. Celui-là — le doigt de Mlle Julie se posa sur la lettre voisine — est son frère cadet, Julien Maupoix : il demeure à Lille, où il a épousé la fille d'un grand usinier, et il est maintenant associé de son beau-père : il a plusieurs enfants et il est riche. Celui-là, Alexandre Guibourg, est encore un petit-fils de l'oncle Mauversé, le fils aîné de sa seconde fille; il est médecin et habite Paris avec sa femme et ses enfants, dont ils m'envoient de temps en temps les photographies. Son frère,

Jean Guibourg, est percepteur à Dol en Bretagne : le gouvernement lui a donné cette place-là parce qu'il avait perdu un bras à la guerre. Nous avons encore ici les enfants de Justine, la troisième des sœurs de ton grand-père. Elle avait eu trois filles, dont l'une s'est faite religieuse : celle-là ne nous donnera rien. La seconde est morte l'an dernier ; c'est dommage, car elle était très généreuse. Enfin, la troisième, qui avait épousé un propriétaire de Bretagne appelé M. de Kervaux, a marié sa fille unique au baron de la Fontenelle : elle est morte aussi, mais j'ai écrit à la baronne. Ces gens-là ont plusieurs enfants, ils vivent largement à la campagne...; tu serais bien chez eux... Voilà tout : les lettres vont partir aujourd'hui et nous verrons ce qu'on nous répondra. »

Il se dirigeait vers la rivière.

CHAPITRE VIII

Petit aperçu du caractère de Lucette. — Elle s'indigne d'être passée à l'état de bête curieuse. — Promenade solitaire. — Un sauvetage.

La pauvre Lucette s'établit donc sous le toit de sa cousine, comme le petit oiseau voyageur s'établit sur la vergue du navire qu'il rencontre en traversant la grande mer. Toute sa vie passée était loin derrière elle désormais ; et, si elle eût été d'un caractère élégiaque, elle se serait certainement noyée dans des flots de larmes, car elle avait perdu en quelques semaines tout ce qu'une créature humaine peut perdre en ce monde. Mais son grand-père, qui l'avait élevée, lui avait inspiré de bonne heure le sentiment du devoir et l'horreur de la lâcheté. « Il faut avoir de l'énergie, petite, lui disait-il, et, quand on n'en a pas, on ne vaut pas une noisette vide ; on n'avance à rien, on ne réussit à rien et personne ne peut compter sur vous. Il faut prendre dans les petites choses l'habitude d'exercer sa volonté et de la diriger vers ce qui est bien ; comme cela, on trouve facile de faire son devoir plus tard ; on n'a qu'à se dire : « Je le veux ! » Vois-tu, petite, il y a des soldats qui se sauvent devant l'ennemi, parce qu'ils n'ont pas su se commander à eux-mêmes de rester là où était leur devoir : ce sont des lâches, et il n'y a rien de plus méprisable que les lâches. De même il y a des femmes qui ruinent leur mari, parce qu'elles n'ont pas su se dire : « Je veux me priver de telle dépense dont j'ai envie, parce que mon devoir est de me la refuser. » Elles sont lâches, elles aussi, et les femmes n'ont pas plus que les hommes le droit d'être lâches. Sois vaillante, ma Lucette ! Apprends à vouloir et à ne jamais regretter ce qui te manquera ; si on se laisse aller aux regrets, on s'attriste, et il faut se conserver en gaieté pour faire tout le bien qu'on peut. »

Lucette avait suivi les conseils de son grand-père. Certes, elle n'avait pas eu grand mérite à être gaie du temps qu'elle était heureuse ; pourtant toutes les existences, si heureuses qu'elles soient, ont leurs mauvais moments, et il était arrivé à Lucette de regarder d'un œil d'envie les familles nombreuses, elle qui n'avait plus qu'un vague souvenir de ses parents, de son frère et de sa sœur. Mais elle s'était toujours efforcée d'être gaie : elle voulait mériter son titre de Française. Son grand-père l'avait élevée dans l'amour de son pays. « Les Anglais, lui disait-il, ont une vilaine invention qu'ils appellent le spleen : c'est leur manière d'être de mauvaise humeur. En France, on ne connaît pas cela : voilà pourquoi la France est un si beau pays. Sois Française et sois gaie, ma fille ! » Et Lucette, sur la foi de son grand-père, aimait la France ; dans son malheur, la pensée qu'elle allait s'y rendre fut sa première consolation. Et puis la nouveauté a son attrait pour la jeunesse. Il y a un charme dans l'inconnu, dans l'inquiétude, dans la peur : qui s'est jamais plaint du petit frisson qui lui courait sur la peau quand, à la veillée, il entendait le récit d'un conte effrayant et fantastique ? Lucette savait bien que son beau temps était passé ; mais elle avait une certaine impatience de voir ce qui allait lui arriver maintenant, et elle se tenait prête à soutenir d'un cœur résolu le choc des événements.

Elle était bien convaincue, d'ailleurs, que tout finirait par s'arranger. Pourquoi pas ? Elle était d'une bonne santé et elle ne craignait pas le travail, n'importe quel travail; elle n'avait nulle vanité et n'aurait pas cru perdre de sa valeur en se faisant momentanément servante. Ce serait un peu fort si dans sa chère France elle ne trouvait pas le moyen de vivre! Elle n'était donc pas inquiète sur le terme de ses aventures; s'il y avait des obstacles à franchir, eh bien, elle ne serait pas lâche et elle ferait honneur à son grand-père.

Non, elle n'était pas lâche, la pauvre petite Lucette; mais comme elle se sentait isolée et comme elle avait de la peine à ne pas fondre en larmes à cette pensée désolante : « Personne ne m'aime et je n'ai personne à aimer! » Sa cousine et Voinette étaient très bonnes, elles la traitaient avec bienveillance, sans doute; mais Lucette sentait bien qu'elles auraient agi de même avec toute fillette sans asile, et qu'elle leur était fort indifférente. La tendre compassion de Mme Raimblot lui avait fait grand bien, et le nom de Mme Raimblot fut le premier qu'elle inscrivit en France sur la page blanche de son cœur. Ses autres affections n'étaient plus que du passé!

Dès le lendemain de Noël, on la vit trotter comme une petite souris du haut en bas de la maison, cherchant des travaux à exécuter. Et Voinette, qui l'appela pour le déjeuner, l'entendit répondre du grenier et monta voir ce qu'elle y faisait. Elle était en jupon court pour ne pas salir sa robe, et elle avait entouré sa tête d'un mouchoir pour que la poussière ne tombât pas sur ses cheveux, et en cet équipage, armée d'un balai, d'un torchon et d'un plumeau, elle nettoyait et rangeait le grenier.

« Ah! Jésus, ma petite demoiselle, qu'est-ce que vous faites là? s'écria Voinette. Est-ce que c'est de l'ouvrage pour vous?

— Tout est de l'ouvrage pour moi, répondit gravement Lucette. Hier vous avez emporté une quantité de choses qui étaient dans la chambre aux débarras quand vous l'avez arrangée pour moi, et vous les avez apportées ici en disant que vous les rangeriez plus tard. Je suis venue pour les ranger, puisque c'est de l'ouvrage que vous n'auriez pas eu sans moi. Et, comme j'ai trouvé beaucoup de poussière, j'ai pensé que le grenier aurait bien meilleur air si je commençais par le nettoyer; vous voyez que c'est vrai ! A présent, je vais vite me laver les mains pour ne pas faire attendre ma cousine. »

Elle descendit en se laissant glisser le long de la rampe, et Voinette arrivait à peine à la porte de sa cuisine, qu'elle la voyait sortir de sa chambre, vêtue de sa petite robe noire et n'ayant pas sur elle un grain de poussière.

Après déjeuner, elle demanda s'il n'y avait pas quelque chose à raccommoder ; mais Mlle Julie lui fit observer que c'était mauvais pour la santé de s'asseoir tout de suite en sortant de table, et elle l'emmena faire une promenade et visiter « les curiosités de Saint-Clair ».

Les curiosités furent bientôt vues, la ville n'était pas grande. Mlle Julie n'en fut point fâchée : il faisait froid, et elle se trouvait mieux au coin de son feu que dans les rues. Seulement, par amour-propre de clocher, elle avait voulu montrer sa ville natale à la petite-cousine.

Il y avait encore autre chose qui la rappelait au logis : l'idée qu'il lui viendrait des visites. Tout Saint-Clair savait sûrement que l'oncle d'Amérique de Mlle Morineau était mort, et qu'elle avait hérité en tout et pour tout d'une nièce d'Amérique, arrivée ployant sous le faix d'une grosse sacoche. Partout où Mlle Julie avait promené Lucette, des rideaux s'étaient entr'ouverts et des têtes curieuses s'étaient montrées ; les passants que la vieille fille connaissait peu ou point s'étaient contentés de les regarder longtemps, se retournant quand elles avaient passé ; ceux qui la connaissaient un peu plus l'avaient arrêtée sous prétexte de lui demander de ses nouvelles. D'autres, encore plus familiers, allaient certainement venir sonner à sa porte ; et, après avoir montré à Lucette l'église, qu'elle n'avait vue que la nuit, le tribunal, la mairie, la halle et les promenades, elle se hâta de rentrer pour les recevoir.

Elle avait deviné juste : son salon ne désemplit pas de toute la journée. Mais à la quatrième visite, quand elle voulut répondre, en exhibant Lucette, aux questions, toujours les mêmes : « Vous avez donc eu des nouvelles de votre oncle Mauversé, chère mademoiselle ? Et il est mort ? Et il vous a envoyé sa petite-fille? » on ne trouva plus Lucette : Lucette s'était esquivée en reconduisant la troisième visite.

Elle était montée dans sa chambre sur la pointe du pied, avait mis son châle et son chapeau, et sans bruit elle avait trouvé moyen de sortir de la maison sans que Voinette s'en aperçût.

Cette fugue inattendue contraria vivement Mlle Morineau, et au moins autant M. Grigneur, caissier de la mairie, qui venait d'entrer dans le salon de Mlle Morineau avec Mme et Mlle Grigneur : les trois premières visites avaient vu la petite-fille de l'oncle d'Amérique, et eux, ils ne pourraient en parler que par ouï-dire.

« Est-ce qu'elle a l'habitude de sortir toute seule, sans demander la permission, votre jeune pupille? » demanda d'un ton sévère M. le caissier municipal.

Mlle Morineau ne savait que dire. Elle blâmait Lucette, mais il lui déplaisait qu'un autre la blâmât; et puis un certain esprit de contradiction naturel la poussa à prendre le parti de sa petite-cousine.

« En Amérique, cela se fait ainsi, dit-elle; d'ailleurs, je lui avais promis que nous irions voir aujourd'hui Mme Raimblot, chez qui nous avons dîné hier; c'est à deux pas d'ici, elle s'y sera rendue en avant. »

Mme Grigneur prit un air scandalisé.

« Chez Mme Raimblot, qui a trois garçons! Quel âge a-t-elle donc, cette petite?

— Je vous ferai observer, madame, reprit Mlle Julie un peu piquée, que les garçons de Mme Raimblot sont rentrés au collège. Et puis Lucette ne se soucie guère d'eux; elle s'occupe surtout de Mme Raimblot, qui a été très bonne pour elle.

— Ah! » fit Mme Grigneur; et elle parla d'autre chose pendant le reste de sa visite, qui fut courte.

Lucette, sortie de la maison, avait marché rapidement jusqu'au premier tournant de rue, de peur qu'on ne la rappelât; puis, une fois hors de vue, elle ralentit son pas, contente d'être seule et de n'avoir plus à répondre à des questions indiscrètes. Elle avait pensé à se réfugier chez Mme Raimblot; mais, quand elle respira l'air vif et vit briller le soleil, elle fut prise du désir irrésistible de marcher d'un bon pas. Elle se dirigea vers la Garbouse, dont elle suivit le cours, et, tout en marchant, elle respirait à pleins poumons en se parlant à elle-même : « Ah ! j'étouffais ! je n'en pouvais plus ! Tous ces gens, qui me traitent comme une bête curieuse ! Je ne suis pas une bête curieuse, moi ! et, si j'en étais une, il faudrait payer pour me voir, d'ailleurs : c'est toujours comme ça... S'ils s'intéressaient à moi, encore ; mais c'est seulement pour me voir et aller dire ensuite qu'ils m'ont vue... Et ma cousine qui leur demande à tous ce qu'il faudra faire de moi ! et ils donnent tous leur avis, et ils prennent des airs fâchés quand on n'a pas l'air de vouloir le suivre ! Je rentrerai quand ils seront tous partis, pas avant, bien sûr ! »

Il ne faut jurer de rien, dit le proverbe. Au moment où Lucette se promettait de rentrer le plus tard possible, un événement se produisait qui allait lui faire reprendre sans tarder le chemin de la maison. Elle marchait sur la berge de la rivière, s'amusant à faire craquer, en les écrasant sous ses pieds, les petits glaçons qui hérissaient les touffes d'herbe, lorsqu'elle aperçut, à quelques pas devant elle, un petit enfant de trois ou quatre ans qui descendait tout doucement, à quatre pattes, le long de la berge. Il avait fait sans doute une fugue, lui aussi, à quelque moment où sa mère l'avait perdu de vue, et peut-être se souvenait-il d'avoir vu des patineurs et voulait-il les imiter, car il se dirigeait évidemment vers la rivière. Arrivé en bas de la berge, il se releva, marcha jusqu'au bord de la Garbouse, et, se baissant, allongea sa petite jambe pour descendre sur la glace.

Lucette, saisie d'effroi, se mit à courir de toutes ses forces en criant : « Arrête, petit ! reste là ; ne descends pas ! » Mais, avant qu'elle fût arrivée auprès de lui, le petit téméraire avait posé un pied sur la glace, et, voulant envoyer l'autre le rejoindre, s'y était appuyé de tout le poids de son corps. La couche de glace était fort mince et jamais on ne patinait sur la Garbouse, mais bien sur une prairie inondée ; l'enfant tomba à l'eau avec un

Elle eut beaucoup de peine à remonter.

bruit que les craquements de la glace rendaient encore plus sinistre, et disparut.

Lucette regarda autour d'elle : personne ! quelques maisons assez loin, et toutes fermées. Elle prit vite son parti : elle ôta son châle qui l'aurait embarrassée et descendit la berge en courant, sans perdre de vue la place où l'enfant s'était enfoncé. Elle cassa rapidement la glace tout autour du trou, pour avoir plus de facilité à remonter, et se jeta à l'eau : dès son enfance son grand-père l'avait exercée à nager, et elle eut bientôt retrouvé l'enfant. Mais, si elle nageait bien, elle n'avait jamais sauvé personne, ni pris de bain au mois de décembre, tout habillée; le froid la paralysait; ses jupes se collaient à ses jambes et elle ne pouvait nager que d'une main, puisque l'autre soutenait l'enfant, poids très lourd pour les forces d'une fillette de quatorze ans. Elle eut donc beaucoup de peine à remonter sur l'eau et à aborder sur la berge. Cette espèce de torpeur, que l'extrême lassitude amène, commençait à s'emparer d'elle, et elle faillit se laisser couler. Mais elle songea à son grand-père. « Il m'aurait trouvée lâche, se dit-elle; je ne veux pas être lâche ! » Et elle fit un effort suprême...; sa main s'abattit sur une solide touffe de joncs qui croissait au bord de la rivière; elle s'y cramponna, reprit haleine, jucha l'enfant sur la terre et se hissa ensuite auprès de lui.

Elle était sauvée. Glacée, grelottante, à bout de forces, n'importe ! c'était son premier moment de joie depuis la mort de son grand-père : elle était contente d'elle ! Il s'agissait maintenant de faire revenir l'enfant qui était évanoui : à quoi bon l'avoir retiré de l'eau, si on le laissait mourir? Lucette, en un clin d'œil, le débarrassa de ses vêtements mouillés et le roula dans le châle noir, qui était tout ce qu'elle possédait de sec; puis elle le frotta, lui souffla dans la bouche..., rien n'y faisait. « Pauvre petit ! se dit-elle, je ne le ferai pas revenir à moi toute seule. S'il passait quelqu'un ! mais je ne vois personne nulle part. Je vais l'emporter; Voinette trouvera peut-être que cela mouille son corridor, mais je l'essuierai : on ne peut pas laisser mourir cet enfant. »

Elle fit un paquet des vêtements du petit; car, pensait-elle, ce n'était sûrement pas un enfant riche et sa mère serait fâchée de les perdre; et chargée du paquet et de l'enfant, avec sa robe ruisselante dont les gouttières se changeaient peu à peu en stalactites, car il gelait dur à cette heure où le soleil baissait, elle prit sa course, aussi vite qu'elle put, vers la rue du Vieux-Pont. Elle se rappelait bien par où elle avait passé, et elle retrouva rapidement sa route. Elle arriva bientôt à des rues habitées, et là elle vit, comme le matin, des têtes curieuses qui la regardaient à travers les vitres; elle aurait pu demander du secours, mais elle pensa qu'on lui ferait perdre son temps en explications et continua son chemin vers la maison de sa cousine. Seulement, elle ne courait plus; elle se sentait glacée et épuisée, et c'était à peine s'il lui restait la force de marcher.

Le petit garçon s'élança.

CHAPITRE IX

Où Lucette rentre en néréide dans la maison de sa cousine. — Où Jeannot gagne à son équipée une bonne soupe et des vêtements chauds. — La place du Pain-Perdu. — Réflexions et préjugés.

« Seigneur! mademoiselle, comme vous voilà faite ! » s'écria Voinette en accourant au carillon produit par Lucette. Les visiteurs assis dans le salon de Mlle Morineau et la maîtresse du logis elle-même se levèrent comme poussés par un ressort.

Il y avait de quoi. Lucette, il faut le dire, avait sonné sans modération; elle avait poussé brusquement la porte à claire-voie du petit semblant de parterre qui précédait la maison, et fait violemment carillonner la clochette qui y était attachée, et puis elle s'était suspendue à la sonnette comme une personne pressée. A la suite de ce double carillon déjà inquiétant, les exclamations de Voinette étaient bien faites pour attirer dans le corridor les hôtes du salon, et ce fut ce qui arriva.

Jamais rien de pareil ne s'était vu dans la paisible maison

de Mlle Morineau. Lucette, pâle de froid, avec ses mèches de cheveux collées sur sa figure et sa robe qui tombait autour d'elle en plis flasques et lourds, coiffée de son petit chapeau de crêpe qu'elle avait repris sur le bord de la berge et planté tant bien que mal sur sa tête, avait l'air d'une apparition fantastique. Elle tremblait si fort que ses dents s'entre-choquaient et qu'elle ne pouvait venir à bout d'expliquer ce qui s'était passé. Voinette la débarrassa de l'enfant et secoua la tête en disant qu'elle ne le connaissait pas, mais qu'elle le croyait mort et que Mlle Lucette pourrait bien avoir attrapé une fluxion de poitrine pour rien.

Lucette se récria, et comme une voix prononça le mot de médecin :

« Oh ! oui, un médecin pour le petit, tout de suite, je vous en prie ! dit-elle en joignant les mains.

— Voilà justement le docteur Levert qui passe dans la rue, dit Mme Bonnet, une amie de Mlle Morineau, qui était venue la voir avec son petit garçon. Adolphe, cours après le docteur ! »

Le petit garçon, enchanté de jouer un rôle, s'élança, et, en un instant, il eut ramené le docteur à qui il avait déjà conté de quoi il s'agissait.

On sera peut-être étonné que Mlle Morineau restât à peu près muette et immobile dans des événements qui se passaient chez elle; mais Mlle Morineau avait depuis si longtemps l'habitude d'un petit train de vie toujours le même, qu'elle demeurait inerte devant l'imprévu. Il lui fallut un bon bout de temps pour reprendre ses esprits et fournir au docteur ce qu'il réclamait pour soigner le petit noyé.

« Avant tout, mademoiselle, dit-il à Lucette, allez mettre des vêtements secs et buvez quelque chose de très chaud : cela vous sauvera peut-être d'une maladie. Je me charge du petit, s'il vit encore. »

Lucette obéit quant aux vêtements; elle sentait que c'était nécessaire; mais, quant à se faire chauffer quelque chose, elle n'y songea pas : elle était bien trop pressée d'aller s'informer de son petit malade.

Il commençait à respirer et à ouvrir les yeux, et, au bout de quelques minutes, le docteur le jugea sans doute sauvé, car il se mit à le gronder en l'appelant vilain polisson. Le petit se fourra les deux poings dans les yeux en sanglotant comme un coupable.

« Il ne le fera plus, dit Lucette en l'embrassant pour le consoler; il ne désobéira plus jamais à sa maman. Où est-elle, ta maman? pourquoi l'as-tu quittée? »

Le petit se déboucha les yeux pour regarder Lucette, et, trouvant sa figure de son goût, il se mit à rire.

« Je connais ce bambin-là, dit le docteur Levert; son père est ouvrier menuisier et sa mère va en journée pour les nettoyages et les lessives : ils sont sept enfants qui ne mangent pas souvent de la confiture sur leur pain. Elle aura chargé sa grande fille de veiller sur les petits, et ce drôle-là, qui est vif comme un écureuil, lui aura glissé entre les mains. Si elle rentre, la mère Coinchat, et qu'elle ne retrouve pas son Jeannot, elle va être dans un état! car c'est une bonne mère, et plus il lui vient d'enfants, plus elle les aime.

— Il faut aller la prévenir, s'écria Lucette. Mais, si elle ne le voit pas, elle croira peut-être qu'il est très malade...; si on le lui ramenait, à présent qu'il va bien?

— Oui, à présent! interrompit Voinette. J'ai mis toute sa défroque à sécher devant mon fourneau, et ça fume, ça fume! Je n'ai pas osé tordre trop fort, vous sentez, des pauvres hardes comme ça, c'est vieux! j'aurais pu les déchirer. En sorte qu'il y a beaucoup d'eau dedans, et que j'aurai beau faire, et repasser à mesure que ça séchera, il en a bien pour trois heures avant de pouvoir rentrer dedans.

— Ah! reprit tristement Lucette, à New-York j'avais des provisions pour habiller les pauvres... Est-ce que vous n'avez rien, ma bonne cousine?

— Moi? dit Mlle Morineau tout ahurie, non, bien sûr! Je donne aux quêtes; mais moi, je ne sais pas..., je ne connais pas...

— Envoyez donc demander à Mme Raimblot, dit le docteur, elle aura peut-être quelque chose.

— J'y vais, j'y vais, » répliqua Lucette; et elle courut sans que Mlle Julie songeât à la retenir.

Elle revint au bout de vingt minutes, qu'elle avait su bien employer, escortée de Mme Raimblot et chargée d'un costume complet. Mme Raimblot n'avait pas tout ce qu'il fallait, mais elle avait mené Lucette chez Mme Chandois, qui, fière d'être associée à l'événement du jour, avait donné avec générosité ce qui manquait à l'équipement de Jeannot, jusqu'à de l'argent pour lui acheter une paire de galoches.

Jeannot, lesté d'une bonne assiettée de soupe, avait repris sa gaieté et ses belles couleurs, et il montra une joie exubérante devant ses vêtements neufs. Il se trouvait très bien dans cette maison et prit une mine attristée lorsqu'on parla de le ramener chez ses parents : le coupable redoute toujours la punition. Il n'osa pourtant pas résister aux dames et se laissa emmener par Lucette. Mlle Julie, quoiqu'elle eût chaussé ses pantoufles avec la ferme intention de ne plus sortir de la journée, les échangea pourtant contre des souliers et remit son chapeau et son châle pour accompagner sa petite-cousine : l'enfant n'était déjà que trop sortie toute seule. Quant à Voinette, ce n'était pas le moment de l'envoyer en course : le sauvetage de Jeannot l'avait déjà mise en retard pour son dîner, et ce n'était pas Mlle Julie qui pouvait la remplacer à ses fourneaux, car Mlle Julie n'avait jamais su faire la cuisine.

Pendant ce temps-là, toute la place du Pain-Perdu, où logeait la famille Coinchat, était en révolution. La place du Pain-Perdu était une espèce d'enclos avec une fontaine au milieu, trois marronniers de chaque côté de la fontaine, et de hautes maisons tout autour, véritables ruches d'ouvriers habitées par de nombreuses familles. On y vivait un peu en communauté, s'entr'aidant au besoin et se disputant sans cesse; les femmes lavaient leur linge sur la place, les enfants y jouaient, les vieilles femmes y tricotaient en été, et les hommes y fumaient leur pipe au soleil. Aux fenêtres, le linge séchait en festons sur des ficelles, et des caisses de bois, solidement clouées, faisaient à chaque étage des jardins suspendus où l'on semait au printemps quelques plantes communes et solides. On était très pauvre dans les maisons de la place du Pain-Perdu; mais on n'y mourait pas de faim, précisément parce que le voisin, qui savait ce que c'était que de manquer de pain, n'hésitait pas à donner du sien à qui n'en avait pas du tout. Là on n'aurait pas eu besoin de tant de correspondances pour faire un sort à une enfant qui se fût trouvée dans la situation de Lucette.

Reine Coinchat, la sœur aînée de Jeannot, était sûrement aussi soigneuse et aussi vigilante qu'on peut l'attendre d'une fille de douze ans; mais que peut-on faire quand on a la garde de quatre marmots indisciplinés? Sur les sept enfants dont se composait la famille Coinchat, deux garçons, de huit et dix ans, étaient à l'école; le troisième restait à la maison ce jour-là, parce qu'il avait fallu laver ses vêtements de dessus et qu'il n'en possédait pas de rechange. Restait une fille de cinq ans, Jeannot qui venait d'en avoir trois, et un poupon de dix mois que Reine avait sur les bras toute la journée, à moins qu'il ne fût endormi. C'est ce qui était arrivé ce jour-là : à force de le dodeliner en lui chantant un air monotone, Reine avait réussi à le plonger dans un sommeil bienfaisant — pour elle, du moins. — Et, comme les trois autres faisaient un tapage infernal dans la petite chambre, elle s'était dépêchée de les emmener sur la place, où ils ne risqueraient pas de réveiller le petit. Mais ils n'y étaient pas depuis une heure, qu'une voisine avait charitablement crié par la fenêtre : « Reine! ton petit frère pleure! » et Reine était remontée bien vite pour consoler l'enfant et le rendormir si c'était possible. C'était ce moment-là que Jeannot avait mis à profit pour s'esquiver de la place et s'en aller voir le vaste monde. Je vous demande un peu s'il y avait là de la faute de Reine!

Ce fut pourtant à elle que sa mère s'en prit quand elle revint de son travail, et qu'elle trouva toute la place du Pain-Perdu en rumeur, Reine s'arrachant les cheveux, les autres criant et pleurant, les femmes courant de tous les côtés et appelant sur tous les tons : « Jean! Jeannot! Jean Coinchat! » Dès qu'elle eut compris, la mère Coinchat commença par administrer une correction à sa fille ; puis elle se mit à pleurer et à se lamenter, cherchant ce que son Jeannot pouvait être devenu, et inventant à chaque instant quelque catastrophe nouvelle. Là-dessus le père Coinchat revint à son tour, et les explications et la désolation recommencèrent. Le pauvre homme était comme fou de chagrin.

Mlle Morineau et Lucette arrivèrent place du Pain-Perdu au moment où le père se relevait du banc sur lequel il s'était laissé choir en apprenant la fatale nouvelle, et se mettait en marche, tout chancelant, pour aller à la recherche de son fils. Il pleurait à chaudes larmes, répétant entre ses sanglots : « Mon petit Jean..., mon Jeannot..., pauvre chéri..., celui que j'aimais le mieux!... »

Il en aurait dit autant de n'importe lequel de ses enfants.

Quand il aperçut Jeannot donnant la main à Lucette, il poussa un grand cri et vint tomber à genoux devant l'enfant qu'il entoura de ses bras, le serrant comme si on eût voulu le lui prendre. Puis, quand il l'eut couvert de baisers, il songea à remercier les bonnes dames qui l'avaient ramené : il pensait qu'elles l'avaient trouvé égaré quelque part. Quand il connut la vérité, il ne sut plus trouver de mots pour exprimer sa reconnaissance ; et il baisait en pleurant le bord du châle de Lucette, pendant que sa femme et Reine se récriaient sur son courage et protestaient qu'elles seraient mortes de chagrin si le petit s'était noyé.

Lucette était très contente : cette petite place habitée par de pauvres gens, ces paroles de reconnaissance, ces enfants qui se pressaient contre elle, timides, n'osant lui parler, mais levant leurs grands yeux naïfs vers « la bonne petite demoiselle », comme disaient leurs mères, tout cela lui rappelait le temps de son bonheur passé et ses chères promenades du dimanche... Hélas ! son grand-père n'était pas là..., et elle n'avait plus de dollars ni de cadeaux à distribuer... Deux larmes lui montèrent

Les enfants se pressaient contre elle.

aux yeux; elle les refoula bien vite, et, ne voulant pas se laisser gagner par la tristesse, elle prit le poupon des bras de Reine, le caressa, se fit montrer l'un après l'autre les petits Coinchat, y compris les deux grands qui arrivaient de l'école, leur demanda leurs noms et causa avec eux comme une vieille connaissance. Les bonnes femmes la contemplaient avec admiration et se disaient les unes aux autres : « Seigneur Jésus! est-elle belle ! est-elle bonne et brave ! et pas fière ! un vrai ange du bon Dieu ! »

Mlle Julie Morineau était pendant ce temps-là en proie à des sentiments très variés. Celui qui dominait, c'était l'étonnement. Comme Lucette semblait à son aise au milieu de ces pauvres gens ! comme elle savait leur parler, parler à leurs enfants ! Elle, Mlle Julie, n'aurait rien trouvé à leur dire... Elle était surprise aussi de se voir reléguée au second plan : d'habitude, quand elle paraissait quelque part, on s'empressait autour d'elle, et ici elle passait inaperçue; même ceux de ces gens qui la connaissaient s'étaient contentés de la saluer et ne s'occupaient que de Lucette, heureux d'obtenir un mot d'elle et redemandant toujours le récit de l'accident et du sauvetage... C'était bien naturel, après tout : quel courage elle avait montré, cette petite ! A aucun âge Mlle Julie n'aurait été capable d'en faire autant, bien sûr ! Elle avait là une petite-cousine qui faisait honneur à la famille..., honneur à Mlle Julie par conséquent..., et la vieille fille sentait son cœur s'émouvoir en faveur de Lucette... Mais quelle éducation ! Aucune des jeunes filles de Saint-Clair ne lui ressemblait...; que diraient Mme une telle et Mme une telle, Mme Chandois et Mme Grigneur, et tant d'autres, d'une jeune fille qui sortait seule dans la rue, qui nageait comme un garçon et qui n'était embarrassée de rien ? Elles ne permettraient pas à leurs filles de se lier avec elle, bien sûr !

A cette pensée, Mlle Morineau entrevit avec effroi un bouleversement dans sa vie si bien arrangée : les mères de famille se refroidissant à son égard, espaçant leurs visites, ne la voyant plus qu'en cérémonie; tout ce qu'il y avait de plus strict et correct à Saint-Clair oubliant peu à peu le chemin de sa maison.

Elle, Mlle Morineau, dont la famille avait été, on pouvait le dire, la tête du pays, passer à l'état de brebis galeuse ! Non, elle ne pouvait pas garder Lucette, décidément... Et elle se mit à calculer mentalement combien de jours il faudrait à ses diverses lettres pour arriver à destination, et dans quel délai les cousins et cousines pourraient y répondre, après avoir pris le temps de la réflexion.

Mlle Julie rouvrit son livre.

CHAPITRE X

A la santé de Lucette! — Veillée d'hiver et lectures diverses. — Les suites d'un bain à la glace. — Lucette passe à l'état d'héroïne. — Un parapluie et un chat.

Quelle que pût être l'opinion des dames de Saint-Clair sur Lucette Mauversé, elle s'était vaillamment conduite, Mlle Julie ne pouvait pas en disconvenir. Aussi, pour célébrer son courage par une petite fête de famille, ne manqua-t-elle pas d'acheter, en revenant chez elle, une tarte aux pommes chez Snider, pâtissier suisse établi dans la Grande-Rue, et, au dessert, elle tira de l'armoire aux provisions une bouteille de guignolet d'Angers: ce qui n'avait lieu que dans les grandes circonstances.

Lucette en but quelques gouttes à la santé de Jeannot, à la santé de sa cousine et à sa propre santé. « Autrefois, dit-elle, grand-père portait toujours la santé de nos parents de France. » Mais elle goûta à peine à la tarte; elle n'avait, du reste, guère dîné; mais Mlle Julie, qui mangeait fort peu, ne s'en était pas aperçue, n'étant pas au courant de l'appétit ordinaire des filles de quatorze ans. Après le dîner, Mlle Julie se livra, selon sa coutume, à sa petite promenade hygiénique dans le salon, suivant une ligne diagonale d'un angle à un autre, pour avoir quelques pas de plus à faire. Lucette l'entendait aller et venir du même pas régulier, un peu traînant, marqué par le *clapp, clapp*, de ses vastes pantoufles qui lui quittaient sans cesse le talon; mais elle n'alla point la retrouver qu'elle n'eût enlevé le couvert, remis le tapis sur la table, balayé les miettes et essuyé la vaisselle à mesure que Voinette la lavait. Si bien que Voinette, tout en ayant à servir deux personnes au lieu d'une, eut achevé sa besogne un grand quart d'heure plus tôt que d'habitude. Elle monta alors « faire les couvertures », fermer les volets et allumer le feu dans la chambre de sa maîtresse, et elle alla frapper à la porte du salon pour prévenir mademoiselle que sa chambre était prête.

Tous les soirs, pour ne pas entretenir deux feux à la fois, on laissait éteindre celui du salon pendant le dîner, et Mlle Morineau finissait la soirée dans sa chambre, qui se trouvait ainsi chauffée pour la nuit. Elle avait soin, avant de se coucher, d'enterrer ses bûches sous la cendre, de sorte que Voinette, en venant le matin ouvrir les volets, trouvait toujours des braises rouges. Ce soir-là, elle prit donc place dans sa vieille bergère à coussin de plume et indiqua une petite chaise à Lucette. Voinette apporta sa quenouille et se mit à filer à distance respectueuse; elle n'avait pas besoin de toute la lumière que donnait la lampe et ne se serait d'ailleurs pas permis de s'asseoir auprès de mademoiselle. Voinette avait été formée, dans la famille Morineau, sur le patron des servantes de l'ancien temps. L'hiver, elle filait à la veillée du chanvre et du lin que sa maîtresse achetait aux gens de la campagne, et, avec son fil, Mlle Julie faisait tisser par le tisserand tout le linge de la maison.

Mlle Julie prit son tricot, non sans jeter un regard de regret à un livre entr'ouvert d'où sortait à demi une paire de lunettes. Mlle Julie avait un faible pour les romans, et c'était pour elle une affaire grave de savoir si le héros finirait par se marier avec l'héroïne, ou bien si l'un ou l'autre mourrait de désespoir ou entrerait au couvent : c'était toujours comme ça dans les romans d'autrefois. Mlle Julie aurait pourtant bien dû savoir que les choses ne se passaient pas ainsi dans la vie réelle, puisqu'elle avait eu son roman, qu'elle ne s'était ni mariée ni faite religieuse, et qu'elle se portait à merveille. Mais cela ne l'empêchait pas de prendre un vif intérêt aux aventures qu'elle trouvait dans les livres, et, en ce moment, elle n'était qu'à vingt pages du dénouement d'une histoire très dramatique. Elle grillait de l'achever; mais, quoique Lucette ne fût qu'une très jeune cousine, Mlle Julie, qui était très polie, ne voulait pas lui fausser compagnie en lisant devant elle.

« Voulez-vous me donner de l'ouvrage, ma cousine? dit Lucette après avoir soigneusement balayé le foyer, qui ne lui paraissait pas parfaitement net.

— De l'ouvrage?... il faudrait en chercher..., ce sera pour une autre fois. Mais n'as-tu pas un livre que Mme Raimblot t'a prêté?

— Oui, ma cousine; mais...

— Mais quoi? Tu ne veux pas lire quand je travaille? Mon tricot n'est pas très pressé; j'ai justement là un volume à finir... Lis, mon enfant, lis; je vais te tenir compagnie. »

Et Mlle Julie, sans attendre la réponse de Lucette, roula son tricot avec une vivacité toute juvénile, y piqua ses aiguilles, rouvrit son livre et se planta ses lunettes sur le nez. Une fois plongée dans son roman, un coup de canon ne l'aurait pas émue; aussi ne regarda-t-elle pas une seule fois la jolie figure de Lucette, qui témoignait du plaisir qu'elle aussi prenait à sa lecture. Par moments, un sourire relevait les coins de sa bouche et creusait les fossettes de ses joues : elle était gentille à croquer.

Vingt pages, c'est vite lu : Mlle Julie sut bientôt à quoi s'en tenir sur la destinée finale des personnages qui la passionnaient. Elle ôta ses lunettes et referma le volume avec un soupir de satisfaction.

« Vous avez fini votre livre, ma cousine? dit Lucette en relevant la tête. Est-ce joli? Celui de Mme Raimblot est charmant! le connaissez-vous? Non? Alors voulez-vous que je lise tout haut? je suis sûre qu'il vous plaira.

— Non, mon enfant, cela te fatiguerait.

— Moi? pas du tout. J'aime beaucoup à faire la lecture et je la faisais très souvent à grand-père... Tenez, encore une manière de gagner ma vie : je pourrais aller tous les jours faire la lecture à des vieilles dames et à des vieux messieurs qui n'y verraient plus bien; on me payerait à l'heure et je pourrais lire beaucoup d'heures par jour. N'est-ce pas?

— Il faut attendre les réponses à mes lettres. Lis, si cela ne t'ennuie pas de recommencer. »

Lucette lut et Mlle Julie écouta; Voinette écouta aussi. Mlle Julie lui faisait quelquefois un résumé de sa lecture, quand elle éprouvait le besoin de communiquer ses impressions à une créature pensante; mais c'était bien mieux d'entendre l'histoire tout entière! Il y avait bien par-ci par-là des mots qu'elle ne comprenait pas, des mots d'auteur; mais cela n'en était que plus beau. Quant à Mlle Morineau, elle n'avait plus de très bons yeux et le poids de ses lunettes la fatiguait : elle était donc quelquefois obligée de se priver de son plaisir favori. Ce serait charmant d'avoir à domicile de jeunes yeux à son service, et une lectrice qui l'amuserait en s'amusant elle-même!... Bah! à quoi allait-elle penser maintenant? puisque Lucette ne devait pas rester chez elle!

En attendant, elle passa une bonne soirée. Lucette lisait bien, nettement, simplement, avec un tout petit accent qui n'avait rien de désagréable. Elle ne lisait pas comme on joue la comédie, en déclamant et donnant de grands éclats de voix; mais on comprenait tout, et il n'y avait point de désaccord entre le ton de sa voix et le texte qu'elle lisait. A un moment où elle s'arrêtait à la fin d'un chapitre, l'horloge de l'église jeta au milieu du silence ses notes graves et sonores.

« Neuf heures déjà? dit Mlle Julie.

— Dix heures, mademoiselle! s'écria Voinette, qui avait compté les coups. Dix heures! est-il possible?

— Oui, c'est dix heures; je ne l'aurais jamais cru... Aussi il me semblait que tu t'enrouais un peu, petite; la prochaine fois, il ne faudra pas lire si longtemps ni veiller si tard. »

La prochaine fois était plus loin dans l'avenir que Mlle Morineau ne l'imaginait. Lucette alla se mettre au lit; elle se sentait, en effet, enrouée, et cela l'étonnait : elle avait souvent lu bien plus longtemps de suite.

Elle but avec reconnaissance une tasse de lait chaud que Voinette lui apporta et qui sembla dissiper son malaise. Mais ce n'était que pour un instant : à peine sa lumière éteinte, elle fut prise d'un frisson, avec une sensation d'étouffement et une impossibilité de dormir. Elle s'engourdit seulement au matin et ne s'aperçut pas que Voinette remuait dans la maison et que le jour paraissait.

A huit heures et demie, Voinette entra doucement dans sa chambre. Lucette ouvrit languissamment les yeux.

« La pauvre Coinchat est venue, avant d'aller à sa journée, demander des nouvelles de mademoiselle, dit Voinette. Je lui ai dit que vous dormiez encore : vous pouviez bien être fatiguée, après la journée d'hier! Vous n'êtes pas malade, au moins? Comme vous êtes rouge! Restez encore à vous reposer; je vais vous apporter votre chocolat dans votre lit. »

Il était très bon, le chocolat de Voinette; mais Lucette en avala à grand'peine deux cuillerées et n'essaya même pas de grignoter une des petites rôties si appétissantes. Elle murmura : « Il est tard, je vais me lever, » et se laissa retomber sur son oreiller.

« Elle est malade, bien sûr! » se dit Voinette; et elle courut prévenir Mlle Julie. Mlle Julie l'envoya chercher le médecin.

On a beau avoir quatorze ans, du courage et une bonne santé, on ne reste pas impunément, même peu de temps, dans des vêtements mouillés au mois de décembre : Lucette avait une fluxion de poitrine.

Si Mlle Morineau s'inquiétait de l'opinion publique de Saint-Clair au sujet des allures de Lucette, elle put se rassurer. Plus tard on trouverait peut-être bien à mordre sur elle; mais, pour le moment, elle était passée à l'état d'héroïne. On racontait partout le sauvetage du petit Coinchat, et on portait aux nues la petite Américaine, comme on l'appelait. Mlle Morineau fut obligée de décrocher sa sonnette, à laquelle toute la ville venait se pendre dès le matin pour avoir des nouvelles de la malade. Dès le matin, on peut le dire, puisque Coinchat ne serait pas allé travailler chez son patron sans savoir comment « la bonne demoiselle » avait passé la nuit. Et sa femme vint supplier qu'on la laissât veiller Lucette, « puisque c'était, disait-elle, en sauvant Jeannot que ce cher ange du bon Dieu avait gagné la mort ».

La mort, c'était une manière de dire : Lucette ne mourut point, et il vint un jour où le docteur Levert la déclara en convalescence, et où elle eut assez de force pour remercier tendrement sa cousine qui l'avait si bien soignée. Et comme elle s'excusait d'avoir apporté tant de tracas dans sa maison : « Ne parlons point de cela! » répondit brusquement Mlle Julie ; et elle sortit pour dissimuler son émotion.

C'est qu'elle était réellement émue, Mlle Julie, d'autant plus qu'à son émotion il se mêlait un peu de remords. Oui, elle s'était plainte amèrement à elle-même de l'événement qui était venu troubler sa calme vie, la fatiguer, l'induire en dépense, l'inquiéter, bouleverser toutes ses habitudes; elle avait même envisagé la mort possible de la pauvre Lucette, comme un dérangement et une dépense encore pires que les autres..., et elle s'en repentait. Voinette n'avait pas dû nourrir d'aussi mauvais sentiments : elle avait donné sa peine et sa fatigue sans arrière-pensée, cela se voyait à la joie qui rayonnait sur sa figure pâlie et amaigrie. Mlle Julie se reprocha de valoir moins que sa servante.

Le jour où l'on sut dans Saint-Clair que Lucette était sauvée, la bonne petite Mme Raimblot lui apporta un bouquet de fleurs sans parfum, de beaux camélias qu'elle était allée mendier dans les serres d'un vieux monsieur riche et avare, les jardiniers n'en ayant pas encore de fleurs. Et, comme le bruit s'en répandit en ville, il devint à la mode d'envoyer de petits cadeaux à la convalescente : chaque ménagère offrait un échantillon de la spécialité qui faisait sa gloire. Mme Chandois donna de ses conserves de reines-Claude, restées vertes dans une gelée transparente; Mlles Mangon, leurs célèbres confitures de cerises; Mme Grigneur, ses petits soufflés au chocolat; la femme du docteur Levert, sa gelée de pommes pareille à une topaze et sa gelée de framboises aussi brillante qu'un rubis; Mme Bonnet, les œufs les plus fraîchement pondus de ses poules, qu'Adolphe apportait, tout fier d'avoir seulement entrevu l'escalier qui menait à la chambre de la malade. Puis ce furent des gravures, des bibelots, toutes les bagatelles qu'on croyait propres à la distraire; et Lucette, ravie, répétait à sa cousine : « Comme on est bon en France! grand-père me le disait bien! »

On sut, place du Pain-Perdu, que les dames de la ville envoyaient à Lucette de bonnes choses à manger et de jolies choses à regarder, et on trouva que c'était très bien.

« C'est dommage, dit une pauvre femme, que nous n'ayons rien à lui donner, nous autres!

— Oui, dit Marie Coinchat, nous surtout, qui sommes cause de sa maladie... Les riches sont bien heureux!

— Mais, reprit une autre, si chacun donnait un sou? on pourrait peut-être alors lui acheter quelque chose de joli. Elle a tiré Jeannot de la rivière, mais elle en aurait tout aussi bien tiré un de nos enfants, n'importe lequel, puisqu'elle ne connaissait pas Jeannot! »

L'idée parut bonne et personne ne refusa de donner un sou pour la bonne petite demoiselle. Il y eut même des richards qui donnèrent cinq sous! et Jean Coinchat fit des heures supplémentaires chez son patron pour avoir un plus beau cadeau à offrir. Mais il y eut des difficultés quand on en vint au choix du cadeau. On allait s'arrêter à une bague en *doublé*, ornée d'une imitation de turquoise, lorsqu'une femme, qui avait servi chez des bourgeois, fit observer que les demoiselles ne portaient que des bijoux en *vrai* or. On finit par se décider pour un parapluie : c'était un objet utile que la demoiselle emporterait partout et qui lui rappellerait toujours la reconnaissance qu'on lui gardait.

Ce fut touchant et risible à la fois de voir une députation de la place du Pain-Perdu, les Coinchat en tête, apporter le parapluie à la convalescente. Personne ne demanda à entrer dans la maison; Reine et Jeannot seuls montèrent l'escalier, après avoir bien essuyé leurs souliers pour ne pas y laisser de traces. Ils redescendirent tout émus, disant que la demoiselle était toute blanche et maigre! mais que la bonne avait dit qu'elle allait mieux; on leur avait même permis de revenir, parce qu'à présent qu'elle n'avait plus de fièvre, elle commençait à s'ennuyer et que leur visite lui ferait plaisir. Elle était très contente du parapluie, elle l'avait fait ouvrir devant elle et remerciait de tout son cœur ceux qui le lui donnaient; elle irait les remercier encore dès qu'elle serait guérie.

De tout ce qu'avait dit Lucette, Jeannot retint surtout une chose, c'est qu'elle commençait à s'ennuyer, et il conçut le généreux projet de lui apporter ses joujoux. Il n'en était pas très fourni; mais qu'importe! il n'en avait que plus de mérite à vouloir les offrir. Ses joujoux se composaient : 1° d'un arc fait d'une baguette dont les deux bouts étaient réunis par une ficelle tendue, mesurant bien trente-cinq centimètres, avec des flèches assortissantes; 2° d'un petit chariot fait d'une planchette, monté sur quatre roues pleines, taillées dans une petite bûche, sur lequel il charriait de petits cailloux; 3° d'un petit mouton déplumé, trouvé sur un tas d'ordures, et qu'il aimait particulièrement, quoiqu'il n'eût plus qu'une patte entière et qu'il ne lui restât qu'un œil et la moitié d'une oreille; 4° d'une image d'Épinal représentant le Juif-Errant. Reine, à qui il confia son projet, le mit au désespoir en lui disant que la demoiselle n'aimerait pas du tout ces joujoux-là.

Il en pleurait encore et se faisait traîner sans vergogne par Reine, sans s'inquiéter des passants qui les regardaient, lorsqu'ils rencontrèrent une cuisinière chargée d'un panier, une de ces personnes importantes qui se mêlent de tout.

« Qu'as-tu donc, petit? lui dit-elle en s'arrêtant. Est-ce que ta sœur t'a battu? »

Jeannot se tut subitement.

« Ce n'est rien, un petit chagrin, dit Reine; je ne le bats jamais. Allons, viens, mon Jeannot : j'ai de l'ouvrage pressé à la maison. »

Mais Jeannot était très occupé du panier de la cuisinière : le couvercle de ce panier se soulevait légèrement, retombait, se soulevait de nouveau, et on y entendait remuer quelque chose...; puis une petite patte blanche se montra et un faible miaulement se fit entendre.

« Un minet! s'écria Jeannot en sautant de joie. Reine, un minet! Voir le minet!

— Il y en a bien trois, tous jolis, à ne pas savoir lequel est le plus joli, repartit la cuisinière. Ils étaient tous promis : ils sont toujours promis longtemps à l'avance, les petits de notre chatte; et voilà qu'à présent les personnes qui les avaient retenus n'en veulent plus. C'est très ennuyeux, on les a laissés grandir et ils seront bien plus difficiles à tuer.

— A tuer!

— Hé! mon Dieu, oui; madame en garde un sur quatre et m'a envoyée jeter les trois autres à la rivière; avec la mère, cela nous ferait cinq chats; on ne peut vraiment pas avoir tant de chats que ça dans une maison. Je vais voir si je ne peux pas en placer quelques-uns; ils sont si gentils, c'est grand dommage de les faire périr. »

Elle ouvrit le panier et montra aux enfants trois petites têtes ébouriffées, avec de grandes moustaches, des yeux fripons et de petites oreilles d'où sortaient des touffes de longs poils : de vrais amours de chats!

Jeannot bondissait de joie; il les regardait, il les caressait, il les embrassait, il miaulait pour causer avec eux. La cuisinière riait.

« En veux-tu un, petit? lui dit-elle.

— Oh non! interrompit Reine, nous sommes trop pauvres, maman ne voudrait pas...; mais... est-ce qu'il est méchant, ce blanc-là?

— Doux comme un agneau, un vrai chat de malade. Avant-hier, notre petit monsieur est resté au lit parce qu'il était enrhumé, et comme il s'ennuyait — il est assez difficile de caractère quand il est malade — on lui a apporté les petits chats pour l'amuser. Celui-là a joué avec lui sans tirer ses griffes, et il sautait, il tournait pour attraper sa queue, il faisait toutes sortes de jolis tours.

— Alors donnez-le-moi pour une bonne petite demoiselle malade, elle aussi, qui s'ennuie... Vois-tu, Jeannot, elle sera très contente ! »

Jeannot ne fit pas d'opposition ; il y gagnait le plaisir de retourner chez Lucette et celui de caresser tout le long de la route le petit chat que Reine portait dans son tablier.

« Oh! qu'il est joli ! » s'écria Lucette.

CHAPITRE XI

Où Voinette obtient pour autrui ce qu'elle n'avait jamais pu obtenir pour elle-même. Convalescence. — Lecture de lettres de famille. — Que fera-t-elle ?

« Mademoiselle Voinette, voulez-vous, s'il vous plaît, nous laisser entrer, rien qu'un petit moment ? nous apportons quelque chose pour amuser la bonne demoiselle. »

A cette déclaration, Voinette, qui venait d'ouvrir à Reine et à Jeannot, se recula complaisamment pour les laisser passer. Reine n'avait pas dit ce qu'elle apportait ; elle savait qu'il y avait des maisons où l'on ne voulait point de chats et elle agissait avec ruse. Ce ne fut que dans la chambre même de Lucette qu'elle démasqua ses batteries. Elle abattit vivement son tablier, et, disant : « Mademoiselle, voilà une petite poupée pour vous », elle jeta sur le lit de Lucette le petit chat blanc.

« Oh ! qu'il est joli ! » s'écria Lucette ravie, en tendant les mains vers lui. Le minet la regarda en face ; il avait encore d'innocents yeux bleus, bien ouverts et bien naïfs, qui brillaient comme deux saphirs au milieu de sa fourrure blanche. Lucette le prit, le caressa, l'embrassa ; elle riait, elle remerciait Reine et Jeannot : c'était sa première joie d'enfant depuis les malheurs qui l'avaient tout d'un coup rendue sérieuse et avaient fait d'elle une petite femme. A New-York et surtout à la campagne, elle possédait toute une ménagerie d'animaux privés,

qui accouraient à sa voix et venaient manger dans sa main, et à Saint-Clair elle regrettait souvent de n'entendre que les serins de Voinette prisonniers dans une cage. Mlle Julie n'aimait pas les animaux, qui salissent, causent du dérangement et détériorent les mobiliers ; sans compter qu'il faut s'occuper d'eux.

Elle était là, Mlle Julie, se chauffant les pieds sur les chenets, et elle se retourna à l'exclamation de Lucette. La vue du petit chat lui fit faire la grimace.

« Oh ! la vilaine bête ! dit-elle avec dégoût. Je déteste les chats, on ne peut pas leur apprendre à être propres, et ils mettent du poil partout. Et puis c'est traître, c'est voleur, cela donne des puces... Remportez-moi cette bête-là, ma petite fille. »

Lucette lâcha tristement le petit chat, qui, ne pouvant pas deviner qu'il n'était pas encore sauvé de la noyade, s'installa sur la chaude couverture de laine et se mit à y faire sa toilette. Son long poil de futur angora avait été froissé par le voyage et par les caresses de Lucette, il fallait bien qu'il lui rendît sa fraîcheur première.

Voinette, qui était montée pour voir ce que Reine apportait d'amusant, trouva trois figures d'enfants aussi longues, aussi mornes, aussi désolées les unes que les autres. Lucette serrait les lèvres et retenait à grand'peine ses larmes ; Reine était très contrariée de l'effet de son cadeau, et Jeannot, qui ne comprenait pas bien, s'affligeait par esprit d'imitation.

Voinette, elle, comprit tout de suite. Elle aimait les animaux et avait essayé plusieurs fois d'en introduire chez sa maîtresse ; mais elle n'avait jamais réussi : chez les Morineau on ne voulait pas de bêtes, c'était de tradition. A la vue du petit chat, il s'éleva en elle deux sentiments contraires : « Si elle croit qu'on lui permettra ce qu'on m'a défendu à moi ! » disait le premier. « Pauvre petite, disait le second, mademoiselle pourrait bien lui faire ce plaisir-là, après qu'elle a eu tant de malheurs... » Et, au fond de son cœur, Voinette espérait que, si une fois le chat obtenait droit de cité dans la maison, on l'y garderait même après le départ de Lucette.

Voinette donc s'empara du petit chat, l'assit dans sa main gauche, l'agaça du bout du doigt pour le faire jouer, le caressa, se récria sur sa beauté et sa gentillesse, et félicita les enfants de leur bonne idée : avec cette bête-là, Mlle Lucette ne s'ennuierait plus et elle se guérirait bien plus vite.

« Mais la dame ne veut pas..., murmura Reine avec un accent où il entrait un peu de rancune.

— Comment?... Mademoiselle, n'est-ce pas que vous voulez bien permettre à Mlle Lucette de garder le petit chat? Elle s'ennuie dans son lit, la pauvre petite ! et il se passera du temps avant qu'elle puisse mettre le nez dehors, en cette saison ! Ça l'occuperait de jouer avec lui, et ça lui ferait du bien.

— Tu n'y penses pas, Voinette ! répliqua Mlle Julie avec impatience; il la griffera, il la mordra; c'est si traître, les chats ! et puis il égratignera les meubles, il déchirera les rideaux, il salira les parquets..., et il volera dès qu'on laissera un buffet ouvert...; et puis, qu'est-ce que nous en ferons plus tard?... »

Mlle Julie s'arrêta. *Plus tard*, cela voulait dire après le départ de Lucette; et une voix intérieure, à laquelle Mlle Julie obéissait sans s'en rendre compte, lui défendait de rappeler à cette pauvre petite qu'elle n'était là que comme l'oiseau sur la branche. Mais Voinette lui répondit sans se troubler, tout comme si elle eût achevé sa phrase :

« Eh bien, plus tard, mademoiselle, on trouvera bien à le donner : un joli chat comme celui-là ! Voyez comme il a déjà une belle fourrure ! et ces moustaches ! et cette queue courte ! et ces longs poils dans les oreilles ! ce sera un *angola*, un superbe *angola!* et il y a des personnes qui les payent très cher. On s'en débarrassera très facilement, et, en attendant, il aura amusé

Mlle Lucette. N'est-ce pas, mademoiselle Lucette, que vous voudriez le garder? »

Lucette n'osait répondre; mais sa cousine la regarda et n'eut pas de peine à lire son désir sur sa figure. Rien qu'à la manière dont elle pressait contre sa joue pâle le petit animal que Voinette venait de lui rendre, on voyait qu'elle le considérait déjà comme un ami.

« Est-ce vrai que tu as envie de le garder, Lucette? lui demanda Mlle Morineau. C'est méchant, un chat: ç'a vite fait de vous crever les yeux d'un coup de griffe.

— Oh, non! ma cousine, répondit Lucette en rougissant. J'en ai toujours eu et jamais ils ne m'ont fait de mal... Ce petit-là ressemble à celui que j'avais il y a... il n'y a pas longtemps...; c'est avant nos malheurs... Je l'appelais Marabout, parce qu'il ressemblait aux marabouts blancs qu'on met sur les chapeaux: son poil était si léger! Il me suivait partout comme un chien; mais, quand on a emporté tous les meubles de la maison, il est devenu comme fou: il s'est sauvé et on ne l'a plus revu. Je l'aimais tant!

— Eh bien, garde celui-là... Voinette, tu tâcheras qu'il ne fasse pas trop de dégâts dans la maison... Vois ce que tu peux donner à ces enfants avant de les renvoyer. »

Voinette, ravie, trouva qu'elle pouvait, outre les restes dont elle remplit le tablier de Reine, leur donner à chacun une tartine de confitures. Puis elle revint voir si le petit chat se conduisait bien. Il avait assez joué et fait sa toilette, et, éprouvant le besoin de se reposer, il s'était roulé en boule aussi près que possible de Lucette, qui le caressait doucement en murmurant à demi-voix : « Marabout, mon cher petit Marabout... »

Marabout II fut certainement pour beaucoup dans la prompte guérison de Lucette. La pauvre petite avait réellement plus de chagrins qu'une fillette de quatorze ans n'en peut porter. En bonne santé, elle se soutenait par l'action, par le travail, par le sentiment de sa force qui lui permettait de lutter avec courage; mais la maladie l'avait affaiblie physiquement et moralement, et, dans son immobilité forcée, elle ne pouvait rien faire que penser et se souvenir : il n'y avait pas là de quoi l'aider à se remettre. Mais quelle charmante distraction que la présence de Marabout! ses jeux, ses cabrioles, sa toilette, ses drôles de petites mines, ses conversations avec Lucette où chacun parlait sa langue : ce qui ne les empêchait pas de s'entendre fort bien, prétendait la jeune fille. Et Mlle Morineau, une fois qu'elle eut constaté que le petit chat n'était point voleur et que la propreté de sa maison ne souffrait nullement de sa présence, se laissa aller à le regarder, tout en tenant compagnie à Lucette, et elle fut tout étonnée d'y prendre plaisir. Elle ne modifia pas la sévérité de ses opinions sur l'espèce féline en général, mais elle admit une exception en faveur de Marabout, qui était joli, plein de gaieté et d'une intelligence extraordinaire.

Il ne faudrait pourtant pas croire que Marabout eût chassé toute préoccupation de l'esprit de Lucette. Plus d'une fois, même avant de quitter son lit, elle demanda à sa cousine si elle n'avait point reçu de réponses à ses lettres, et Mlle Julie répondait : « Nous parlerons de cela plus tard, guéris-toi d'abord. » Lucette n'insistait pas et faisait de son mieux pour se guérir vite, afin de pouvoir gagner sa vie.

Un jour enfin — Lucette avait fait la veille sa première sortie, trois tours de jardin au pâle soleil de janvier — Mlle Morineau répondit à sa question : « Ma bonne cousine, avez-vous des lettres? » par un *oui* prononcé avec un accent solennel. Puis elle approcha du feu sa grande bergère — c'était le matin, dans sa chambre, que Lucette était venue lui demander des nouvelles du courrier, — y fit asseoir la convalescente et mit un oreiller derrière elle pour lui soutenir la tête, quoique Lucette l'assurât en souriant qu'elle n'avait plus besoin de tant de soins. Puis elle alla à son secrétaire, l'ouvrit et en tira un paquet de lettres qu'elle vint poser sur une petite table devant la jeune fille.

« Les voilà, les lettres! dit-elle. Je les ai mises à part à mesure qu'elles arrivaient, pour que nous les lisions ensemble : à présent que tu es guérie, lisons-les. »

Elle les avait soigneusement rangées par ordre chronologique : elle prit la plus ancienne et la décacheta.

« Ma chère cousine..., hum, hum..., c'est du cousin Maupoix, le juge...; il se félicite d'avoir une occasion de me présenter ses respects et de recevoir de mes nouvelles. Il regrette de ne pouvoir se charger d'une jeune fille, sa gouvernante s'y oppose absolument...; il payera volontiers une petite partie de ta pension dans une institution jusqu'à l'âge où tu pourras y rester comme sous-maîtresse. Cela fait *un!*... Voyons la seconde lettre.

« Ma chère cousine, etc... Celle-là est du cousin Guibourg, le médecin de Paris... Trop occupé pour avoir pu répondre courrier par courrier, se hâte d'écrire le lendemain. Malgré sa situation peu aisée — la vie est si chère à Paris, et il y a tant de non-valeurs dans l'exercice de la médecine — il offre de te prendre chez lui, cela lui fera cinq enfants au lieu de quatre... Allons, c'est un brave homme, celui-là ! Sa femme met un mot en bas de la lettre pour dire qu'elle sera heureuse de te servir de mère... Ah ! il y a un post-scriptum ! Dès que tu seras arrivée chez lui, il faudra que tu lui donnes des détails sur les maisons avec lesquelles ton pauvre grand-père était en relations d'affaires, pour qu'il s'occupe de savoir si tu n'aurais pas quelques créances à recouvrer...

— Rien du tout, ma cousine ! Mon grand-père a tout réglé avant même de tomber malade.

— Moi, cette idée-là ne m'était pas venue; il est vrai que je n'ai pas l'habitude de m'occuper d'affaires; mais je me défie un peu de son post-scriptum. Voyons une autre lettre... Ah ! la religieuse.

« Ma chère cousine..., hum, hum..., les épreuves qui nous frappent..., résignation à la volonté de Dieu, hum, hum..., bien que le petit capital de notre chère Lucette soit bien peu de chose, notre Révérende mère consentira à la recevoir, espérant qu'elle aura le désir de se consacrer au Seigneur dans notre sainte maison... » Est-ce que tu as envie de te faire religieuse, Lucette ?

— Moi, ma cousine ? Je n'y ai jamais pensé.

— C'est comme moi..., et pourtant j'avais des chagrins qui

Elle prit la plus ancienne et la décacheta.

auraient pu m'y mener...; mais la vocation n'est pas donnée à tout le monde... Voyons maintenant le cousin Julien Guibourg, l'usinier de Lille.

« Ma chère cousine, etc..., il te prendrait bien si tu avais trois ou quatre ans de plus, mais il n'a que des filles qu'on commence à mener dans le monde et ne saurait que faire de toi...; il offre de payer ta pension où l'on voudra...

— Payer, payer! Je ne demande qu'à travailler, moi!

— Plus tard, ma petite, plus tard; il faut d'abord que tu grandisses un peu... Voilà encore la baronne de la Fontenelle : « Ma chère cousine, à la campagne, un enfant de plus ne compte pas : puisque vous ne gardez pas la petite-cousine, vous pouvez nous l'envoyer. » C'est court, mais c'est clair. Le percepteur n'a pas écrit. Que penses-tu de tout cela? »

Un doux miaulement se fit entendre à la porte, qu'une main entr'ouvrit aussitôt pour livrer passage à Marabout. Lucette l'avait laissé endormi sur son lit, et, sitôt réveillé, il s'était mis en quête de sa petite maîtresse. Voinette, qui lui avait ouvert, s'esquiva pour ne pas être grondée. Mais Mlle Morineau ne songeait point à gronder : elle regardait les lettres et se demandait quel conseil elle allait donner à Lucette. Si elle eût été un peu plus riche elle-même..., si seulement la petite eût pu gagner un peu d'argent sans qu'on en sût rien..., la cousine de Paris, la femme du médecin, pourrait peut-être bien lui procurer de l'ouvrage chez quelque grande brodeuse : les frais de transport diminueraient un peu ses gains, mais il lui resterait toujours bien quelque chose, et elle ne faisait pas grande dépense... Mais non, ce ne serait pas un avenir pour la pauvre petite. Puisque la cousine de Paris offrait de lui servir de mère, sans doute elle entendait se charger d'elle complètement, la marier dans quelques années : il ne fallait pas lui faire perdre cette chance... Mlle Julie soupira à cette idée de mariage : c'était faute d'une dot que son mariage, à elle, ne s'était pas fait au temps jadis; mais c'était la faute du gouvernement, qui exigeait une dot des fiancées d'officiers, et Lucette pourrait placer ses affections sur la tête d'un civil... Il valait mieux qu'elle allât à Paris qu'à la campagne :

les campagnards demandent de la terre et Lucette n'en avait pas ; elle ne ferait pas plus l'affaire d'un campagnard que d'un officier.

Lucette, cependant, avait abaissé ses genoux pour que Marabout y sautât plus facilement, et elle le caressait d'une main distraite pendant que ses sourcils se rapprochaient sous l'influence de la réflexion. Enfin elle releva la tête.

« Ma cousine, dit-elle, voulez-vous me permettre d'écrire à cette dame de Paris? Je ne veux pas vivre sans gagner mon pain ; puisqu'elle a des enfants, qu'elle me prenne comme *bonne :* elle ne dira pas que je suis sa cousine, voilà tout !

— Écris-lui ce que tu voudras, Lucette ; mais tu l'étonneras beaucoup. »

La lettre fut écrite et mise à la poste le jour même. Mlle Julie attendit la réponse avec un certain serrement de cœur. Elle ne savait pas trop si elle devait désirer ou craindre le départ de Lucette.

Un valet introduisait les clients.

CHAPITRE XII

Tout ce qui reluit n'est pas or. — Théorie des oncles d'Amérique. — Alliance de la charité et de l'économie. — Ce que regrettait Lucette. — Sentiments panachés de Mlle Julie.

Le docteur Alexandre Guibourg occupait à Paris, au centre du faubourg Saint-Germain, un rez-de-chaussée somptueux dans un de ces hôtels dont le percement des nouvelles voies a détruit les jardins et mis en fuite les propriétaires. On l'avait divisé en appartements, et celui du docteur, s'il n'était pas le plus commode, avait grand air et prévenait favorablement tout d'abord : un médecin qui habitait de si fastueux salons, exigeant des rideaux de cinq mètres de hauteur, devait posséder une clientèle aussi étendue que bien payante. Pourtant le docteur n'était attaché à aucun des hôpitaux de Paris. Mais on peut, sans titre officiel, être habile médecin et gagner beaucoup d'argent. Telle était la réputation du docteur Alexandre Guibourg, et, pour qui n'y regardait pas de trop près, il est certain que son existence payait de mine. Sa femme était toujours très bien mise : un valet en habit noir introduisait les clients aux heures de consultation ; le coupé du docteur était traîné par une jument grise très bien nourrie, et le nom du docteur s'étalait sur toutes les listes de souscriptions destinées à passer par un grand nombre de mains. Mais il ne faut pas toujours se fier aux apparences, et une seule personne savait à quels prodiges d'industrie étaient dus ces brillants dehors : Mme Alexandre Guibourg.

Que d'heures de jour et de nuit passées à repriser les serviettes, à mettre des pièces aux draps, à réunir deux vieilles nappes en une, en faisant sauter les endroits usés, à repasser ses jupons brodés, les robes de ses filles, les chemises de son mari, et jusqu'aux cravates blanches de son domestique, à raccommoder, jusqu'à la limite du possible, les vêtements que portait la famille dans l'intérieur de la maison, pour ménager la coûteuse toilette commandée chez Worth ou à Saint-Vincent de Paul. On donnait deux dîners par hiver ; ces jours-là, Mme Guibourg, installée dans sa cuisine, se rôtissait la figure sur ses fourneaux jusqu'à l'heure où ses convives pouvaient arriver, et faisait venir du dehors quelques-uns de ces mets qui font la gloire d'une maîtresse de maison et perpétuent le souvenir d'un dîner. Le reste de l'année, on mangeait beaucoup de légumes secs, parce que le docteur était censé les aimer ; on buvait à table le vin d'office pour ne pas humilier les domestiques, et les enfants n'avaient, à goûter, que du pain sec, parce que c'était plus sain. Madame n'avait qu'une bonne à tout faire, parce qu'une vraie cuisinière n'eût pas consenti à apprêter des repas aussi simples et aussi peu variés que ceux qui composaient l'ordinaire de la famille : elle aurait craint de se gâter la main. Au *jour* de madame, si monsieur avait besoin de son valet de chambre pour le métamorphoser en cocher, on faisait venir la fille de la concierge, qu'on payait à l'heure, pour ouvrir la porte et garder les enfants.

On peut donc imaginer la grimace que firent le docteur et sa femme en recevant la lettre de Mlle Morineau. Cette cousine de province, qu'ils n'avaient jamais vue, mais avec qui ils entretenaient des relations épistolaires en vue de son héritage — on suppose volontiers que les vieilles filles ne dépensent rien et entassent des écus pour leurs héritiers, — cette cousine donc avait chez elle la petite-fille du fameux oncle d'Amérique! Et cet oncle d'Amérique, dont toute la famille parlait en y croyant un peu moins d'année en année, avait réellement vécu jusqu'à quatre-vingt-deux ans, et il était devenu millionnaire, et il comptait répandre les dollars en pluie diluvienne sur quiconque avait dans les veines le sang des Mauversé! Et il s'était ruiné sur ses vieux jours : fallait-il qu'il fût maladroit! Après tout, était-ce bien vrai qu'il s'était ruiné? était-ce bien vrai qu'il était mort? Lui et sa petite-fille jouaient peut-être une comédie : cela s'est vu, ces choses-là; peut-être qu'ils voulaient éprouver le bon cœur de leur famille... Et, si leur ruine était réelle, si le vieux était vraiment mort, ne serait-il pas dangereux de laisser la jeune fille chez la cousine Morineau? On aurait beau continuer à lui envoyer les portraits des jeunes Guibourg, une personne vivante aurait plus d'influence que des portraits, et adieu l'héritage de la cousine Morineau! Il fallait au plus tôt écarter ce danger. Mais comment? Payer la pension de Lucette dans une pension ou un couvent, c'était se mettre une grosse dépense sur les bras; il valait encore mieux la faire venir, la nourriture d'une personne de plus n'augmentant que fort peu la dépense d'une maison. Et, du moment qu'on se résignait à se charger de cette corvée, il fallait le faire le plus tôt possible et de la meilleure grâce possible : il y aurait peut-être quelque profit à en retirer par la suite. Le docteur et sa femme écrivirent donc la lettre que l'on sait.

Leur première récompense fut la réponse de Lucette. A la vérité, elle ne laissait pas deviner une fortune cachée, mais elle parlait de faire un service de bonne d'enfants. Cela, il n'y avait pas à y songer : cette petite n'avait aucune idée de la vie sociale en France. Mais, après tout, ne pourrait-on l'utiliser, puisqu'elle ne demandait qu'à travailler? Justement, Mme Guibourg se trouvait dans un grand embarras. Elle avait deux filles, âgées l'une de douze ans et l'autre de treize; elle les avait fait élever au couvent, mais dans le monde qu'elle voyait, toutes les jeunes filles suivaient des cours. C'était considéré comme très utile : on y apprenait tout, ou du moins on y entendait parler de toutes les branches des connaissances humaines, et surtout on y formait des relations qu'on retrouvait plus tard et dont une mère de famille habile pouvait tirer parti... Mᵐᵉ Guibourg songeait déjà à marier ses filles avantageusement. Mais comment faire pour les conduire aux cours, pour les promener, pour surveiller les leçons et les devoirs? Elle n'avait pas déjà assez de temps pour tout ce qu'il lui fallait faire. Et les petits garçons qui grandissaient! Il aurait fallu aussi les faire travailler, car Gaston, l'aîné, paresseux et peu intelligent, suivait à grand' peine les classes d'un petit externat voisin, et Étienne, à quatre ans, ne savait même pas reconnaître un *A* d'un *B*. La présence de la petite-cousine arrangerait tout.

Mᵐᵉ Guibourg combinait ses plans en relisant une lettre de Mˡˡᵉ Morineau, qui lui annonçait l'arrivée de Lucette pour le lendemain 15 février. « J'ai attendu qu'elle fût bien guérie et que le temps fût moins froid pour la laisser partir, disait Mˡˡᵉ Julie; j'aurais bien cherché aussi une *occasion* de quelqu'un de connaissance pour la protéger jusqu'à Paris, mais cela ne la gêne pas du tout de voyager toute seule, et elle a bien su venir d'Amérique à Saint-Clair. Veuillez seulement aller à sa rencontre au chemin de fer, de peur qu'elle ne se perde. Je l'aurais gardée volontiers, car on s'attache vite à elle; mais vous lui serez plus utile que moi, et je vous remercie d'avance de tout le bien que vous pourrez lui faire. »

Le bien qu'elle pourrait lui faire... Oui, certainement, Mᵐᵉ Guibourg comptait lui donner le vivre et le couvert, et même ajouter quelque chose au revenu de son très petit capital pour l'habiller convenablement; mais elle songeait surtout au profit qu'elle pourrait tirer de Lucette.

« Voyons, se disait-elle, d'après sa lettre de l'autre jour, elle se donne comme sachant un peu de musique...; si seulement elle en sait un peu plus que Bathilde et Edmée, elle pourra les accompagner au cours Dywraski et les faire étudier... Elle sait l'anglais, naturellement : ce sera une leçon de moins à payer...; l'allemand est plus en faveur, mais on peut toujours dire qu'on ne veut pas entendre cette langue-là chez soi... Pour le reste, elle n'aura qu'à faire attention aux cours et à prendre des notes : elle se tirera d'affaire, puisqu'on dit qu'elle a bonne volonté... Elle est trop jeune pour aller dans le monde ; et puis elle est en deuil, il n'y aura pas de dépense de ce côté-là... Ah! elle a appris un peu de latin à son collège de New-York : drôle d'idée d'apprendre du latin aux jeunes filles!... C'est égal, cela nous servira ; elle aidera Gaston, qui est toujours puni pour ses devoirs. Je la chargerai d'apprendre à lire au petit ; comme cela, tout ira très bien... Je voudrais qu'elle fût un peu grande pour son âge, je lui donnerais les enfants à promener, et, pour empêcher les gens de s'en étonner, je dirais qu'elle est Américaine, cela arrange tout... »

Pendant que Mme Guibourg se préparait à exercer la charité d'une manière fructueuse, on était très agité dans la maison de la rue du Vieux-Pont, et personne n'était content. Lucette allait partir, et ses hôtes futurs lui promettaient d'utiliser sa bonne volonté et d'accepter ses services : elle gagnerait donc son pain, en attendant qu'elle eût l'âge de travailler d'une façon plus active et plus indépendante. Donc elle obtenait ce qu'elle avait désiré : elle aurait donc dû être contente... Pauvre petite Lucette! elle se le répétait sans cesse ; mais elle ne pouvait s'empêcher d'avoir le cœur serré et d'emporter de Saint-Clair des regrets nouveaux, ajoutés à sa provision déjà si lourde d'anciens regrets. Sa cousine n'était pas tendre comme son grand-père, sans doute ; mais elle l'avait accueillie, soignée : elle l'aurait gardée si elle avait pu ; elle était bonne et Lucette l'aimait... Et Voinette! et Mme Raimblot! et les Coinchat, à qui elle était allée dire adieu et qui s'étaient récriés si tristement en apprenant qu'elle allait partir! Il y avait encore quelqu'un qu'elle aimait plus que les créatures humaines, peut-être : il était à elle, il la connaissait, il suivait tous ses pas, il ne voulait dormir que sur ses genoux ou sur son lit..., vous avez nommé Marabout, n'est-ce pas? Oui, elle aimait Marabout parce que Marabout se laissait aimer sans réticences, et le matin du dernier jour, à son réveil, elle eut envie de pleurer en songeant qu'elle allait encore perdre cet ami-là, et elle resta assise dans son lit, regardant tristement cette petite boule de duvet blanc immobile auprès d'elle.

« Mon cher petit Marabout! » murmura-t-elle avec un gros soupir. Dans ses regrets, elle confondait le nouveau Marabout avec l'ancien, celui qui s'était enfui affolé de la maison vendue : c'était comme un rappel de ses anciens chagrins.

Le chat ouvrit les yeux, dressa la tête, se leva en s'étirant sur ses quatre pattes, fit bouffer sa queue et bâilla largement à la manière des lions; puis il procéda à sa toilette, prenant la pose du violoncelliste pour nettoyer sa patte de derrière, et Lucette le contemplait. Quand il eut fini, elle le prit et l'appuya contre sa joue, et le petit chat, content de sentir une douce chaleur, fit entendre un joyeux ronron.

« Pauvre petit! dit-elle, tu ne sais pas que nous allons nous quitter; tu es bien heureux, toi! Si je pouvais t'emporter! mais on n'aime peut-être pas les chats, dans cette maison où je vais... Je ne te reverrai plus, car ma cousine va te renvoyer dès que je serai partie... Elle ne voulait pas de toi, mon cher petit! Pourvu que tu trouves des maîtres qui t'aiment et qui ne te tourmentent pas! Cela me ferait tant de peine de penser que tu es malheureux! »

Elle s'interrompit en rougissant : elle avait aperçu, en levant les yeux, le visage de Mlle Julie dans l'entre-bâillement de la porte, et elle craignait de l'avoir fâchée. Mais elle ne sut pas si Mlle Julie l'avait entendue. Elle venait voir si Lucette avait bien dormi et si elle se disposait à faire sa malle; les personnes qui n'ont pas l'habitude de voyager se croient toujours à court de temps pour leurs préparatifs.

Elle avait très bien entendu, et le monologue de Lucette lui avait produit une impression désagréable. « Comme les enfants sont ingrats! pensait-elle en rentrant dans sa chambre; c'est son chat que cette petite regrette le plus dans la maison! »

Elle appela Voinette et lui dit de porter à Lucette son chocolat dans son lit; puis elle s'assit près de sa cheminée, devant la petite table où le sien était servi. Elle était contrariée; pour ce dernier jour, elle avait compté déjeuner là, en tête-à-tête avec sa petite-cousine. « Elle déjeunera avec son chat, cela lui fera bien plus de plaisir ! » se dit-elle avec dépit. Et puis, regardant autour d'elle, il lui sembla qu'elle allait rentrer en possession de sa paisible chambre, reconquérir sa liberté, être tranquille enfin ! Elle avait sans cesse été dérangée depuis bien des semaines : il était temps que cela finît... Dans quelques heures, elle redeviendrait maîtresse d'elle-même ; quelques semaines de tracas, d'inquiétude même, du dérangement et de la dépense, voilà tout ce qu'elle aurait tiré de son oncle d'Amérique !

Elle était intéressante pourtant, cette pauvre petite... ; ce n'était pas sa faute, tout cela... ; son sort n'était pas déjà si heureux... Non, Mlle Julie ne regrettait rien : ni l'argent qu'elle avait dépensé pour le médecin et le pharmacien..., ni la robe neuve qu'elle avait fait faire à Lucette pour qu'elle n'arrivât pas comme une mendiante chez ce docteur de Paris... Et, en y pensant, Mlle Julie se rappelait qu'elle possédait bien peu de linge, sa petite-cousine ; et encore avait-elle tant grandi dans sa maladie, que tout cela était trop court et ne pourrait pas lui servir longtemps...

Mlle Morineau avala la dernière gorgée de son chocolat ; elle eût bien été en peine de dire quel goût il avait. Elle choisit une clef dans un volumineux trousseau enfermé dans son secrétaire, et alla ouvrir une grande armoire en vieux chêne à brillantes ferrures, l'armoire au linge de réserve. Il y avait là des nappes de vingt-quatre couverts qui n'avaient pas servi depuis trente ans, et des paires de draps qui ne servaient que tous les trois ans, quand leur tour de roulement était arrivé. Il y avait aussi, sur les différents étages de l'armoire, des étiquettes de l'écriture de Mlle Morineau : « Linge de ma mère... Linge de ma sœur Agathe... Linge de mon petit frère Édouard... » Ceux qui avaient porté ces vêtements étaient morts depuis longtemps, et Mlle Julie avait poussé le culte du souvenir jusqu'à ne vouloir ni porter ni donner ce qui restait d'eux. Les robes, les tricots, les objets de laine avaient péri peu à peu, dévorés par les insectes, en dépit du poivre, du camphre et de la lavande; le linge seul restait.

Mlle Julie approcha de l'armoire un escabeau à plusieurs marches, et monta jusqu'à l'étage qui portait le nom de sa sœur Agathe; elle atteignit un paquet et descendit. Le paquet était bien enveloppé, la poussière n'y avait pas pénétré; les chemises d'Agathe, morte à seize ans, apparurent à peine jaunies. Mlle Julie en déplia une, la mesura du regard : « Cela ira très bien à sa taille, dit-elle; un peu long, mais elle va encore grandir. » Elle fit un lot d'une douzaine de chemises et rempaqueta le reste; puis elle descendit un second paquet, un troisième..., et, quand Voinette vint chercher la tasse vide, elle ne put retenir un cri de surprise à la vue d'un trousseau complet étalé sur le lit.

« Seigneur! mademoiselle, que voulez-vous faire de toutes ces hardes-là? Ce n'est pas leur tour de lessive, elles y ont passé l'an dernier; et ce n'est pas la saison d'avoir du beau linge blanc, d'ailleurs. Et vous avez atteint ces paquets-là vous-même! Si vous étiez tombée, pensez donc ! »

Mlle Morineau haussa les épaules avec un air vainqueur de brebis qui s'émancipe.

« Je ne suis pas encore si vieille, dit-elle. Va-t'en chercher une malle..., la malle grise, elle est encore solide..., et une bonne corde...; ensuite tu diras à Lucette de venir ici avec ses petites affaires.

— Ah! c'est pour cela? Tant mieux; du train dont elle grandit, elle n'aurait bientôt plus eu de quoi s'habiller... Ce sont les affaires de la pauvre Mlle Agathe? Elle est de la famille, elle peut bien les porter! »

Un quart d'heure après, la malle grise, une vénérable malle de forme oblongue, matelassée à l'intérieur et garnie à l'extérieur d'une peau encore revêtue de poils, gisait grande ouverte au milieu de la chambre de Mlle Julie; et Lucette, agenouillée, y rangeait l'héritage de sa cousine Agathe, dont Voinette et sa maîtresse lui racontaient la dernière maladie et la triste fin à l'âge de seize ans.

La malle fermée, on attendit le facteur de la diligence qui devait la corder et l'emporter; puis, une bonne demi-heure plus tôt qu'il n'était utile, Mlle Julie mit son chapeau et fit mettre à Lucette le sien : il ne fallait pas être en retard.

Au moment où elle allait franchir le seuil, Lucette sentit quelque chose de doux et de chaud qui se frottait contre son pied. Elle se baissa et ramassa Marabout, placé là peut-être par Voinette; elle le caressa et appuya ses lèvres sur sa petite tête soyeuse en murmurant : « Adieu! » puis elle le posa doucement par terre, et, quand elle se releva, Mlle Julie vit des larmes briller dans ses yeux.

Elle n'avait pas un cœur de rocher, Mlle Julie, quoiqu'elle n'aimât pas les chats; le chagrin de Lucette lui fit de la peine.

« Voinette te le soignera bien, dit-elle à sa petite-cousine en lui montrant Marabout; tu le retrouveras lorsque tu reviendras. Et, ajouta-t-elle, touchée par l'expression de reconnaissance que prit la physionomie de Lucette, si on te rendait malheureuse là-bas, reviens ici; on n'aura rien dérangé dans ta chambre. »

Elle fut introduite dans un grand vestibule.

CHAPITRE XIII

Arrivée à Paris. — L'appartement du docteur Guibourg, médaille et revers. — Quatre enfants imparfaits. — Un faux Anglais. — Avant de s'endormir.

« Mademoiselle Lucette Mauversé ? dit M⁽ᵐᵉ⁾ Guibourg à une jeune fille en deuil qui sortait de la gare, son bulletin de bagages à la main, et se dirigeait vers un fiacre à galerie.

— Oui, madame ! répondit Lucette en s'arrêtant et en fixant ses grands yeux bleus sur le visage de la dame qui lui parlait.

— Appelez-moi « ma tante », mon enfant ; je suis la femme de votre oncle Guibourg ; oncle à la mode de Bretagne, c'est vrai, mais vu la différence de nos âges le nom de cousine n'irait pas bien. Avez-vous fait un bon voyage ? Vous devez avoir faim : nous vous avons gardé à dîner. J'ai retenu une voiture ; où sont vos bagages ? ».

Lucette répondit poliment et laissa M⁽ᵐᵉ⁾ Guibourg retirer sa malle et la faire charger sur le fiacre, non sans une grimace qui prouvait que la malle de Saint-Clair lui semblait bien antédiluvienne. Lucette ne s'était pas aperçue qu'elle fût ridicule, elle n'avait vu que l'intention de celle qui la lui donnait.

Il faisait nuit. Le fiacre roulait bruyamment sur le pavé. Lucette regardait par la portière; Mme Guibourg regardait Lucette. « Elle est certainement bien jeune, pensait-elle, mais elle est grande pour son âge, cela se trouve bien. On lui fera garder son grand voile de deuil un peu longtemps, et elle aura

l'apparence d'une institutrice ou d'une gouvernante très convenable. » Lucette ne marquait nul étonnement devant les rues de Paris; elle avait tant circulé dans les rues de New-York !

Quoiqu'elle fût bien décidée à trouver tout bien et à s'accommoder de tout, elle ne pouvait s'empêcher d'établir un parallèle entre la cousine de Saint-Clair et la cousine de Paris. Mme Guibourg lui parlait d'une voix très douce, un peu mielleuse même, et lui témoignait beaucoup d'amitié, à laquelle elle ne se sentait point disposée à répondre. Elle n'était pas ingrate pourtant, car en ce moment son cœur volait vers Mlle Julie, qui ne lui avait pas caché que sa présence chez elle lui causait beaucoup de dérangement. Mais, si elle eût formulé son jugement, elle aurait dit que Mlle Julie

l'aimait malgré elle, après avoir fait son possible pour ne pas s'attacher à la pauvre petite-cousine, et que Mme Guibourg ne l'aimait pas du tout, en dépit de la peine qu'elle se donnait pour en avoir l'air.

Le fiacre s'arrêta : le valet vint prendre la malle de Lucette, et la voyageuse fut introduite dans un grand vestibule orné de colonnes en stuc imitant un marbre jaunâtre et meublé de banquettes en velours grenat. Des rideaux de la même couleur tombaient devant la haute fenêtre; il y avait sur les murs des rouleaux japonais et des assiettes de Chine, et un poêle qui s'éteignait répandait encore un reste de chaleur. De là Lucette traversa une vaste salle à manger, puis un salon d'un style sévère, où le portrait en pied du maître de la maison, ayant encore à l'angle de la toile le numéro du Salon auquel il avait figuré, se mirait de loin dans la glace de la cheminée. Il ne s'y trouvait ni lumière, ni feu, et Lucette se sentit glacée.

« Nous nous tenons dans ma chambre le soir, il y fait plus chaud que dans le salon, » lui dit Mᵐᵉ Guibourg, qui remarqua le frisson qui la secouait. Elle observait Lucette, pour voir si l'enfant appréciait le luxe de son mobilier; mais Lucette avait vu mieux que cela chez son grand-père.

Elle fut enfin introduite dans une grande chambre à tentures rouges, où quatre enfants se pressaient autour de la cheminée. Un bon feu de houille et de coke envoyait ses reflets sur leurs visages, et la chambre avec ses rideaux baissés, son grand lit, ses fauteuils Louis XIV et sa lampe à large abat-jour de dentelle sur transparent rose, avait un aspect confortable et hospitalier qui remit un peu le cœur de Lucette. Les quatre enfants se levèrent à son entrée.

« Venez embrasser votre cousine, » leur dit Mᵐᵉ Guibourg; et elle les nomma à mesure qu'ils venaient présenter leur front aux lèvres de Lucette : « Bathilde..., Edmée..., Gaston..., Étienne. Otez votre chapeau, ma chère enfant, vous serez plus à votre aise. Gaston, va dire à la cuisine qu'on serve ta cousine; elle dînera ici, il y fait plus chaud que dans la salle à manger. Bathilde, Edmée, débarrassez le bout de la table et mettez-y le couvert. »

Gaston parut peu soucieux de faire la commission et ne s'ébranla que lorsqu'il eut vu le petit Étienne se précipiter vers la porte. Alors il le rejoignit d'un bond et le repoussa violemment. Mais le petit courut après lui, et on les entendit lutter et se quereller. « C'est à moi que maman l'a dit! — Puisque tu n'y allais pas! — Si, j'y allais! — Non, tu n'y allais pas! — Ça ne fait rien, je ne veux pas que tu y ailles! — Chien du jardinier! clampin, va! — Veux-tu taire ton bec, vilain moutard! »

Mᵐᵉ Guibourg restait debout, l'oreille tendue, dans l'intention sans doute d'aller mettre le holà si les affaires se gâtaient tout à fait. Comme le bruit s'éteignit quand les enfants furent arrivés à la cuisine, elle se retourna tranquillement vers Lucette en disant : « Oh! ces garçons! » Ces trois mots devaient contenir un blâme ; mais sous ce blâme il était facile de démêler une admiration profonde. Cette admiration ne devait pas être du goût de Bathilde et d'Edmée, car elles échangèrent un regard accompagné d'une ombre de haussement d'épaules, qui n'était ni satisfait ni respectueux.

Elles mirent sur le bout de la table, couvert d'une serviette par-dessus son tapis, une assiette, une bouteille, une carafe et un couvert, et presque aussitôt le grand valet apporta la soupière. Lucette n'avait pas faim ; elle avait fait honneur en route au panier de provisions de Mlle Julie, si bien bourré qu'on avait eu toutes les peines du monde à y faire entrer les excellents petits gâteaux que Mme Raimblot lui avait apportés au dernier moment, sortant du four et encore tout chauds. Elle mangea donc peu, et Mme Guibourg se réjouit intérieurement de ce que ce n'était pas un corbeau vorace qu'elle introduisait dans sa famille.

Quand Lucette eut fini, elle se rappela les petits gâteaux et parla de les distribuer à ses petits-cousins. Ce fut une explosion de joie, et toute la troupe se précipita vers l'antichambre où le panier était resté : on l'aurait pillé sans vergogne si Lucette ne s'en était emparée, en disant qu'il valait bien mieux les manger au coin du feu.

Comme elle commençait la distribution, assise sur un tabouret, entourée des quatre enfants accroupis sur le tapis, Mme Guibourg sonna et le valet parut à la porte.

« John, dit-elle, il est temps d'aller chercher monsieur ; ensuite je n'aurai plus besoin de vous. »

A ce nom de John, Lucette tourna vivement la tête : elle se réjouissait déjà à l'idée de pouvoir parler anglais avec le domestique. Ce que c'est que de nous ! autrefois elle recherchait avec empressement l'occasion de parler français, quand elle était en pays anglais... A présent, ce pays et la langue qu'on y parlait faisaient partie de ses chers souvenirs. Mais John ne devait point lui procurer le plaisir qu'elle attendait : il s'appelait simplement Jean et était natif de Plougastel dans le Finistère ; il parlait une langue étrangère, mais cette langue n'était que le bas-breton, et il conservait dans le peu de français qu'il savait un accent qui pouvait à la rigueur passer pour anglais. Avoir un domestique anglais, cela fait bien.

À dix heures sonnantes qu'il était, John s'en allait au cercle chercher monsieur, pour un malade très pressé ou pour un accident qui venait d'arriver; il faisait ainsi tous les deux ou trois jours, en variant les heures, et il ramenait tout bonnement monsieur chez lui, le malade ou l'accident n'étant qu'une manière de poudre aux yeux à l'usage des abonnés du cercle.

Cependant Lucette distribuait ses petits gâteaux, un par un, avec égalité. Cela parut étonner Gaston et Étienne, qui tendirent la main pour avoir double ration. « Attendez que vos sœurs en aient repris, leur dit Lucette. — Oh! des filles! » répliqua Gaston avec dédain; et, se tournant vers sa mère : « Maman, y a-t-il encore des marrons glacés? nous n'avons pas tout mangé hier, et il n'y en a plus assez pour ton *jour*. »

Mme Guibourg alla prendre dans son armoire à glace un sac qui contenait un reste de marrons glacés, et le présenta d'abord à Lucette, qui en prit un. Puis elle en tira deux du sac et les donna à ses deux fils, et enfin elle en partagea un entre ses deux filles. Gaston et Étienne se tournèrent vers Lucette avec un air de triomphe. Bathilde eut un air jaloux et Edmée haussa les épaules. Lucette comprit que dans la famille Guibourg les filles étaient considérées comme ne valant que la moitié des garçons.

« Allons, mes enfants, il faut aller se coucher, dit Mme Guibourg; je vous ai déjà gardés trop tard ce soir, mais c'était en l'honneur de votre cousine. Dépêchons-nous d'apprêter les lits. »

Elle tira d'un cabinet de toilette un petit lit de fer replié et vint l'ouvrir dans sa chambre, pour y coucher le petit Étienne. Ensuite elle retourna dans le cabinet, y étala un autre lit de fer un peu plus grand destiné à Gaston, et sonna la cuisinière Adèle pour qu'elle vînt présider au coucher de ces messieurs.

« Allons maintenant installer Lucette! » dit-elle; et les trois jeunes filles la suivirent.

Lucette avait vu la belle partie de l'appartement, celle où se jouait la comédie mondaine; elle ne s'attendait guère à ce que pouvaient être les coulisses du théâtre. Derrière la belle chambre à coucher régnait un étroit corridor sombre, où donnaient plusieurs portes et un petit escalier. A sa grande surprise, Lucette fut invitée à gravir l'escalier à la suite de Mme Guibourg. Treize marches, pas plus, assez raides à la vérité : on eût dit un escalier de moulin. Il aboutissait à un petit palier où Lucette vit deux portes. Mme Guibourg en ouvrit une.

« Voilà votre chambre, ma chère enfant, lui dit-elle; elle n'est pas grande, mais à Paris on est si petitement logé! Adèle couche à côté de vous; si vous aviez besoin de quelque chose, vous n'auriez qu'à frapper à la cloison. Mes filles sont au-dessous d'Adèle, qui entendrait aussi les garçons, s'ils l'appelaient. Quand nous sortons le soir, mon mari et moi, il faut bien que quelqu'un puisse surveiller les enfants, et Adèle ne peut pas nous attendre, puisqu'elle doit se lever de bonne heure. »

Lucette trouva cela très juste, mais le souvenir de la chambre aux débarras lui revint, comme elle parcourait du regard la petite boîte où Mme Guibourg l'enferma en lui souhaitant une bonne nuit, et elle la regretta. Comme sa chambre était étouffante, même par cette nuit d'hiver ! En se dressant sur la pointe des pieds, elle atteignait le plafond du bout des doigts, et elle comprit qu'on avait taillé deux étages dans la hauteur des belles pièces qu'elle avait vues d'abord : ses cousines logeaient au-dessous d'elle, et elles avaient le double d'espace, puisqu'elles étaient deux. Cela n'en faisait pas de trop ! On n'avait point perdu de terrain, d'ailleurs : des portes à coulisse donnaient accès dans une armoire qui tenait toute la longueur de la chambre, et où l'on trouvait des portemanteaux, des planches pour le linge, d'autres pour les souliers, les chapeaux, et un petit escabeau, servant en même temps de siège, pour atteindre au rang le plus élevé — qui du reste ne l'était guère. Dans un angle de l'armoire, la porte en s'ouvrant laissait voir une planche à charnières qui supportait le pot à eau et la cuvette : en redressant la moitié de cette planche, abaissée lorsque l'armoire était fermée, on obtenait une table suffisante pour la toilette ; des planchettes, des clous, des ficelles étaient disposés de la façon la plus pratique pour recevoir les boîtes, les flacons, les éponges, les serviettes : l'armoire refermée, tout disparaissait. C'était aussi ingénieux que l'agencement d'une cabine de navire.

La chambre était certainement jolie : les tapissiers en avaient tiré le meilleur parti possible. Lucette sut par les enfants — enfants terribles ! — que le tapissier était Mme Guibourg elle-même, aidée de John et d'Adèle ; les deux petites filles avaient aussi travaillé à coudre des lés d'étoffe, et Étienne avait fait les commissions et tenu les clous. On n'avait point mis de rideaux au lit, de peur d'incendie ; il y en avait seulement à la fenêtre, des rideaux d'andrinople garnis d'une petite crête rouge et noire. Le lit, un petit lit de fer très étroit, était habillé d'une housse d'andrinople, et il y avait pour descente de lit une fourrure de chèvre blanche. Deux chaises et une table à tréteaux, en imitation de bambou, recouverte d'un morceau de natte, complétaient l'ameublement de la chambre, où il eût d'ailleurs été difficile de loger autre chose.

Lucette n'avait pas besoin de beaucoup de place pour sa petite personne ; mais elle aurait bien voulu, avant de s'endormir, respirer un peu d'air pur. Elle essaya d'ouvrir la fenêtre ; mais les volets de bois étaient fermés en dedans, avec un tel luxe d'espagnolettes, qu'elle craignit de réveiller toute la maison en les faisant grincer. Que faire ? Attendre qu'Adèle fût remontée et se donner de l'air par la porte... Justement, voici Adèle qui arrive ; elle entre dans sa chambre, elle referme sa porte... Lucette, tout doucement, entr'ouvre la sienne... Hélas, où est-il, l'air pur ? Les odeurs de la cuisine, happées par le corridor et l'escalier comme par un siphon, lui arrivent par chaudes bouffées : elle referme bien vite sa porte.

Elle n'a pas envie de dormir, elle aimerait mieux défaire sa malle ; mais elle n'a dans son joli bougeoir qu'un tout petit bout de bougie ; il faut qu'elle se hâte de se mettre au lit.

« Eh bien, comment est-elle ? demande M. Guibourg à sa femme.

— Si tu étais rentré cinq minutes plus tôt, tu en aurais jugé par toi-même : je viens de la conduire là-haut. D'ailleurs, tu auras tout le temps de la voir. Elle a l'air doux, je crois qu'elle sera docile et que nous pourrons tirer bon parti d'elle.

— Est-ce qu'elle est jolie ?

— Oui ; je crois surtout qu'elle le sera dans quelques années. Dans ce temps-là, il faudra trouver moyen de nous en débarrasser : elle pourrait faire tort à nos filles ! »

Pendant que les deux époux parlaient ainsi d'utiliser l'orpheline et de la rejeter plus tard comme on fait d'une orange dont on a exprimé tout le jus, Lucette, couchée dans le petit lit qu'elle devait à leur charité intéressée, repassait dans son esprit les derniers conseils de son grand-père et priait Dieu de l'aider à les suivre toujours. Et puis, pensant aux amis qu'elle s'était faits à Saint-Clair, elle leur envoyait du fond de son cœur un tendre bonsoir. « Ma bonne cousine..., elle pleurait..., oui, j'en suis sûre... Et Voinette ! et la bonne Mme Raimblot avec ses petits gâteaux... Et les Coinchat, pauvres gens ! et tous leurs amis..., je garderai bien leur parapluie, je l'aime comme si c'était une personne... Je voudrais savoir s'ils ont un chat ci... Mon cher petit Marabout ! se souviendra-t-il de moi ? »

Ce fut en pensant à Marabout que Lucette glissa tout doucement de la veille dans le sommeil.

« Non, Voinette..., c'est la petite. »

CHAPITRE XIV

Lucette à sa cousine Morineau. — Réflexions de Mlle Julie sur le lieutenant de dragons et l'oncle d'Amérique, qui tournent au bénéfice de Marabout.

« Une lettre pour mademoiselle! c'est-il encore d'un héritier ? »

Voinette avait eu de tout temps l'habitude d'appeler « héritiers » tous les parents de l'oncle d'Amérique, à quelque degré qu'ils fussent; et elle leur conservait ce nom, quoiqu'il fût bien établi qu'il n'y avait pas d'héritage.

Mlle Julie Morineau étendit avec empressement la main pour prendre la lettre et affermit ses lunettes sur son nez.

« Non, Voinette..., c'est de la petite.

— Ah! dit Voinette, dont un large sourire épanouit la physionomie. Va-t-elle bien?

— Elle ne le dit pas; j'espère qu'elle ne va pas mal... Elle t'embrasse, Voinette..., et le chat aussi.

— Pauvre Marabout! je vais lui faire la commission. Voudrez-vous lui dire, mademoiselle, quand vous lui écrirez, que Marabout a miaulé après elle toute la journée, et qu'il la cherche encore? Et moi, si je n'étais pas une personne raisonnable, j'en ferais bien autant! »

Voinette se retira en marmottant entre ses dents : « Et vous aussi, vous en feriez bien autant...; est-ce que je ne vois pas que, depuis qu'elle est partie, vous vous ennuyez du matin au soir? C'était gentil, une jeunesse comme ça dans notre vieille maison! »

Mlle Julie avait lu rapidement la lettre de Lucette, rien que pour se rendre un compte approximatif de ce qu'elle contenait. Maintenant elle la recommençait lentement, la dégustant à son aise. Il y avait huit jours que Lucette était partie, et elle n'avait pas encore pu écrire : c'était Mme Guibourg qui avait annoncé son arrivée à Paris.

« Ma chère bonne cousine, disait-elle, je me couche tous les soirs désolée de ne pas vous avoir encore écrit et de penser que vous me prenez pour une ingrate; mais c'est la première fois de la semaine que j'ai un instant de liberté. Il y a bien le soir, quand je monte me coucher; mais on me donne un si petit bout de bougie, que j'en ai juste pour me déshabiller : c'est tous les jours comme cela, et je pense que ma tante Guibourg le fait exprès, car elle parle toujours de sa peur des incendies et du danger de lire dans son lit. Ses filles n'ont pas plus de bougie que moi; il est vrai qu'elles n'ont personne à qui écrire.

« Le lendemain de mon arrivée, je suis allée, dès le matin, trouver ma tante — elle veut que je l'appelle ainsi — et je lui ai dit ce que je lui avais déjà écrit, que je ne voulais pas être à sa charge et que je n'étais venue qu'à condition de gagner ma vie en travaillant chez elle, jusqu'à ce qu'on me laissât travailler au dehors. Elle s'est mise à rire, elle m'a embrassée, elle m'a dit : « Tu es une enfant, et l'enfant de la maison; mais, sois tranquille, on te fera travailler : tout le monde travaille ici. Tu verras que je fais bien des choses par moi-même; à Paris la vie est chère, et, quoique ton oncle soit très occupé, comme il n'est pas toujours payé, je suis obligée de regarder de très près à la dépense. Il faut que j'aille dans le monde pour entretenir des relations utiles à mon mari ; il faut que je m'occupe de l'éducation des enfants : je n'ai pas encore trouvé le temps d'apprendre à lire au plus petit. J'aurais besoin de trois domestiques et je suis obligée de me contenter de deux : tu peux penser que je fais souvent la besogne d'un troisième. Mes filles m'aident un peu, mais elles ont leurs études : on tient beaucoup à ce que les jeunes filles passent des examens, à présent. Toi, tu seras ma fille aînée, mon bras droit, et je te réponds que c'est encore moi qui te devrai de la reconnaissance. »

« Vous pensez bien, ma cousine, que je ne demandais pas mieux que de travailler; je me suis mise à sa disposition tout de suite. J'ai fait ma chambre — Bathilde et Edmée font la leur — et puis je me suis emparée du petit Étienne et j'ai commencé à lui montrer l'alphabet. Il ne s'y prêtait pas beaucoup; mais, comme je lui ai fait reconnaître les *o* et les *a* dans le journal de son papa, il a trouvé cela très drôle et a appris une douzaine de lettres de bonne volonté. Ensuite j'ai aidé ma tante à faire le salon, John étant occupé à conduire la voiture de mon oncle, vu qu'il est à la fois cocher et valet de chambre. Les jours de grand nettoyage, où il frotte le parquet et les meubles et bat les tapis, mon oncle visite ses malades à pied, ou il prend une voiture de place. Adèle est rentrée du marché avec ses paniers pleins, et elle a commencé à préparer le déjeuner. Ma tante alors s'est installée devant une table à ouvrage et a tiré d'une grande corbeille du linge à repriser. Elle m'a donné un torchon pour voir si j'étais habile; mais je ne le suis pas du tout, et elle a été obligée de me donner une leçon. Je tâcherai de bien faire, car elle a grand besoin qu'on l'aide. Là-dessus, Gaston est rentré et elle m'a priée, puisque je savais un peu de latin, de lui expliquer son devoir. Je n'en sais guère de latin, mais c'est encore plus qu'il ne lui en faut; seulement il fait des cocotes au lieu de m'écouter et bâille en se renversant sur le dossier de sa chaise ; j'ai fini par lui faire à peu près son devoir. On a déjeuné; j'ai vu alors mon oncle Guibourg, qui m'a parlé d'une façon très aimable. C'est un grand bel homme, qui a l'air de penser toujours à autre chose qu'à ce qu'il fait : à ses malades, probablement. Après le déjeuner, ma tante m'a emmenée pour l'aider à ranger des piles de linge dans des armoires, pour me faire prendre de l'exercice, m'a-t-elle dit ; et, quand le linge a été rangé, elle m'a priée de donner une leçon d'anglais aux quatre enfants. Gaston est le seul qui l'ait commencé, mais il n'en sait pas plus que les autres.

« Après l'anglais, j'ai fait réciter les leçons de Gaston et celles de ses sœurs, et il est parti pour le collège et nous pour le cours. Étienne venait avec nous pour se promener. Ma tante m'a dit de bien remarquer par quelles rues nous passions, parce qu'elle nous enverrait toutes les trois seules une autre fois. « Les jeunes filles ne sortent pas seules en France, m'a-t-elle dit ; mais les petites Américaines n'ont peur de rien, et je pourrai très bien te les confier. » Au cours, elle m'a donné un cahier et un crayon et m'a recommandé d'écrire tout ce que je pourrais des paroles des professeurs. Elle écrivait, elle aussi, très vite ; si bien qu'en rentrant à la maison nous avons pu retrouver le cours tout entier en réunissant nos deux cahiers. Depuis, je suis retournée au cours toute seule, de sorte qu'il me manquait bien des choses, et j'ai eu un peu de peine à les retrouver : quand on écrit comme cela à toute volée, cela vous empêche de bien entendre. Je commence à m'y faire, et, en n'écrivant que la moitié des mots, j'arrive à ne rien laisser en route. A la maison, je mets tout cela en ordre et mes cousines n'ont plus qu'à recopier. Je ne sais pas si cette manière de travailler les instruit beaucoup, mais elle m'instruit, moi, et je suis bien contente de penser que je pourrai passer mes examens dans dix-huit mois et gagner ma vie après.

« Je ne vous détaillerai pas toutes mes journées, ma bonne cousine, cela vous ennuierait, car c'est toujours la même chose. Je conduis mes cousines aux cours, à la leçon de piano, à la gymnastique, je leur donne des leçons d'anglais, je leur fais faire leurs devoirs et étudier leur piano ; j'apprends à lire à Étienne ; je fais aussi travailler Gaston et j'aide ma tante dans la maison ; vous voyez que je ne perds pas mon temps. Je commence à faire un peu mieux les reprises, et, comme ma tante a découvert que je savais mieux coudre que raccommoder, elle

« Elle m'a recommandé d'écrire. »

m'emploie à faire des chemises neuves à Étienne. J'y travaille surtout le soir, après dîner, dans la chambre de ma tante, où nous passons la soirée. On couche Étienne à huit heures et Gaston à neuf, ainsi que ses sœurs; après qu'ils sont tous partis, ma tante s'habille quand elle doit sortir, et je l'aide. Elle dit que je m'en tire mieux qu'Adèle, qui est un peu brusque pour faire une bonne femme de chambre. Quand elle ne sort pas, elle travaille et je reste avec elle; je ne suis pas pressée d'aller me coucher, et elle a toujours beaucoup d'ouvrage.

« Voilà ma vie, ma chère cousine; vous ne m'en voudrez donc pas si je ne vous écris pas très souvent, et vous n'irez pas vous imaginer que votre petite Lucette est une ingrate qui vous a oubliée dès qu'elle a eu tourné les talons. Je pense à vous toute la journée, et je ne m'endors pas sans vous envoyer de tout mon cœur le baiser que j'aimais tant à vous donner. Jamais je n'oublierai votre bonté. Je vois à présent que la vie n'est pas aussi simple en France qu'en Amérique, qu'on ne peut pas travailler comme on veut et qu'on y a beaucoup plus de peine à gagner sa vie; et je comprends toute la reconnaissance que je vous dois pour avoir accueilli la pauvre orpheline. Que Dieu vous le rende, ma bonne cousine; moi, ce que je désire le plus au monde, c'est de pouvoir un jour faire quelque chose pour vous. Maintenant je ne peux que vous aimer, et soyez sûre que je vous aime bien.

« Permettez-moi, ma bonne cousine, de vous embrasser comme je vous aime, tendrement et respectueusement, et croyez à la reconnaissance de votre pauvre petite Lucette.

« P.-S. — Voulez-vous avoir la bonté de dire à Voinette que je la remercie encore de tous ses soins, et que je l'embrasse et la prie de caresser Marabout pour moi? »

Mlle Julie retira ses lunettes, les essuya et les remit dans leur étui, et elle resta immobile, les deux mains allongées sur ses genoux. Cette lettre ne la satisfaisait pas entièrement. Sans doute ces Guibourg donnaient à la petite le vivre et le couvert, et même la tante avait l'air de la traiter maternellement... Lucette ne se plaignait pas... N'importe, Mlle Julie ne trouvait pas dans sa lettre un vrai contentement. Comme la tante Guibourg la faisait travailler! c'était peut-être la petite qui le voulait, qui en faisait plus qu'on ne lui en demandait..., et Mlle Julie, évoquant l'image de l'orpheline, la revit voltigeant de la cave au grenier, aidant Voinette, inventant des travaux pour le plaisir de les accomplir, toujours alerte et gaie, et reprenant ses occupations dès sa convalescence... Quel rayon de soleil elle mettait dans la vieille maison! Maintenant c'était fini..., la vie redevenait ce qu'elle était depuis vingt ans..., et Mlle Julie ne pouvait s'empêcher de s'avouer que c'était une vie terriblement monotone. Tous les jours semblables! sans un intérêt, sans une affection qui lui fît désirer de voir le lendemain! Elle s'était félicitée bien des fois de n'avoir pas les inquiétudes et les tracas des dames de sa connaissance : de Mme Raimblot en proie à trois garçons turbulents, qui ne passaient guère de congé sans avoir besoin d'arnica ou de taffetas d'Angleterre; de Mme Chandois, toujours occupée près de ses petits-enfants à soigner quelque rougeole ou quelque coqueluche; de telle autre qui tremblait toujours pour la santé de son mari..., et maintenant elle les enviait, elles n'étaient pas seules!

Toujours songeant, Mlle Julie se mit à remonter dans le passé et à s'apitoyer sur son sort. Pourquoi était-elle seule? pourquoi ne lui était-il resté, de ce qu'elle avait aimé, que des portraits pâlis par le temps? Pourquoi n'avait-elle pas eu sa part de bonheur? Bien d'autres avaient perdu père et mère, frères et sœurs, qui avaient vu une jeune famille grandir autour d'elles et combler les vides de leur foyer et de leur cœur; elle... Ah! le lieutenant de dragons! fallait-il qu'elle n'eût pas de dot!

Le lieutenant de dragons! c'était le nœud de la destinée de Mlle Julie Morineau. Elle était jeune et jolie, il y avait une trentaine d'années, et elle avait beaucoup dansé un hiver avec un jeune lieutenant de dragons — Saint-Clair possédait des dragons à cette époque-là. — A la fin du carnaval le jeune homme était tombé malade et avait naturellement appelé comme médecin le père de Mlle Morineau; naturellement aussi le malade, une fois guéri, était venu remercier son médecin. Puis il était revenu en visite, et il avait fini par prétendre ouvertement à la main de Mlle Julie ; mais là se présentait une grosse difficulté. Le médecin n'était point riche et ne pouvait donner à sa fille la dot exigée pour épouser un officier ; il offrait de lui payer une rente tant qu'il vivrait, mais le règlement ne se contentait pas de cela ; le jeune homme, sans fortune lui-même, ne pouvait doter sa fiancée : le mariage ne se fit donc point.

Dans ce temps-là, on espérait encore beaucoup retrouver l'oncle d'Amérique. Une première fois il avait disparu pendant des années, et il avait fini par donner de ses nouvelles ; il aimait toujours les siens et il était en train de faire fortune. On croyait donc pouvoir compter sur lui pour doter Julie, et il fut convenu que le lieutenant, qui quittait Saint-Clair, tiendrait la famille au courant de ses futures résidences, pour qu'on lui écrivît dès qu'on aurait de nouveau retrouvé l'oncle.

Pendant dix ans, il envoya au docteur Morineau, au 1er janvier, sa carte avec son adresse ; puis on n'entendit plus parler de lui. Julie n'était plus bien jolie ni bien jeune ; elle avait refusé plusieurs partis sortables, et ceux qui se présentaient à présent n'avaient rien d'engageant. Elle ne se maria donc pas ; mais elle eut le tort de n'en pas prendre son parti. Elle tint son cœur fermé comme une boîte dont on a perdu la clef, et dédaigna tous les bonheurs qui se trouvaient à portée de sa main. Elle vécut de ses regrets, qui devinrent peu à peu une habitude, et il y avait longtemps qu'elle n'en souffrait plus, qu'elle se plaisait encore à raconter à ses amies l'histoire de son mariage manqué. Elle la terminait toujours par cette phrase suivie d'un long soupir : « Ah ! si mon oncle d'Amérique était revenu ! »

Eh bien, aujourd'hui, elle avait beau évoquer les mêmes souvenirs, elle ne réussissait pas à s'émouvoir sur ce fantôme de bonheur. Elle entendait une voix qui s'élevait du fond de sa conscience et qui lui disait : « Tu t'es trompée ! tu t'es fait du bonheur une idée à toi, et tu t'es, comme à plaisir, gâté la vie ! Tu vieillis seule, à qui la faute ? Tu n'avais qu'à étendre la main pour trouver des êtres à qui t'attacher : aimer, cela remplit la vie ! Te voilà vieille et tu es seule : pas d'enfants à ton foyer, pas de chers soucis d'avenir, pas d'espérance ! Mais cette orpheline, aussi isolée dans le monde que toi, cette enfant si douce et si courageuse, ne pouvait-elle te remplacer tout ce qui t'a manqué? Elle a passé à peine deux mois dans ta maison, et sa présence a suffi pour réchauffer les cendres de ton cœur : tu ne peux t'empêcher de penser à elle, à sa grâce, à la musique de sa douce voix, à la tristesse qui la rendait si touchante et aux éclairs de gaieté qui la rendaient si charmante. Si tu l'avais voulu, tu aurais eu en elle une amie, une fille, une compagne et un secours pour ta vieillesse; elle ne demandait qu'à t'aimer! Tu as tenu l'oiseau dans ta main et tu l'as laissé envoler... »

« Seigneur, mademoiselle, que faites-vous ainsi toute seule au noir? J'ai cru que vous dormiez et je n'osais pas entrer; mais vous venez de tousser, et je vous apporte votre lampe. »

Voinette, en parlant ainsi, posa la lampe sur la table et se dirigea vers la fenêtre pour en fermer les volets. En se retournant, elle aperçut à ses pieds une petite boule de fourrure blanche : Marabout l'avait suivie.

« Veux-tu t'en aller, toi! lui dit-elle en le repoussant; tu sais bien que mademoiselle n'aime pas les bêtes. »

Apparemment que Marabout ne le savait pas, car ce fut précisément près de mademoiselle qu'il vint chercher un asile.

Voinette demeura bouche béante quand elle vit sa maîtresse se baisser, étendre la main vers le petit chat et le prendre sur ses genoux.

« Laissez-le, dit Mlle Julie à la servante, qui voulait emporter Marabout; Lucette m'a chargée de le caresser de sa part. »

Elle trouva des guides.

CHAPITRE XV

Où Voinette continue à triompher et où Marabout monte en grade. — Étonnante histoire de voleur. — Une famille qui manque de sabots.

Voinette, qui n'avait jamais eu de chagrin à propos d'un mariage manqué, était d'un caractère éminemment sociable. Elle était au mieux avec la laitière, avec la porteuse de pain, avec la petite mercière du coin, qui l'avait même priée d'être la marraine d'un de ses enfants, et elle se tenait au courant de tous les petits événements de la ville, se réjouissant du bien qui arrivait aux gens et s'apitoyant sur leurs mauvaises chances. Elle ne se serait pas permis de blâmer sa maîtresse; tout ce que mademoiselle faisait était bien fait; mais elle avait toujours regretté que mademoiselle n'aimât pas les animaux. Il aurait été si facile d'établir dans le jardin une niche à lapins ou un poulailler! Mais mademoiselle ne voulait pas en entendre parler; il n'y avait rien à faire contre la volonté de mademoiselle. On peut juger si elle fut contente de garder Marabout dans la maison, après le départ de Lucette. C'était si gentil de le voir jouer, sauter, courir comme un petit fou après une bobine vide, donner de petits coups de patte dans une boule de papier suspendue au bout d'un fil! Voinette était honteuse de jouir toute seule, comme une égoïste, de ces plaisirs-là. Quel dommage que mademoiselle n'aimât pas les bêtes!

Elle triomphait, lorsqu'elle revint à sa cuisine, laissant Marabout sur les genoux de M{\ll}e Morineau. Il lui manquait bien un peu et elle regardait à ses pieds par habitude, pour ne pas l'écraser en marchant; mais il était avec mademoiselle! C'est ça qui ferait plaisir à M{\ll}e Lucette, si elle pouvait le savoir!

Elle ne laissa pourtant pas au petit chat le temps d'ennuyer sa maîtresse, et elle vint au bout d'une demi-heure voir comment il se comportait.

Marabout n'était plus sur les genoux de M{\ll}e Julie; Marabout était par terre et s'y livrait à une valse effrénée, tournant sur lui-même avec une grande rapidité pour attraper sa queue. M{\ll}e Julie avait mis ses lunettes pour le regarder, et elle riait.

« La drôle de petite bête! dit-elle à Voinette. Il est d'une adresse! il va d'un vite! Tout à l'heure il se brossait la tête en se passant la patte par-dessus l'oreille, c'était vraiment amusant. »

Voinette aurait pu dire à sa maîtresse que tous les chats en faisaient autant; mais elle aima mieux lui laisser croire que Marabout était un chat exceptionnel. Elle se retira et ne revint plus que pour mettre le couvert sur la petite table et apporter le dîner de mademoiselle, et elle emmena Marabout de peur qu'il ne devînt indiscret.

Mais Marabout avait des instincts aristocratiques: la chambre bien close, le bon feu, la robe de laine de M{\ll}e Julie lui plaisaient mieux que la cuisine carrelée et le tablier de toile de Voinette. Il retourna donc bien vite à la chambre de M{\ll}e Julie, et Voinette, lorsqu'elle revint enlever la soupière, le trouva miaulant à la porte.

« Petit entêté, veux-tu bien venir à la cuisine! lui dit-elle en le repoussant.

— Il paraît qu'il aime mieux être ici, répondit Mlle Julie, flattée de la préférence de Marabout.

— Il faut pourtant bien que je l'emmène. Allons, Marabout, viens dîner !

— Qu'est-ce que tu lui donnes ?

— Oh ! il n'est pas difficile, je ne le gâte pas ; je ne vais pas lui faire un dîner à part. Quand on nous l'a apporté, il ne faisait encore que boire du lait ; à présent, il mange de tout : de la soupe, de la viande, du poisson, du pain trempé ou même du pain sec. Il mange très proprement, je l'ai bien élevé.

— Viens ici, minet, » dit Mlle Julie en mettant une cuillerée de soupe dans son assiette. Elle posa l'assiette par terre, devant la cheminée, et Marabout accourut en dressant sa queue, dont un petit frémissement de plaisir secouait l'extrémité touffue.

« Que c'est drôle, cette petite langue rose qui va si vite ! dit Mlle Julie. Là, il a fini. Apporte le reste du dîner, Voinette. »

Marabout et Mlle Morineau achevaient leur dessert, une crème à la vanille dont Marabout se léchait les babines, lorsqu'un coup de sonnette se fit entendre, puis une voix d'homme parla à Voinette, et Voinette vint trouver sa maîtresse.

« Mademoiselle, c'est Coinchat, vous savez, le père du petit Jeannot, qui sonne en revenant de sa journée pour demander si on a des nouvelles de Mlle Lucette.

— Dis-lui qu'elle va bien..., que je le remercie... Lucette souhaite le bonjour à tous ses amis. Tout le monde va bien chez lui ?

— Pas trop ; le troisième garçon s'est enrhumé parce que ses souliers prenaient l'eau, et Reine a de la peine à le faire rester tranquille. On le garde à la maison jusqu'à la paye de samedi.

— Pourquoi la paye de samedi ? demanda Mlle Julie.

— Parce qu'on lui achètera des sabots ; on ne peut plus raccommoder ses souliers. »

Mlle Morineau resta pensive. Elle n'était pas avare et donnait de sa bourse pour les petits Français, comme s'ils eussent été de petits Chinois ; mais jamais cette vision d'un enfant condamné à garder la maison faute de chaussures ne s'était présentée à son esprit. Elle en fut émue.

« Voinette, dit-elle, dis de ma part à Coinchat qu'il aille prendre des sabots dès demain chez... Est-ce que le père Garenfoin en fait toujours ?

— Oui, mademoiselle, et c'est même bien drôle. Il paraît qu'il a touché son argent du billet de loterie, mais qu'on le lui a volé tout de suite ; il y a comme ça des gens embusqués autour des maisons où on touche de l'argent, pour voler les personnes qui ne se défient pas. Et le père Garenfoin est revenu en se lamentant, et il a recommencé comme par le passé à faire des sabots.

— Et on n'a pas arrêté le voleur ?

— Pas encore, et ça ne sera pas facile, puisque le père Garenfoin ne le connaît pas. Après ça, la police est si maligne !

— Espérons qu'on le trouvera et qu'on lui rendra son argent. Pour le moment, que Coinchat lui prenne des sabots pour son garçon, je les payerai..., et j'irai voir si ses autres enfants n'en ont pas besoin aussi. »

Jean Coinchat se confondit en remerciements, et Mlle Julie passa une bonne soirée à se représenter toute la famille Coinchat chaussée de sabots neufs et bravant les rhumes.

Le lendemain Mlle Julie, chaudement enveloppée dans un de ces grands châles dont les dames d'aujourd'hui font des portières et drapent des pianos, se dirigea vers la place du Pain-Perdu. Elle n'y était pas encore retournée seule, ne s'imaginant pas qu'elle pût avoir quelque chose à y faire ; mais elle y était connue, car, aussitôt qu'elle y pénétra, elle entendit murmurer de tous les côtés, comme un bruissement de vent dans les branches : « La dame..., la cousine de la bonne demoiselle..., » et des têtes curieuses se montrèrent aux fenêtres et aux portes. Dans la maison qu'habitaient les Coinchat, elle fut même saluée, en montant l'escalier, par plusieurs « Bonjour, mademoiselle Morineau ! » sur des tons aigus de voix enfantines. Elle ne se rappelait plus bien l'étage ni la porte des Coinchat; mais elle trouva des guides et arriva au fond d'un corridor qui lui parut très sombre, et où donnaient les portes de plusieurs logements d'ouvriers.

« Toc, toc. » Elle frappa de la poignée de son parapluie. « Entrez! » dit une voix d'enfant; et, comme Mlle Julie n'entrait point, ne pouvant pas réussir à trouver le loquet, Reine vint lui ouvrir et devint rouge comme une cerise en la voyant.

« Oh! mademoiselle Morineau! Maman doit aller vous remercier avec Jules, quand elle reviendra de son ouvrage. Il est si content d'avoir des sabots neufs et de retourner à l'école! Donnez-vous la peine d'entrer, s'il vous plaît... Oh! vous pouvez vous asseoir; la chaise n'est pas belle, mais elle est propre. »

Ce disant, Reine présenta à Mlle Julie une chaise de paille nouvellement rempaillée et tenue soigneusement à l'abri des petites mains : c'était la chaise de cérémonie, celle qu'on offrait aux visiteurs de conséquence. Mlle Julie s'assit en ramassant ses jupes autour d'elle, pour ne pas les laisser traîner sur le carreau. Il était aussi propre qu'il pouvait l'être, ce carreau; mais il était bien vieux, fendillé et creusé par places, où la poussière s'était incrustée, se changeant en terre lorsqu'on lavait; et puis les enfants sortaient et rentraient sans cesse avec les pieds crottés, et Reine avait beau s'armer du balai, elle n'obtenait jamais qu'une propreté relative.

Mlle Morineau regardait autour d'elle. J'ai dit qu'elle donnait à toutes les quêtes; elle ne refusait pas non plus, une fois par semaine, l'aumône d'un sou ou d'un morceau de pain aux mendiants qui venaient sonner à sa porte. Mais elle n'entrait jamais chez les pauvres, craignant les mauvaises odeurs, la malpropreté, les maladies qu'elle aurait pu en rapporter, et le logement des Coinchat lui paraissait aussi étrange qu'une hutte d'Algonquins ou de Lapons. La chambre était grande pourtant, et éclairée par une grande fenêtre dont les vitres étaient propres. Mais ces vitres étaient les unes vertes, les autres bleues ou ternes, ou fêlées; il y en avait même une dont les morceaux ne tenaient ensemble que par la vertu de quatre bandes de papier collées sur les fentes. Il y avait dans la chambre quatre lits et un berceau d'osier, où dormait le dernier né de la famille. Le grand lit des parents avait encore assez bonne mine avec ses rideaux et sa courte pointe en cotonnade à carreaux rouges et blancs ; mais les deux frères aînés couchaient dans un vieux lit de bois tout dépeint, acheté d'occasion quelque part, et pourvu d'une maigre couverture criblée de reprises, et les deux garçons suivants possédaient chacun une couchette confectionnée par le père, à ses moments perdus, avec de vieilles caisses d'emballage sur lesquelles il avait tendu des sangles. Avec un sac de balle d'avoine en guise de lit de plume et de matelas, cela faisait de très bons lits. Reine et sa petite sœur couchaient dans la cuisine. Sur une vieille commode, on voyait des boîtes où la mère de famille serrait son fil et ses aiguilles ; sur la cheminée, des gourdes desséchées, un petit saint Jean en cire avec des cheveux de soie jaune et une peau de mouton pour vêtement, et deux vases de porcelaine dorée contenant des fleurs artificielles bien époussetées, mais très offensées par les mouches. Sur les murs on avait collé des images coloriées, les unes de sainteté, les autres représentant *le Parrain, la Marraine, le Marié, la Mariée*, et des sujets militaires. Quelques pauvres joujoux traînaient par terre ; la plus petite fille s'amusait avec une poupée de chiffons, et Jeannot chargeait son petit chariot. Reine, le poupon assis sur son bras gauche, surveillait la soupe, car en hiver la cuisine se faisait dans la chambre pour épargner le feu : un petit poêle rond, en fonte, suffisait à chauffer la famille et à faire bouillir la marmite.

« Les garçons sont à l'école, dit Reine. Jules était si content, mademoiselle ! Les autres apprennent assez bien ; mais lui, il étudie pour son plaisir et il a toujours le nez fourré dans ses livres. Il était désolé de manquer l'école, le pauvre Jules !... Clarisse, joue avec ta poupée ; ne t'approche pas de la dame... Jeannot, reste là ; tu sais que tu ne dois pas aller tout seul sur la place... Oh ! chut, chut, mon bijou ; tu l'auras, ta bonne sou-soupe... Voulez-vous me permettre de le faire manger, mademoiselle ? Il a faim et il ne connaît pas encore la politesse ! »

Reine surveillait la soupe.

Elle riait, montrant deux rangées de petites dents blanches, et c'était charmant de voir cette fillette faisant la mère de famille auprès des petits, les surveillant, les grondant doucement, jouant avec eux, mettant le poêlon sur le feu, ajoutant un peu de lait dans la panade et s'asseyant avec le gros joufflu sur ses genoux. Elle appela Clarisse et lui donna le poêlon à tenir; elle prit une cuillerée de soupe, souffla dessus, goûta pour savoir si ce n'était pas trop chaud, et la fit manger au petit qui ouvrait d'avance la bouche en agitant impatiemment ses jambes et ses bras. Puis Jeannot quitta son joujou pour venir réclamer sa part, et Reine, gravement, donna la becquée tantôt à l'un, tantôt à l'autre. Mlle Julie était émue; cette grande fille si alerte et si douce lui rappelait Lucette.

« Et vous, et votre sœur, vous ne mangez pas? lui dit-elle.
— Oh! nous avons du pain; la soupe, c'est pour les petits.
— Et les garçons qui sont à l'école?
— Ils ont emporté leur morceau de pain.
— Du pain sec?
— Oh oui! maman ne peut rien leur donner avec. Il y a une bonne fruitière qui leur donne quelquefois des noix ou des pommes pour manger avec leur pain, et ils nous en gardent. L'an dernier, à Noël, Mme Rabotiez, la femme du patron de papa, nous a envoyé un grand pot de raisiné. Nous en avons eu pour tout l'hiver; les petits étaient contents! »

Le poêlon était vide. « A dodo, maintenant, » dit Reine; et elle coucha son petit frère dans le berceau d'osier, le couvrant et le bordant doucement avec des soins et des caresses de petite mère. Elle ferma ses rideaux et dit mystérieusement à Mlle Julie:

« Il va dormir tout à l'heure et je pourrai repasser le linge que maman a lavé. Quand il est réveillé, on ne peut rien faire, il veut toujours être sur les bras.
— Il ne marche pas encore? demanda Mlle Julie.
— C'est vrai qu'il serait bien assez grand pour marcher, dit Reine avec orgueil; il n'a que dix mois, mais on lui en donnerait bien quatorze à le voir. Seulement nous ne le pressons pas, parce qu'il lui faudrait des sabots...; maman lui fait des chaus-

sons, mais il ne pourrait pas marcher avec cela... Ça coûte très cher, les sabots !

— Et ce sont des sabots que vous portez, vous? dit Mlle Julie en regardant les pieds de Reine.

— Oh ! j'en ai pour sortir et les enfants aussi, et Jeannot a ses galoches du jour où il est tombé dans la rivière. Mais il y a des dames qui nous donnent de vieux souliers; papa les raccommode, et ça nous sert dans la maison... Dernièrement Jules a été obligé de mettre les siens pour aller à l'école, parce que ses sabots étaient usés; c'est alors qu'il a pris ce rhume.

— Et les autres, ont-ils besoin de sabots neufs?

— Clarisse en aurait bien besoin...; mais c'est la mère à qui il en faudrait! Les siens sont troués, l'eau entre dedans, et la neige !

— Et vous? »

Reine secoua vivement la tête et elle allait affirmer que « la mère » en avait bien plus besoin qu'elle, lorsque la petite Clarisse, sans mot dire, alla chercher ses sabots et les présenta à Mlle Julie. Il n'était pas nécessaire de les regarder longtemps pour voir qu'ils avaient besoin de remplaçants.

« Reine, mon enfant, vous êtes une bonne fille et j'écrirai cela à Lucette. Je vais passer chez le père Garenfoin et lui commander des sabots pour toute votre famille; vous n'aurez qu'à lui donner vos mesures. »

Et Mlle Julie descendit l'escalier, escortée par les remerciements et les bénédictions de tout ce qu'il y avait de Coinchat à la maison à ce moment-là.

Mlle Julie se présenta.

CHAPITRE XVI

Où l'on pénètre dans l'intérieur des vieux Carcufoin. — Mme Chandois juge d'instruction. — Où Mlle Morineau commence à s'apercevoir que « l'homme n'est pas fait pour vivre seul » — ni la femme non plus.

La maison du sabotier était sur la limite de la ville et de la campagne; bonne situation pour le commerce, car les paysannes entrant en ville avaient tout de suite l'œil attiré par les jolis sabots qui s'étalaient devant la fenêtre. La maison n'avait qu'un étage avec le pignon sur la rue, et un œil-de-bœuf placé haut sous le toit pour éclairer le grenier. Au rez-de-chaussée, il y avait une porte coupée en deux à hauteur d'appui, pour qu'on pût causer avec les voisins sans l'ouvrir tout entière : ce qui aurait laissé trop de liberté aux poules, chiens, chats et autres animaux, soit du dedans, soit du dehors. Il y avait aussi une fenêtre, plus large que haute, avec une quantité de petites vitres, et, derrière ces vitres, une espèce d'échelle de la largeur de la fenêtre, aux barreaux de laquelle les sabots terminés étaient tous accrochés par le talon. En été, on mettait l'étalage au dehors, et l'on peut dire que c'était un joli étalage. Des sabots garnis de leurs brides, unies ou découpées, percées de dessins à jour sur une bande de drap rouge ou bleu ; vernis ou peints en noir, avec des moulures pour les élégantes, et de tout petits sabots d'enfants peints en blanc, avec les brides blanches ou bleues, qui faisaient l'envie des jeunes mères. A l'intérieur de la chambre, partout des sabots en voie d'exécution ; des blocs de bois, des amas de copeaux, et, dans le rayon de jour qui venait de la porte, le père Garenfoin, en gilet de laine à manches, son bonnet de laine bleue sur la tête, maniant la plane et la gouge, et près de lui la mère Garenfoin, ses lunettes sur le nez, préparant les brides, les ajustant, donnant une couche de peinture aux sabots, ou rétablissant l'ordre de son étalage bouleversé par la gymnastique de son chat.

Ils étaient là tous les deux, les vieux Garenfoin, lorsque Mlle Julie se présenta à leur porte. Elle les connaissait, quoiqu'elle ne fût jamais venue chez eux. A Saint-Clair, comme dans beaucoup d'autres petites villes, les dames possédaient toujours une paire de sabots pour faire un tour de jardin sans mouiller leurs pantoufles, et de tout temps Mlle Julie avait vu le père Garenfoin apporter rue du Vieux-Pont les produits de son art.

La mère Garenfoin se hâta donc d'ouvrir sa porte, de faire un passage à travers le tas de copeaux et de présenter une chaise à Mlle Morineau, entre la fenêtre et la cheminée : un petit coin bien abrité, où l'on ne recevait point de courants d'air.

« Père Garenfoin, dit Mlle Morineau, Coinchat est-il venu vous prendre des sabots pour son garçon ?

— C'est-il point vrai que vous voulez les payer ? demanda le vieux sabotier avec plus d'empressement que de politesse.

— Si, c'est bien vrai, ne vous inquiétez pas. Je viens pour cela et aussi pour vous dire de chausser tous les Coinchat, le père, la mère et les enfants, et de porter les sabots à mon compte. Ce sont de braves gens, n'est-ce pas, ces Coinchat, et pas bien riches ?

— Oh ! pour sûr, qu'ils ne sont pas riches ! avec tant d'enfants !... Après tout, ça vaut encore mieux : on peut en perdre, il vous en reste toujours... Oui, ça vaut mieux que de perdre son fils unique au moment où l'on commençait à se reposer sur lui, et de rester deux vieux tout seuls, obligés de travailler jusqu'à la fin des fins...

— Mais votre billet de loterie? C'est donc vrai, ce qu'on a dit, qu'on vous a volé votre argent? »

Le père Garenfoin échangea par derrière Mlle Morineau un clignement d'yeux avec sa femme. Celle-ci poussa un grand soupir et se mit à geindre tristement, pendant qu'il répondait d'un ton lamentable :

« Hélas! ma bonne demoiselle Morineau, on dit bien des choses qui ne sont point vraies, dans ce monde; mais, cette fois-ci, c'est la vraie vérité! Oui, j'ai été chez le banquier avec mon billet, et il a pris mon billet qui était bien le bon, et il m'a donné une telle quantité de billets de banque que je regrettais de n'avoir pas emmené ma femme avec moi pour m'aider à les compter. V'là qu'en sortant de chez lui, où j'avais vu beaucoup de gens qui avaient entendu mon affaire, je reçois tout d'un coup une poussée : je me retourne, je vois un grand gars qui venait de me donner un énorme coup de poing dans le dos et qui se sauvait tout courbé, quasiment à quatre pattes. Moi, je l'appelle malhonnête, brutal, comme de juste; il se relève et court encore plus vite, et, quand j'ai cherché mes billets, plus rien : le drôle me les avait volés !

— Scélérat! brigand! sans cœur! cria la mère Garenfoin d'une voix gémissante. Dépouiller deux pauvres vieux qui n'ont bientôt plus la force de travailler !

— Mais où les aviez-vous donc mis, vos billets? demanda Mlle Morineau.

— Dans mon mouchoir, ma bonne demoiselle, un mouchoir à carreaux rouges et jaunes.

— Et tout neuf, encore ! le gueux l'a pris avec l'argent !

— Faut-il que nous ayons du malheur! Envoyez-nous de l'ouvrage, s'il vous plaît, vous et toutes les bonnes âmes charitables de votre connaissance. Il y a des méchants qui disent que nous sommes riches et qu'il ne faut plus nous faire travailler : si on les écoute, nous serons bientôt sur la paille.

— L'avez-vous fait arrêter, le voleur?

— Arrêter, ma bonne demoiselle Morineau! Puisque je vous dis qu'il courait comme un dératé.

— Mais on porte plainte et la justice met les gendarmes après lui. Si l'on peut le rattraper avant qu'il ait mangé tout votre argent, est-ce que vous n'en serez pas bien aises?

— Ah! si, bien sûr; mais ça n'est pas possible.

— Je vais en parler à M. Chandois; il connaît beaucoup de monde, il pourra vous être utile.

— Non, non, ça n'est pas la peine, » dit vivement le père Garenfoin. Sur un signe de sa femme, il reprit plus posément, d'un ton résigné : « Je veux dire : ce n'est pas la peine, pour le petit peu de temps qui nous reste à vivre, de nous jeter dans des embarras... Nous sommes d'honnêtes gens, nous n'avons jamais eu affaire avec la justice, nous! Ça ira bien comme ça, pourvu que je continue à vendre des sabots! »

Mlle Julie eut beau les prêcher, leur expliquer qu'il n'y avait rien de déshonorant à avoir affaire à la justice quand c'était pour se faire rendre son bien, elle ne put rien en tirer que : « Ça n'est pas la peine, pour le temps qui nous reste à vivre, » ou bien encore : « Je n'ai jamais vu les gendarmes chez moi et je ne veux pas les y voir. »

Mlle Morineau s'en retourna chez elle en se demandant si ces gens-là n'étaient pas fous. Après tout, c'était leur affaire : s'il leur plaisait d'être volés! Pourtant elle se sentait ce jour-là plus portée qu'elle ne l'avait jamais été à se mêler des affaires d'autrui : n'avait-on pas tort de laisser s'accomplir un vol sans tâcher de rattraper le voleur et de rendre au volé ce qui lui avait été pris? Elle s'en alla demander là-dessus l'avis de M. Chandois.

M. Chandois était un brave homme assez pacifique de sa nature, qui vivait de ses rentes et cultivait son jardin. Il était greffier de la justice de paix pour s'occuper, et parce que ce titre officiel lui donnait de l'importance, ce à quoi Mme Chandois tenait beaucoup.

L'affaire des Garenfoin le surprit un peu; mais il n'aurait

jamais songé à s'en mêler, si Mme Chandois n'était intervenue. Comment, lui, un homme d'honneur et de conscience, un magistrat! il pouvait songer à laisser le crime impuni, quand il n'avait qu'à étendre la main pour avertir la justice! Un mot de lui à M. le substitut du chef-lieu, à côté de qui il s'était trouvé dernièrement à un repas de corps, suffirait pour mettre les gendarmes en campagne; le criminel serait arrêté, mis sous les verrous, confronté avec le volé, jugé, condamné..., et, pendant qu'il serait en prison, les honnêtes gens pourraient au moins dormir tranquilles. Il fallait que M. Chandois écrivît sur-le-champ : c'était un devoir. Et elle allait de ce pas interroger les Garenfoin pour tâcher d'ajouter quelque chose à leur précédente déposition.

Elle y alla, et le père Garenfoin lui récita la même histoire. Il ne varia que sur la couleur du mouchoir, un beau mouchoir rouge et bleu...

« Rouge et jaune, vous avez dit rouge et jaune! répliqua Mme Gandois.

— Oui, rouge et jaune; seulement il y avait des raies bleues dans le rouge, même que ça faisait comme violet... et vert aussi. Mais il était tout neuf : c'était un mouchoir à notre pauvre défunt garçon, et il achetait toujours du beau; il aimait à faire le faraud, allez!

— Enfin, vous le reconnaîtriez si on vous le représentait? reprit Mme Chandois d'un ton de juge d'instruction.

— Le mouchoir! dit le père Garenfoin avec un air naïf. Bien sûr que je le reconnaîtrais, puisqu'il y a encore les pareils dans les hardes de défunt mon pauvre garçon. Après tout, ça pourrait bien encore n'être pas le même; il y a plus d'un âne à la foire qui s'appelle Martin. »

Cette manière de dire qu'il y a en ce monde beaucoup de mouchoirs qui se ressemblent frappa Mme Chandois par sa justesse : on ne condamnerait pas un homme là-dessus.

« Mais le voleur, reprit-elle, vous le reconnaîtriez, au moins?

— P't'être bien que oui, p't'être bien que non, ma bonne dame; il ne m'a point montré sa figure pour que je le dévisage, vous comprenez! J'ai bien vu son dos et sa blouse en toile bleue, toute luisante neuve, et son chapeau...; je ne sais seulement plus comment il était, son chapeau! Sa voix non plus, je ne la reconnaîtrais point : il ne m'a pas dit bonsoir! Il n'y a que s'il me donnait une bourrade dans le dos : ça, je crois que je la reconnaîtrais bien...; mais il ne voudra pas recommencer. »

M°¹° Chandois n'en tira rien de plus. Elle lui demanda encore s'il savait quels étaient les numéros de ses billets de banque : question oiseuse dont elle aurait pu s'épargner la peine, car le bonhomme la regarda d'un air complètement ahuri. Il n'était évidemment pas assez familier avec les billets de banque pour s'être jamais aperçu qu'ils eussent des numéros.

M°¹° Chandois revint donc bredouille de son expédition. Cela ne l'empêcha point de faire écrire par son mari au substitut, qui sauta immédiatement sur la proie qui lui était offerte, sans savoir si ce n'était point seulement une ombre de proie.

M¹¹° Morineau, rentrée chez elle, s'attabla devant un bon petit dîner cuisiné par Voinette avec un soin particulier. « Mademoiselle va s'ennuyer toute seule, s'était dit la brave fille depuis le départ de Lucette, il faut que je lui fasse de bons petits plats pour la dédommager. » L'intention était excellente et la cuisine réussie; mais quel être humain consent à faire le bien sans espoir de récompense? La récompense de Voinette, c'étaient les compliments de sa maîtresse, et sa maîtresse avait tant d'idées en tête qu'elle ne sentait pas seulement le goût de ce qu'elle mangeait.

A la fin, Voinette n'y tint plus.

« Est-ce qu'elle n'est pas tendre, ma perdrix? demanda-t-elle d'un ton inquiet. C'était pourtant bien une jeune de l'année : Boyardot, qui me l'a vendue, en a juré ses grands dieux, et j'y ai bien regardé moi-même, car il ne faut jamais se fier aux marchands : tous voleurs!

— Comment, Boyardot, le voleur? s'écria M¹¹° Julie, qui n'avait saisi que ces deux mots dans le discours de Voinette et qui les rapportait à l'histoire de Garenfoin.

— Oh! je ne dis pas cela, mademoiselle; voilà vingt-cinq

ans que je lui achète du gibier, et c'est sûrement un honnête homme ; seulement l'honnêteté des marchands n'est pas pareille à celle de tout le monde...; ils vous vendront une caille avancée, et, si vous vous plaignez, ils prendront des airs innocents pour vous dire que le gibier est bien meilleur faisandé. C'est la même chose pour les perdrix : si je me fâche après Boyardot, il me dira que la perdrix aux choux doit être un peu ferme. Est-ce que cela le regarde, si je veux mettre aux choux une perdrix tendre? Plus c'est tendre, mieux ça vaut ; ce sont les marchands qui ont inventé ces histoires-là pour se débarrasser de leurs vieilles perdrix...

— Mais elle n'est pas vieille, Voinette, elle est même très tendre et bien accommodée.

— Ah! bien... c'est que vous n'aviez pas l'air de la trouver bonne. Vous n'êtes pas malade, au moins?

— Je me porte très bien. Est-ce que j'ai l'air malade?

— Ou triste, peut-être bien... Vous n'avez pas eu d'ennuis? Vous n'avez pas pris froid aujourd'hui, à rester si longtemps dehors? »

Mlle Julie ne demandait qu'à parler. Elle avait de tout temps causé volontiers avec sa fidèle Voinette ; mais maintenant la conversation devenait pour elle un besoin : pendant plusieurs semaines elle avait eu à sa table une petite compagne si avenante, qu'elle en avait oublié la tristesse des repas solitaires. Elle prit plaisir à raconter à Voinette sa visite aux Coinchat, et sa commande de sabots au père Garenfoin, et elle s'étonna, de concert avec sa servante, de n'avoir pas trouvé le bonhomme et sa femme dans le plus grand désespoir, après une pareille perte.

« C'est sans doute, dit-elle, que la mort de leur fils a été un si grand chagrin qu'ils ne sont plus capables d'en avoir d'autres... Je sais cela : un grand chagrin vous rend pour longtemps insensible à tout le reste... »

Elle soupira au souvenir du lieutenant de dragons.

« C'est peut-être aussi, reprit Voinette, qu'ils ne sont pas trop inquiets, parce qu'ils pensent qu'on va le retrouver, leur argent.

Puisque c'est arrivé à la ville, le père Garenfoin a dû prévenir tout de suite la gendarmerie. »

M¹¹ᵉ Julie expliqua à Voinette les sentiments du père Garenfoin à l'endroit des gendarmes. Voinette n'en parut pas autrement étonnée ; elle haussa les épaules en disant : « Ces vieux ! ça n'a pas reçu d'instruction, ça se fait des idées sur les choses ! Mais la justice saura bien retrouver leur voleur sans qu'ils s'en mêlent ! »

Voinette n'était pas comme les vieux Garenfoin, elle avait en la justice une confiance illimitée.

Quand M¹¹ᵉ Julie eut achevé son dîner, elle relut, pour son dessert, la lettre de Lucette. « Il faudra que je lui réponde sans trop tarder, » se dit-elle d'abord. « Si je lui répondais tout de suite ! » reprit-elle au bout d'un instant. Et Voinette fut toute surprise de la voir atteindre son écritoire et un cahier de papier à lettre qui avait jauni dans son secrétaire.

« C'est-il pour écrire à M¹¹ᵉ Lucette ? demanda-t-elle.

— Oui ; sa lettre est si gentille, il ne faut pas que je tarde à lui répondre à cette chère petite ; cela lui ferait peut-être de la peine.

— Alors, mademoiselle, voulez-vous bien lui dire que la laitière, et puis la marchande de beurre, et puis la porteuse de pain, ont demandé de ses nouvelles et lui font dire *bien des choses*, et que les perce-neige du jardin sont fleuries, et que les Coinchat...?

— Oui, oui, je sais ; Reine m'a donné ses commissions pour elle ; je ne les oublierai pas.

— Si vous vouliez bien lui dire aussi que Marabout est bien soigné, ça lui ferait sûrement plaisir..., et que je l'aime en souvenir d'elle... »

M¹¹ᵉ Julie inclina la tête en signe de consentement et se mit à écrire. Sa lettre commença comme une lettre d'affaires ; il y avait tant d'années qu'elle n'en écrivait plus d'autres ! et encore cela n'arrivait pas souvent. Mais bientôt son style se dérida, et elle se laissa aller à écrire à Lucette comme elle lui eût parlé. Et Lucette fut toute joyeuse de recevoir quatre pages d'une bonne écriture ronde d'autrefois, qui lui disait à chaque ligne, et surtout entre les lignes, qu'on pensait à elle à Saint-Clair, qu'elle y était aimée et regrettée. Seulement elle eut de la peine à la lire et s'y reprit à plusieurs fois : elle n'avait jamais dans la journée un quart d'heure dont elle pût disposer, et elle finit, quand elle voulut relire sa lettre, par y user son bout de bougie du soir, quitte à se coucher ensuite à l'aveuglette.

Elle faisait étudier le piano.

CHAPITRE XVII

Ce qu'on peut tirer d'une parente pauvre. — Échange de lettres peu significatives. Nouvelle réunion chez Mlle Julie, où l'on a des nouvelles de Lucette.

Si une correspondance abondante et suivie eût pu s'établir entre Lucette et Mlle Morineau, elles y auraient sans doute pris grand plaisir, et, en dépit de la différence de leurs âges, leur intimité se serait resserrée de plus en plus. Mais pour s'écrire de longues lettres, où l'on se raconte tout ce qu'on a fait, où l'on se confie tout ce qu'on a pensé, il faut d'abord disposer de beaucoup de temps, et ensuite vouloir et pouvoir tout dire; et ce n'était pas le cas de Lucette.

La pauvre enfant n'avait jamais un quart d'heure de liberté. Mme Guibourg lui avait promis de lui faire gagner son pain : elle tenait largement sa promesse. Lucette était institutrice, gouvernante, bonne d'enfants, ouvrière, et parente par-dessus le marché, car Mme Guibourg tenait à certains moments à la faire figurer dans son salon, pour qu'on parlât de la petite-cousine d'Amérique, laissée dans la misère par la mort subite de son grand-père ruiné, et recueillie par le docteur Guibourg et sa femme. Cela ne se disait pas ostensiblement en sa présence ; mais Mme Guibourg avait beau baisser la voix et prendre des airs mystérieux en donnant des explications à son sujet, elle ne pouvait parler si bas que Lucette ne comprît parfaitement ce qui se disait. Elle en devenait tour à tour pâle et rouge d'humiliation et de colère : être regardée comme une mendiante, quand elle avait conscience des services qu'elle rendait ! Elle n'osait rien dire, de peur de se faire appeler ingrate. Car enfin elle mangeait le pain de ses cousins, personne ne pouvait dire le contraire, et la maison se passait d'elle avant qu'elle y fût : ses services n'y étaient donc pas nécessaires, et la moindre plainte de sa part eût paru de l'ingratitude. Pourtant, comme elle travaillait ! Elle était arrivée à prendre des notes pendant les cours, de façon à transcrire ensuite la leçon telle que le professeur l'avait faite ; Bathilde et Edmée n'avaient qu'à la recopier pour obtenir des éloges et de bonnes notes. Au commencement, il y avait bien eu quelques critiques sur leur français un peu anglais ; mais Lucette avait vite réformé ce qu'il pouvait y avoir de tournures anglaises dans ses phrases, et tout allait très bien maintenant. Elle faisait étudier le piano avec une conscience minutieuse, se rappelant toutes les indications du professeur et en profitant elle-même — en théorie, car on ne lui laissait que très rarement mettre les mains sur le clavier. Les deux sœurs et Étienne commençaient à savoir beaucoup de mots anglais, le petit surtout, que Lucette était chargée de promener quand Mme Guibourg avait quelque course à faire avec ses filles. Il n'y avait que Gaston qui n'apprenait rien : l'anglais de sa cousine lui semblait bon seulement à lui épargner la peine de faire ses devoirs lui-même. Lucette, qui ne trouvait pas honnête cette façon d'agir, avait voulu refuser de faire le thème ou la version du collège ; mais Mme Guibourg était intervenue. Ce pauvre enfant avait tant de devoirs ! il était si délicat ! il avait si peu de mémoire ! si on ne lui venait pas en aide, il ne pourrait jamais prendre l'exercice nécessaire à sa santé ! et il serait puni, mis en retenue, ce qui le rendrait malade. Lucette dut céder ; il en résulta pour l'écolier de bonnes notes pour ses devoirs et des places détestables dans les compositions. Mais cela lui était bien égal.

Il y avait bien par-ci par-là quelques jours de congé et de petits intervalles entre les occupations régulières : quand ce n'aurait été que l'après-dînée, moment de repos et de détente dans toutes les familles. Mais la corbeille à ouvrage était toujours là. « Lucette, il faudrait marquer cette douzaine de serviettes : un joli chiffre, un peu grand, qui fasse de l'effet. — Lucette, tu as fait beaucoup de progrès pour les reprises : raccommode-moi donc ces torchons-là. — Lucette, voici des taies d'oreiller toutes taillées, il n'y a plus que les surjets et les ourlets à faire; je me chargerai des boutonnières. — Lucette, voilà une pièce préparée à mettre à un drap. — Lucette, tu vas m'aider à coudre le costume neuf d'Étienne; je désire qu'il l'ait pour demain. » Et quand Mme Guibourg désirait qu'on eût quelque chose pour le lendemain, elle veillait le soir, aussi tard qu'il était nécessaire ; et naturellement Lucette veillait avec elle.

Tout cela, la pauvre enfant ne voulait pas le dire à Mlle Morineau et elle était obligée de bien veiller sur sa plume pour ne rien laisser échapper qui eût l'air d'une plainte. La correspondance en était gênée. Quand elle avait parlé à Mlle Julie de son affection et de sa reconnaissance, ajouté ses commissions d'amitié ou de politesse pour Voinette, pour Marabout, pour les Coinchat, pour Mme Raimblot et pour toutes les personnes qui s'informeraient d'elle, elle ne trouvait plus rien à dire et finissait en souhaitant une bonne santé à sa cousine. C'était toujours la même chose.

Il y avait là une déception pour Mlle Julie, qui avait compté sur beaucoup de lettres de la taille de la première. Elle ignorait que depuis cette première lettre-là le fardeau que portait l'orpheline était devenu de plus en plus lourd et ses heures de plus en plus remplies.

Elle écrivait pourtant à Lucette ; c'était devenu un des plaisirs et des intérêts de sa vie. Elle la tenait au courant des événements de la maison : de la lessive qui avait été contrariée par le mauvais temps, si bien qu'une partie du linge étendu dans le jardin avait été jeté à terre par le vent et qu'il avait fallu le relaver; de Marabout qui avait tué trois souris; des bordures d'œillets blancs qui embaumaient, et des confitures de fraises qui avaient parfaitement réussi. Et puis c'était le poupon des Coinchat qui marchait tout seul et qui venait encore de percer deux dents, et Reine à qui Mlle Julie avait donné sa robe de première communion; c'était le père Garenfoin qui continuait à faire des sabots, vu qu'on n'avait pas encore retrouvé son voleur; c'était telle ou telle famille de la place du Pain-Perdu que Lucette se rappelait vaguement, et dont Mlle Julie lui parlait comme si elle n'eût connu que cela. C'est que Mlle Julie, au lieu de donner son argent à des quêtes pour les pauvres en général, commençait à s'intéresser à tel ou tel pauvre en particulier, depuis qu'elle avait pénétré dans la famille des Coinchat. C'était, disons-le en passant, un des résultats du séjour de Lucette chez elle.

Il y avait aussi dans les lettres de Mlle Julie toute une série de questions, dont la plupart lui étaient soufflées par ses bonnes amies de Saint-Clair; Mlle Julie n'était pas curieuse par elle-même. Ainsi, quoiqu'elle n'eût jamais vu Paris, non plus que Virginie et Paméla Mangon, elle ne s'inquiétait point de savoir s'il y avait encore une girafe au Jardin des Plantes, et lequel était le plus amusant, au Jardin d'acclimatation, de monter sur le chameau ou sur les éléphants. Elle avait dû le demander à Lucette de la part de Paméla, qui aimait beaucoup les bêtes extraordinaires, et qui comptait parmi les grands événements de sa vie le passage de deux ménageries à Saint-Clair. Virginie, elle, désirait savoir si la place de la Concorde était aussi belle dans la réalité que dans la représentation qu'on en voyait sur le devant de cheminée de Mme Chandois, et si l'eau de la Seine était aussi claire que celle de la Garbouse. Une autre fois,

elle faisait demander à Lucette quelle était la plus belle église de Paris, et Paméla s'informait de l'Hippodrome, où Lucette avait certainement dû aller plus d'une fois. Mme Chandois, qui se piquait de goûts artistiques et littéraires, désirait savoir si le docteur Guibourg, qui connaissait tant de gens haut placés, n'avait pas conduit sa petite-cousine à quelque séance de l'Académie, aux Français, à l'Opéra, et si les musées du Louvre et du Luxembourg ne valaient pas beaucoup mieux que les musées d'Amérique.

Ces dames se trouvaient réunies chez Mlle Morineau, sous la tonnelle du jardin cette fois, à cause de la chaleur, le jour où le facteur apporta la réponse de Lucette à ces questions et à quelques autres. Elles travaillaient languissamment, s'arrêtant pour souffler d'un air accablé, s'éventant avec leur ouvrage et reprenant sans enthousiasme leur aiguille qui se rouillait dans leurs doigts. Marabout faisait sa boule en plein soleil : ces animaux-là n'ont jamais trop chaud.

« C'est une lettre de votre petite-cousine? dit Mme Chandois, qui avait jeté un regard de côté sur l'enveloppe. Voyons si elle va dire quelque chose de nouveau!

— J'arrive juste pour en avoir ma part! dit une voix jeune et gaie, et Mme Raimblot parut à la porte de la maison. Quelle chaleur! et l'on dit qu'on étouffe bien plus à Paris que dans ce pays-ci. Pourvu qu'elle n'en soit pas malade. J'en serais bien fâchée; je l'aime cette enfant-là : c'est une brave petite fille.

— Pas si petite : elle me dit justement qu'elle a beaucoup grandi... Tiens! ce n'est pas de Paris qu'elle écrit...

— Où est-elle donc? où est-elle? dirent quatre voix à la fois.

— A... je ne connais pas cet endroit-là : Trouville-sur-Mer, Calvados...

— J'en ai entendu parler, dit Mme Raimblot : c'est un endroit où l'on va aux bains de mer. Il y a un port, une petite ville et de jolies maisons bâties exprès pour les Parisiens qui y vont en été. Il paraît qu'on s'y amuse beaucoup.

— Elle a de la chance, Mlle Lucette! murmura Virginie en prenant un ton pincé.

— Tant mieux! ça n'est pas de trop, la pauvre petite : elle n'en a pas eu tant depuis qu'elle est au monde. Dites, ma bonne Julie, s'y plaît-elle?

— Elle dit qu'elle a eu d'abord grande envie de pleurer en revoyant la mer et en pensant à son pauvre grand-père dont la tombe était restée là-bas, de l'autre côté de l'eau; mais elle s'y est habituée, et à présent elle est contente de la voir. Mme Guibourg a des amis qui se sont fait bâtir un chalet au bord de la plage; cette année, ils voyagent, et ils lui ont prêté le chalet. On a laissé John à Paris pour servir le docteur, et l'on est venu à Trouville avec la bonne. Lucette dit qu'on lui fait prendre des bains de mer, pour qu'elle apprenne à nager à ses cousins et cousines, et que les bains et l'air de la mer lui font grand bien.

— Elle était donc malade?

— J'espère que non... Avec elle, on ne peut rien savoir ; je lui demande toujours des nouvelles de sa santé, elle ne répond pas là-dessus. Si je connaissais quelqu'un de Saint-Clair qui irait à Paris, je l'enverrais voir comment elle va; mais cela ne s'est pas encore rencontré. »

La vérité, c'est que le voyage de Trouville était arrivé fort à propos pour enrayer la descente de Lucette sur le grand chemin de l'anémie. Le travail sans trêve, le manque d'exercice, le manque d'air, le chagrin aussi, car la pauvre petite, en dépit de son courage, ne pouvait s'empêcher de trouver le temps bien long et bien lourd, l'avaient minée et affaiblie peu à peu. Elle était grande comme une femme maintenant, mais si mince, si fluette, si maigre, si pâle! plus pâle encore qu'à son arrivée en France, au lendemain de ses malheurs. Un cercle plombé entourait ses yeux et faisait ressortir leur éclat et la blancheur de ses joues, et un réseau de veines bleues se dessinait sous la peau transparente de ses tempes. Sa taille pliait comme un roseau, et elle ne pouvait monter un étage sans arriver tout essoufflée à la dernière marche. Gaston l'appelait vieille asthmatique et contrefaisait en raillant sa respiration haletante. Le docteur Guibourg aurait dû s'apercevoir de sa souffrance; mais il était de ces médecins qui ne voient que les malades qu'on leur apporte.

Quand un des petits Guibourg éprouvait le moindre malaise, Mme Guibourg appelait bien vite sur lui l'attention de son mari; mais, pour Lucette, ce n'était pas la même chose.

Ce n'était donc pas pour Lucette qu'on était allé aux bains de mer, mais elle en profitait quand même et se sentait renaître; aussi sa lettre était presque joyeuse. Elle décrivait le port, la ville, les bateaux, la jetée, les groupes des baigneurs. « Ici, disait-elle, on a un peu plus de loisir qu'à Paris, où je n'ai encore rien vu que les rues qui mènent au jardin du Luxembourg et chez les professeurs de mes cousines. C'est pourquoi, ma bonne cousine, excusez-moi auprès de vos amies si je ne peux pas répondre à leurs questions. Je ne connais ni l'Hippodrome, ni le Jardin des Plantes, ni les théâtres, ni les musées, ni les églises, excepté notre paroisse, et j'ai traversé la place de la Concorde une fois seulement, sans savoir que j'y étais. Vous voyez que je ne peux pas me vanter de connaître Paris. »

Il y eut un moment de silence.

« C'est étonnant! dit Mme Chandois.

— C'est ridicule! dit Mlle Virginie.

— Ne pas lui avoir montré le Jardin des Plantes! ajouta Mlle Paméla. A Saint-Clair, quand il nous arrive quelqu'un d'étranger, nous lui montrons tout de suite les curiosités de notre ville; n'est-ce pas, Julie? »

Mme Raimblot ne dit rien, mais sa figure ronde et gaie prit une expression mélancolique.

Elle pensait que, pour une mère de famille, Mme Guibourg se conduisait peu maternellement envers l'orpheline.

Ils quittent leurs sabots.

CHAPITRE XVIII

Mlle Julie continue à s'instruire. — Le voleur du père Garenfoin. — Noël passé, Noël présent. — Ouverture d'un colis et son contenu. — « Pour ta toilette. »

Ce jour-là, Mme Raimblot était seule chez Mlle Julie. Elles avaient maintenant de fréquentes entrevues, et, quand elles travaillaient ensemble, il ne s'agissait pas de tricoter de la laine verte pour la faire bouillir et la détricoter ensuite, ou de toute autre besogne aussi utile. Depuis que Mlle Morineau avait vu, de ses yeux vu, dans les parages de la place du Pain-Perdu, des gens de tout âge vêtus d'indienne ou de toile en hiver et raccommodant leurs vitres avec du papier, pour ne parler que des moins misérables, son cœur, endormi depuis le départ du lieutenant de dragons, était sorti de son long sommeil. Elle s'était étonnée, et elle avait eu pitié; elle avait fait part de sa pitié et de son étonnement à Mme Raimblot, et cette confidence les avait rapprochées. Seulement les rôles entre elles étaient intervertis : on aurait dit maintenant que c'était Mme Raimblot qui était la doyenne.

C'est qu'elle était déjà vieille dans l'exercice de la charité, la petite Mme Raimblot. Elle n'était pas bien riche; mais dans quelle maison n'y a-t-il pas un peu de superflu ? Mme Raimblot ne laissait rien perdre, ni morceau de pain, ni morceau d'étoffe, et les vêtements qui passaient de l'un à l'autre de ses enfants finissaient leur existence sur le dos de petits malheureux pour qui c'étaient encore des vêtements neufs ; tout est relatif en ce monde. Elle possédait un grand nombre de clients, qu'elle ne pouvait pas satisfaire tous, à moins d'avoir recours à ses amis, et de tout temps elle avait fait appel à la bourse de Mlle Morineau. Celle-ci, il faut le dire, donnait sa pièce de cinq francs sans se faire prier. Mais, si une pièce de cinq francs aide puissamment à payer le boulanger ou le propriétaire, il y a des moments où une vieille jupe, un vieux châle, de vieux bas ou de vieilles chemises vaudraient bien mieux : on n'achète pas grand'chose avec cinq francs, au lieu que de vieilles nippes peuvent mettre pour quelque temps un pauvre corps à l'abri de la froidure. En réponse à la confidence de Mlle Morineau, Mme Raimblot lui cita une demi-douzaine — une demi-douzaine seulement, pour ne pas l'effaroucher — de créatures humaines qui seraient bien heureuses de puiser dans les paquets étiquetés qui contenaient les reliques des divers membres de la famille Morineau.

Mlle Julie fut d'abord toute saisie. Mais quoi ! ces paquets, elle y avait déjà puisé pour sa petite-cousine ; pourquoi n'y puiserait-elle pas pour d'autres plus à plaindre qu'elle encore ? Elle y puisa donc, d'abord à regret, presque avec remords ; puis la joie de donner prit le dessus, et nous la retrouvons taillant avec Mme Raimblot des langes dans une jupe de molleton, pour un nouveau-né aussi dénué de tout que le petit Jésus dans sa crèche.

Ces dames parlent de Lucette, qui est rentrée à Paris depuis trois mois et dont les lettres sont moins gaies qu'à Trouville, et du jour de l'an qui est tout proche, lorsqu'un coup de sonnette se fait entendre, et Voinette vient prévenir mademoiselle que les vieux Garenfoin sont là et demandent à lui parler.

« Faites-les entrer, » dit Mlle Julie.

Les deux vieillards quittent leurs sabots, qui tombent bruyamment sur les carreaux du corridor, et entrent en disant : « Bonjour, la compagnie. »

« C'est rapport à ce papier-là ! dit le vieux sabotier en présentant à Mlle Morineau un papier graisseux et chiffonné. C'est un gendarme qui l'a apporté ; qu'est-ce qu'il me veut, celui-là ? Je suis un honnête homme, je n'ai jamais eu les gendarmes chez moi.

— Eh bien, qu'est-ce qu'il dit, ce papier, père Garenfoin ? Vous ne le comprenez pas ?

— Je ne sais guère lire dans les écritures, voyez-vous... Encore, si c'était bien écrit... Les mots imprimés, à la bonne heure, mais le reste... Aussi je ne vois pas ce que ça veut dire, et je viens vous demander si vous voulez bien le regarder. C'est du grimoire de la justice, n'est-ce pas ? »

Mlle Morineau lut avec attention et expliqua au père Garenfoin qu'il était mandé devant le juge d'instruction pour être confronté avec un homme qu'on soupçonnait d'être son voleur.

« Et pourquoi ça, mam'zelle ?

— Pour voir si vous le reconnaîtrez, père Garenfoin ; il faut bien savoir si c'est lui, pour le condamner, et lui faire rendre l'argent, s'il l'a encore.

— Ils sont drôles, dans la justice ! Puisque je ne l'ai pas vu ! comment veut-on que je le reconnaisse ?

— Vous vous expliquerez avec le juge ; il faut y aller, sous peine d'amende.

— Oh ! Seigneur, c'est-il mal arrangé tout cela ! On est volé de son pauvre argent, et encore il faut perdre son temps en voyage, pour qu'on vous fasse reconnaître des gens qu'on n'a jamais vus ! C'est une journée de perdue, voilà !

— On vous la payera au tribunal, dit Mme Raimblot pour consoler le vieux sabotier.

— Ah ! vous croyez ? C'est différent... Alors je profiterai de l'occasion pour aller déjeuner chez mon compère Duvergne, le marchand de bois, et lui faire une commande... Ça fera d'une pierre deux coups.

— Et tu passeras chez le peaussier de la Grande-Rue pour

lui prendre du maroquin pour douze paires de brides : ça se garde bien, ça n'en est que meilleur quand c'est un peu sec, ajouta la mère Garenfoin. Bonsoir et merci, mes bonnes dames!»

Ils partirent tous les deux ; sur le seuil, le père Garenfoin se retourna et redit en hochant la tête : « Je ne pourrai pourtant point le reconnaître, puisque je ne l'ai point vu de visage ! »

Les deux dames reprirent leur tâche interrompue.

« Appelez donc Voinette pour vous aider, ma bonne amie, dit Mme Raimblot ; je ne peux pas rester longtemps aujourd'hui, j'ai beaucoup à faire à la maison pour préparer les souliers de Noël.

— Les souliers de Noël?

— Mais oui ; c'est dans huit jours, vous savez, et, chez nous, chacun met son soulier dans la cheminée, les grands comme les petits. C'est si amusant, le matin, d'entendre les enfants arriver à quatre pattes dans leur grande chemise de nuit, à la lueur de la veilleuse, pour voir ce que le petit Jésus leur a apporté! Et puis ils nous mettent aussi des cadeaux dans nos souliers, les pauvres chéris! Il y a un an, j'ai eu un crayon enveloppé d'un papier noir enjolivé de fleurs roses ; mes petits s'étaient privés de leurs gâteaux du dimanche pour me l'acheter ; sont-ils gentils! Les aînés courent à la cheminée en arrivant du collège ; la bonne, elle, met son soulier sur le fourneau de la cuisine, et j'y porte son cadeau de Noël avant de me coucher. Tout le monde est content dans la maison. »

Mlle Julie soupira.

« Il y a bien longtemps que je ne mets plus mon soulier dans la cheminée, dit-elle tristement. Quelle joie, quand j'étais petite ! C'était le bon temps !

— Oui, ma bonne amie... Mais, quand on n'a plus le plaisir de recevoir, on peut toujours se procurer celui de donner..., et moi qui connais les deux, je vous assure que le second est encore meilleur. »

Mlle Julie, restée seule, s'enfonça dans ses souvenirs, tout en ourlant les langes de molleton. Oui, elle avait été une heureuse petite fille, pour qui la nuit de Noël ramenait chaque année des émotions délicieuses de surprise et de joie... A présent, où étaient-ils, ceux qui l'entouraient jadis de tant de tendresse, qu'elle avait vus vieillir, qu'elle avait soignés si longtemps?... Tous morts et partis! Elle restait seule! Sa pensée se porta vers la joyeuse maison de Mme Raimblot; elle se représenta le réveil, les gaietés enfantines, les rires, les caresses, tout ce bruit qui est du bonheur pour les mères de famille... Elle n'avait personne, elle, qui pût apporter un soulier grand ou petit dans sa cheminée et quêter un de ces cadeaux qu'on a autant de plaisir à faire qu'à recevoir... Un an auparavant, le hasard, ou la Providence, lui avait envoyé Lucette; pourquoi ne l'avait-elle pas gardée? Elle ne le comprenait plus : les raisons qui lui avaient paru si décisives au mois de février lui semblaient maintenant de plus en plus mauvaises!

Pauvre petite Lucette! était-elle heureuse seulement? et trouverait-elle un cadeau dans son soulier, si elle le mettait dans la cheminée de cette cousine pour qui elle travaillait tant?

Mlle Morineau, s'étant posé cette question, ne s'attarda pas davantage dans ses rêveries.

« Voinette! dit-elle en relevant la tête.

— Mademoiselle?

— Sais-tu à quelle heure part le messager pour la ligne de Paris?

— Il y en a un qui part le matin et un autre le soir.

— Bon! Cherche-moi une bonne caisse dans le grenier, une caisse solide... Nous avons encore des pommes de reinette, n'est-ce pas?

— Et des calvilles aussi, et même des pommes d'api... Vous voulez inviter du monde à dîner, mademoiselle?

— Non, je voudrais envoyer quelque chose à Lucette pour son Noël... Je me rappelle qu'elle aimait beaucoup nos pommes, après sa maladie.

— Elle aimait bien aussi notre confiture d'abricots... Il y a des pots de grès qui sont solides...

— Et puis elle aurait peut-être besoin d'un peu de linge; celui de l'an dernier doit être usé. Nous allons lui faire un joli Noël! »

La caisse ne partit point ce jour-là : Mlle Julie eut trop de pas à faire tant dans sa maison que dans la ville pour que son envoi fût prêt. Et comme elle ne put s'empêcher de parler de son projet à ses bonnes amies, elle reçut une telle avalanche de conseils sur les objets à envoyer et sur la manière de les faire parvenir, qu'elle ne savait plus à quel saint se vouer. Finalement, M. Chandois, amateur de chasse et chasseur heureux, conseilla d'attendre à la veille de Noël et d'expédier les cadeaux par la grande vitesse; moyennant quoi, il se ferait un plaisir d'y joindre le gibier qu'il aurait tué.

« Il ne faut pas, dit le proverbe, vendre la peau de l'ours avant de l'avoir jeté par terre. » Le proverbe mentit cette fois, car, le matin même de Noël, on se frottait encore les yeux chez le docteur Guibourg, lorsque le facteur du chemin de fer apporta « un envoi de gibier et de fruits à l'adresse de Mlle Mauversé ».

« Il n'y a que le factage à payer, » dit l'homme. Mme Guibourg, qui donnait à dîner ce jour-là et qui allait partir pour les Halles, afin de faire « bonne chère avec peu d'argent », récompensa le porteur par un aimable sourire et un honnête pourboire.

« Eh bien, Lucette, n'es-tu pas pressée de l'ouvrir? dit-elle à la jeune fille, qui regardait la caisse avec des larmes dans les yeux.

— Si, ma tante..., il faudrait un marteau, un ciseau... Ma bonne cousine! c'est son écriture. Quelle peine elle s'est donnée! quelle bonté d'avoir pensé à moi! »

Pouf! pan! patapouf! des coups de poing, des coups de pied dans la porte de la cuisine, et, de l'autre côté de la porte, des cris : « Donne-le-moi! — Ouvre-moi! — Non, tu ne l'auras pas! — Tu n'entreras pas! — Maman, maman, il m'a pris le marteau! c'est moi qui l'ai demandé à John! »

Mme Guibourg ouvre la porte, et les deux garçons font irruption dans la cuisine, rouges et furieux. Étienne a couru le premier demander à John des outils pour ouvrir la caisse; Gaston les lui a enlevés pour les apporter lui-même, avec la prétention de s'en servir : de là bataille et récriminations. Mme Guibourg

Un beau lièvre !

s'empare du ciseau et du marteau, en faisant observer que ce sont des objets dangereux, et John est appelé pour procéder à l'ouverture désirée.

Parmi les petits bonheurs de ce monde, l'ouverture d'une caisse qui arrive par la voiture, le bateau ou le chemin de fer est certainement un des plus réjouissants que je connaisse. On sait ce que c'est, et alors on en jouit par avance; ou on ne le sait pas, et alors on a le plaisir de la surprise. Le ciseau s'insinue entre la paroi et le couvercle, le marteau frappe à petits coups, le bois craque, le couvercle se soulève un peu, le premier clou se déchausse; à un autre clou maintenant! Tous les yeux suivent avec anxiété l'opérateur : qu'il est lent! il n'en finira jamais... Pas si fort, donc! s'il allait casser quelque chose! Pourvu que ce soit bien emballé! Ah! on voit du foin..., du papier....Là! un dernier craquement, le dernier clou s'enlève... Voilà le couvercle parti!

« C'est à Lucette de déballer, » dit Mme Guibourg en retenant ses enfants. Il restent immobiles, guettant ce qui va sortir de cette boîte à surprises... Des pattes velues..., un beau lièvre! « Il est jeune et tendre, madame! » dit la cuisinière, qui l'a palpé. Un, deux, trois, quatre perdreaux rouges, tout jeunes; quel beau rôti pour ce soir, si Lucette voulait bien... Naturellement, Lucette ne demande pas mieux ; elle offre aussi pour le dessert les pommes, de vraies pommes du paradis terrestre, qu'elle sort l'une après l'autre de leur enveloppe de papier... Elle ne mangera guère de ses cadeaux de Noël, car les confitures d'abricots seront excellentes pour le goûter des enfants, et la boîte de dragées du baptême d'un petit-fils de Mme Chandois figurera avec avantage au *jour* de Mme Guibourg. Quand on reçoit l'hospitalité dans une maison, on doit être trop heureuse de pouvoir offrir quelque chose à ses bons parents. Gaston et Étienne ont déjà commencé à se rendre compte des pastilles de fleurs d'oranger, spécialité des demoiselles Mangon.

Voici cependant des choses qui resteront à Lucette : une pile de linge; un bon jupon tricoté, auquel est attaché un petit papier portant le nom de Mme Raimblot; une pauvre petite pelote, faite d'un débris de satin rouge obtenu du tapissier, et cousue par Reine Coinchat, et enfin, dans une boîte ronde qui a contenu des pâtes pour le rhume, une vieille miniature représentant un jeune garçon : Étienne Mauversé, avant qu'il quittât sa famille pour courir le monde. Oh! quelle bonté délicate, de la part de Mlle Julie, de s'être défaite, en faveur de Lucette, de ce trésor de famille! Tout le cœur de la jeune fille vole vers sa cousine.

Elle a obtenu quelques instants de liberté pour emporter et ranger ses cadeaux, pendant qu'Adèle s'empare du gibier et Mme Guibourg des pommes. Et voilà qu'en sortant le jeune grand-père de sa boîte, pour le pendre à un clou à côté du vieux grand-père, elle trouve dessous, soigneusement pliée, une enveloppe de lettre. « Pour la toilette, » a écrit dessus Mlle Julie.

C'est un billet de cent francs que contient l'enveloppe. Pauvre Lucette! aurait-elle jamais cru, quand elle faisait sa tournée d'aumônes avec son grand-père, qu'un billet de cent francs pourrait jamais lui causer une telle joie? Oh! comme elle va remercier sa cousine! Sa première robe de deuil n'est plus qu'une ombre de robe; elle a fait tant de métiers avec cette robe sur elle! Lucette est soigneuse et adroite; mais on a beau faire, quand on balaye, qu'on brosse, qu'on savonne, qu'on aide à la cuisine, on ne peut pas toujours se garer de la graisse et de la poussière. La robe qu'elle a apportée de Saint-Clair s'use aussi, et Mme Guibourg ne parle point de la remplacer : la pauvre Lucette commençait à se trouver humiliée d'être si mal mise. Bénie soit Mlle Julie pour avoir songé à sa petite-cousine!

Il alla voir des machines.

CHAPITRE XIX

Où M. le baron de la Fontenelle entre en scène. — Découragement de Lucette. — Un convive qui bouleverse bien des choses. — Dépêches entre Paris et Quilfoc.

Cette année-là, au 1er janvier, les lettres où Mlle Julie et les divers descendants des Mauversé se la souhaitaient réciproquement « bonne et heureuse », continrent un élément de plus que de coutume. Ne fallait-il pas s'informer de la petite-cousine d'Amérique? Naturellement Mlle Julie donna de ses nouvelles à tous; mais elle ne les donna pas à tous dans les mêmes termes. Elle répondit poliment aux deux Maupoix et à la religieuse, leur disant seulement que la jeune fille demeurait à Paris chez le docteur Guibourg; puisqu'ils ne voulaient ou ne pouvaient rien faire pour elle, ils n'avaient pas besoin d'en savoir plus long sur son compte. Mais elle s'étendit davantage avec les cousins de la Fontenelle, qui s'informaient de la petite avec l'accent d'un véritable intérêt; elle leur dit tant de bien de Lucette que M. de la Fontenelle, qui n'écrivait jamais, se reposant sur sa femme du soin de toutes les correspondances, mit la main à la plume pour annoncer à Mlle Julie que, devant aller pour affaires à Paris vers le printemps, il profiterait de son voyage pour faire connaissance avec la petite-cousine.

Mlle Julie s'en réjouit et se hâta d'annoncer à Lucette la visite de M. de la Fontenelle. Lucette n'en parla point à ses hôtes; mais elle attendit comme le Messie ce cousin inconnu. Celui-là allait peut-être la juger capable de gagner sa vie; elle avait quinze ans passés et elle était très grande : peut-être qu'en Bretagne il lui trouverait une place pour élever des enfants, ou pour soigner une vieille dame et lui faire la lecture. Elle était à bout de forces, sinon de courage, la pauvre Lucette. Les bains de mer lui avaient fait du bien; mais un mois de sa vie renfermée et fatigante à Paris lui avait rendu son malaise, qui s'aggravait maintenant de jour en jour.

Elle allait donc s'affaiblissant peu à peu, sans que personne s'inquiétât de sa santé. Le docteur ne la regardait pas, pas plus du reste que ses propres enfants; il comptait sur sa femme pour l'avertir lorsqu'ils avaient quelque mal sérieux. Pour les petits *bobos*, les malaises sans conséquence, elle les soignait elle-même et administrait de la tisane d'orge ou de houblon, comme un emplâtre de thapsia ou de l'onguent contre les clous. Elle s'aperçut bien que Lucette ne mangeait plus et lui fit boire, avant chaque repas, une infusion de *quassia amara*, destinée à lui donner de l'appétit, qui ne réussit qu'à lui donner mal au cœur. Lucette essaya de la refuser; Mme Guibourg prit un ton aigre pour lui faire observer que dans sa situation on devait éviter de donner aux enfants de la maison l'exemple de la désobéissance. Lucette se le tint pour dit, avala la quassia amara et n'en mangea pas davantage.

Elle avait des moments de découragement où elle se demandait quand cette existence finirait. Elle voyait maintenant qu'on avait besoin d'elle dans cette maison; il se passerait certainement des années avant qu'on lui permît d'aller gagner sa vie ailleurs. Comment faisait-on avant qu'elle fût là? Bathilde et Edmée étaient en pension, et Étienne n'apprenait pas encore à lire, à la vérité; et puis sa tante travaillait encore davantage, les domestiques aussi peut-être, car on lui faisait bien souvent faire leur besogne. Lucette était arrivée à Paris toute disposée à s'attacher aux parents qui l'appelaient généreusement auprès d'eux mais elle y voyait clair maintenant, dans leur prétendue générosité. Avec son sens pratique d'Américaine, elle jugeait nettement la situation. On la trouvait trop jeune pour gagner sa vie! Alors pourquoi la faisait-on travailler comme si elle avait dix ans de plus? et, puisqu'on la faisait travailler, pourquoi ne la payait-on pas? Il était encore heureux pour elle que Mme Guibourg n'eût pas de petites filles après Etienne : on l'aurait gardée pour les élever. Au lieu que, dès que l'éducation de Bathilde et d'Edmée serait finie, Lucette pouvait être bien sûre qu'on la renverrait...; mais cela faisait encore cinq ou six ans à attendre : comme c'était long! vivrait-elle seulement jusque-là?

Dans la jeunesse le temps paraît interminable, et, quand on souffre, il semble que cela ne finira jamais. Lucette avait parfois des moments de désespoir. Oh! si elle pouvait s'en aller, se sauver de cette maison, de Paris! retourner à Saint-Clair, revoir la bonne cousine Julie et Voinette, et Marabout, et Mme Raimblot, et les pauvres gens de la place du Pain-Perdu! Elle se représentait son arrivée, l'étonnement, la joie — sa cousine lui disait dans toutes ses lettres qu'elle serait heureuse de la revoir, — et puis le repos, le bon air, la chambre aux débarras — *sa* chambre, — et le lait pur qui arrivait de la campagne...; c'était puéril, mais Lucette, en y pensant, se sentait devenir gourmande et rêvait d'une tasse de bon lait. Alors elle tirait sa petite bourse et comptait son argent : aurait-elle de quoi aller jusqu'à Saint-Clair?

Puis, quand elle avait bien calculé le prix des troisièmes classes, de l'impériale de la vieille diligence et d'un petit pain pour se nourrir en route, et vu qu'elle pourrait arriver juste, la raison reprenait le dessus. Si l'on s'apercevait trop tôt de sa fuite? si l'on courait après elle? La honte d'être arrêtée comme une coupable..., les reproches, la vie qu'elle aurait après cette tentative manquée... D'ailleurs, que ferait-elle chez sa cousine? Elle ne pourrait pas y gagner son pain; Mlle Julie n'avait pas besoin d'elle. Lucette ne voulait pas être à sa charge ; non, elle ne retournerait pas à Saint-Clair!

Cependant le baron de la Fontenelle avait quitté son manoir de Quilfoc, près Quimperlé, et était arrivé à Paris. Il avait commencé par aller au palais de l'Industrie, pour voir diverses machines agricoles qu'il voulait introduire en Bretagne, et au Jardin d'acclimatation, pour y acquérir des poules et des canards de différentes races; puis il avait fait les commissions de sa femme, et la liste en était longue; et enfin, ayant un peu de loisir, il alla sonner à la porte du docteur Guibourg.

John, correct et irréprochable dans son habit noir, cravaté de blanc comme un ministre, l'introduisit dans le cabinet de consultations et le pria d'attendre : monsieur allait rentrer. Il le prenait pour un client, le baron ayant demandé M. Guibourg. Il n'eût pas osé demander madame, vu qu'il n'était pas midi; mais pour un campagnard habitué à se lever de bonne heure, la journée durait depuis longtemps déjà, et il avait cru pouvoir faire une visite au docteur.

« Peste! voilà un médecin qui doit avoir une riche clientèle! » se dit le baron en contemplant les portières orientales, les meubles en bois sculpté, la grande bibliothèque vitrée, les dragons japonais, les vieilles faïences et le tapis haute laine. Chez lui on était beaucoup plus simple, et son cabinet de travail n'avait que des rideaux blancs et une fourrure sous sa table à écrire; ses livres s'alignaient sur de simples rayons, et sur sa cheminée des échantillons de semences dans des boîtes de bois blanc tenaient compagnie à une pendule en marbre noir sans ornements : une machine à dire l'heure, pas davantage. Ses domestiques portaient le costume breton ; seulement Mme de la Fontenelle exigeait qu'ils l'eussent propre.

Pendant que le baron examinait les titres des livres, il entendit tout à coup une voix de femme dans la chambre voisine.

« Lucette, disait-elle, as-tu fini de repasser mes dentelles? »

Lucette! A ce nom, le baron prêta l'oreille. La voix qui répondit était faible et basse, et il eut de la peine à saisir ses paroles; mais il lui parut que les dentelles ne devaient pas être prêtes, car la première personne qui avait parlé reprit avec aigreur :

« Dépêche-toi un peu plus que cela; je les attends pour les coudre à mon corsage, et, si je ne le fais pas maintenant, je ne sais pas où j'en trouverai le temps d'ici ce soir.

— Je vous les coudrai, ma tante, répondit Lucette.

— Je voudrais bien savoir à quel moment; tu es toujours en retard pour tout... Les devoirs sont-ils prêts pour le cours?

— Ils seront drôles, nos devoirs! interrompit une troisième voix. Nous avons perdu le commencement de la leçon d'histoire.

— Parce que vous avez voulu vous arrêter devant un magasin de modes! dit Lucette.

— Eh bien, qu'est-ce que cela fait? On marche un peu plus vite après pour rattraper le temps perdu, voilà tout; n'est-ce pas, maman? Mais cette Lucette est une vraie tortue. »

Le baron ne put entendre la réponse de Lucette; il comprit seulement, aux moqueries dont on l'accablait, qu'elle avait prétendu ne pouvoir pas marcher vite dans une rue qui montait.

« Elle fait la princesse! cria une voix aiguë de petite fille; il faudra une chaise à porteurs à mademoiselle! C'est comme à la leçon de physique, où elle a fait semblant de se trouver mal, pour se dispenser de prendre des notes...

— Comment, de se trouver mal? Est-ce vrai, Lucette?

— Je n'avais pas voulu vous le dire, cela n'en valait pas la peine..., répondit Lucette, que le baron entendit bien cette fois. Nous avions couru pour arriver à l'heure..., le cours est au quatrième étage, en arrivant en haut j'avais des battements de cœur, et je ne sais pas comment cela s'est fait, la tête m'a tourné quand j'ai été assise...; mais ce n'était rien.

— Il faudra que je te fasse prendre du vin de quinquina, » reprit Mme Guibourg d'une voix radoucie.

Là-dessus la porte du cabinet s'ouvrit et le docteur entra. Le baron de la Fontenelle se nomma, et le docteur s'empressa aussitôt de faire appeler Mme Guibourg, qui reçut le visiteur avec de chaudes protestations d'affection pour lui et sa famille : il pouvait avoir à Paris des amis influents.

Quand M. de la Fontenelle eut répondu à toutes ses questions sur la baronne, sur ses enfants, leur nombre, leur sexe, leur âge et leur caractère, il pensa qu'il pouvait se permettre de questionner à son tour, et demanda s'il ne pourrait pas voir la petite-cousine d'Amérique.

« Je regrette vivement qu'elle ne soit pas à la maison, répondit Mme Guibourg; elle vient de partir pour le cours avec mes filles. Mais si vous vouliez nous faire le plaisir de venir dîner avec nous un de ces jours... »

Mme Guibourg, en faisant cette invitation, s'attendait à un refus : les provinciaux qui viennent passer quelques jours à Paris, les campagnards surtout, aiment bien mieux aller au théâtre que de dîner en ville. Mais le baron répondit sans hésiter :

« Mais comment donc, ma cousine! trop heureux de faire connaissance avec votre petite famille! Seulement je pars prochainement : s'il vous plaisait que ce fût demain?

— Demain, soit! » répondit Mme Guibourg, prise à son piège, et maudissant en elle-même les cousins de Bretagne et la cousine d'Amérique, qui lui attirait leur visite.

En sortant de la maison du docteur, M. de la Fontenelle écrivit à Mlle Morineau : « Ma chère cousine, j'ai vu la petite, ou plutôt j'ai entendu sa voix; elle ne me paraît pas bien heureuse dans cette maison-là. Demain j'y dîne, je la verrai mieux et je vous en dirai davantage. »

Le lendemain le baron fut exact au rendez-vous. Il apportait à Mme Guibourg un superbe bouquet, qui rendit de la sérénité à son humeur : si elle avait dû dépenser pour le dîner, au moins ferait-elle le lendemain des économies de fleurs. C'était *son jour*, et il fallait bien que son salon fût orné. Elle remercia gracieusement le baron et lui accorda sur-le-champ la faveur qu'il lui

Il apportait un superbe bouquet.

demanda, d'avoir Lucette près de lui à table, puisqu'il était, disait-il en riant, venu de Bretagne tout exprès pour faire sa connaissance.

A table, il la fit causer et il écouta les autres. Quand on arriva au dessert, son opinion était faite. Ces gens-là avaient beaucoup de cristaux et d'argenterie — et encore n'était-ce point du ruolz? — mais les parts qu'ils servaient étaient bien petites : il était habitué, en Bretagne, à d'autres morceaux que cela ! Peut-être était-ce l'air de Paris qui rétrécissait l'estomac : il allait se dépêcher de partir avant d'en avoir subi l'influence. Tous ces enfants-là avaient des mines de papier mâché — et sa pensée se reporta sur les joues vermeilles de ses cinq héritiers. — Mais la plus pâle, c'était Lucette : elle ne mangeait ni ne buvait, ce n'était pas étonnant qu'elle fût si maigre; mais elle aurait sûrement besoin de soins, cette fillette-là. Et le brave homme se rappelait la scène qu'il avait entendue le matin : « Du vin de quinquina; j'aimerais mieux pour elle du vin de Bordeaux, avec de bonnes tranches de gigot et le grand air de la campagne... C'est dommage qu'elle ait cet air languissant et ces yeux creux; elle serait gentille si elle avait meilleure mine... Elle cause très bien; elle n'est point minaudière et elle a quelque chose de franc et d'honnête dans sa manière de parler, qui plairait à ma femme... »

Le dîner terminé, on passa au salon pour prendre le café : Mme Guibourg le servait et Lucette portait les tasses, le sucre et les liqueurs. Ensuite on l'envoya coucher Étienne et Gaston; elle ne reparut pas immédiatement, et, par la porte un instant entr'ouverte de la salle à manger, le baron l'aperçut qui balayait, après avoir desservi la table. Il en haussa mentalement les épaules.

Au bout de quelque temps, il parla de se retirer et il allait demander à revoir Lucette, avant de s'en aller, s'excusant de ne pas pouvoir revenir, puisqu'il devait repartir le lendemain pour la Bretagne, lorsque John entra d'un air effaré, disant que Mlle Lucette venait de se trouver mal. Il faut rendre justice à Mme Guibourg : elle s'élança vers la cuisine où l'accident venait d'avoir lieu, en criant à Bathilde de lui apporter des sels et de l'eau de Cologne. On transporta la pauvre Lucette dans le cabinet du docteur, on l'étendit sur le divan et elle revint bientôt à elle.

« Pardon, dit-elle en essayant de sourire, je vais bien maintenant..., c'est passé..., je ne sais pas ce que j'ai eu... » Et elle tâchait de se lever.

« Non, non, dit le docteur, reste là, bien tranquille. C'est à moi qu'il faut obéir quand on est malade. Est-ce que cela t'est déjà arrivé?

— Oui..., plusieurs fois..., à propos de rien..., car je ne suis pas malade du tout, je vous assure.

— Peux-tu marcher? oui? eh bien, tu vas aller te coucher, et j'irai ensuite te faire une visite de médecin. Va avec elle, ceci s'adressait à Mᵐᵉ Guibourg, je tiendrai compagnie à notre hôte pendant ce temps-là. »

M. de la Fontenelle voulut rester jusqu'après « la visite de médecin ». Enfin le docteur, qui était resté longtemps avec Lucette, rentra avec la figure d'un homme mécontent et inquiet. Sa femme le suivait, la tête basse.

« Elle est anémique au dernier point, cette petite, dit-il. Je suis désolé qu'on ne me l'ait pas fait examiner plus tôt; à présent, il faudrait un traitement qu'il ne sera pas facile de lui appliquer.

— Elle ne paraissait pas malade jusqu'à présent, dit avec embarras Mᵐᵉ Guibourg; elle était un peu languissante seulement, comme le sont tant de jeunes filles... Je n'ai su que ce matin qu'elle avait des palpitations, et j'allais lui faire prendre du vin de quinquina.

— Oui, cela aurait été bon à quelque chose il y a six mois, et encore! A présent, il faudrait le grand air de la campagne, beaucoup de bon lait, du jus de viande crue, un peu d'exercice, bien peu, car elle n'a pas de force, et une oisiveté complète, sans ennui et sans chagrin. Si nous étions au mois de juillet, nous pourrions la mener aux bains de mer...

— Mais c'est une dépense énorme! s'écria Mᵐᵉ Guibourg;

cette année, nous n'aurons pas le chalet qu'on nous a prêté l'an dernier, avec le jardin qui fournissait des fruits et des légumes... C'est à peine si nous pourrions y aller pour un de nos propres enfants... »

M. de la Fontenelle réfléchissait.

« Attendez, dit-il, j'ai un moyen. Si je l'emmenais? Le bon lait et le grand air ne manquent pas à Quilfoc, et, pour le reste, on s'arrangerait de manière à le lui procurer. S'il y a quelques pilules à prendre, nous n'aurions qu'à emporter l'ordonnance ; il y a un bon pharmacien à Quimperlé, à ce que l'on dit : nous, nous n'avons jamais eu besoin de sa marchandise. Cela vous va-t-il ? »

Mme Guibourg était fort perplexe. Si elle laissait partir Lucette, il lui faudrait prendre une domestique de plus, dont les services n'équivaudraient même pas à ceux de la jeune fille ; mais, d'un autre côté, puisqu'il lui fallait du repos et des soins, Lucette ne serait plus bonne à rien..., et le docteur, une fois son attention éveillée, tiendrait à ce que son traitement fût suivi. D'ailleurs, il ne lui laissa pas le temps de réfléchir et il accepta avec reconnaissance l'offre du baron : rien ne pouvait faire plus de bien à Lucette.

« Si elle veut bien y aller..., dit Mme Guibourg en soupirant.

— Cela me ferait plaisir de le lui demander moi-même, reprit le baron. Oh! soyez tranquille, je suis habitué aux enfants ; je parlerai doucement, pour ne pas lui donner de palpitations avec ma grosse voix. »

M. de la Fontenelle fut amené auprès de Lucette, et là, ayant toussé un coup, quoiqu'il ne fût pas enrhumé, pour s'éclaircir la voix, il lui tint ce langage laconique :

« Ma petite-cousine, le médecin, ici présent, dit que vous avez besoin de changer d'air, d'aller à la campagne et de boire du lait. J'ai tout ce qu'il vous faut à Quilfoc ; voulez-vous partir demain soir avec moi ? »

Les yeux de Lucette brillèrent et ses joues pâles se colorèrent d'une vive rougeur.

« Oh ! que vous êtes bon ! répondit-elle. Mais... votre femme...

— Ma femme? Vous allez voir. Je lui envoie une dépêche en sortant d'ici : elle ne l'aura pas ce soir, parce qu'il n'y a pas de service de nuit pour Quilfoc, mais dès demain matin, et elle répondra. Tenez, voici ce que je lui écris : « Lucette malade, besoin changement d'air. » Rien de plus ; vous verrez ce qu'elle dira. »

Le lendemain, à dix heures du matin, M. de la Fontenelle apportait à Lucette la réponse de la baronne :

« Amène-la. Sera bienvenue. »

Elle se trouva assise en wagon.

CHAPITRE XX

Lucette est de nouveau en route pour l'inconnu. — Conversation d'un brave homme et d'une orpheline. — Arrivée à Quimperlé.

Toute cette journée-là passa si vite pour Lucette, qu'elle crut s'éveiller d'un rêve quand elle se trouva hors de Paris, assise commodément en wagon, dans un coin, en face du baron qui lui souriait. Elle lui rendit son sourire, et, ne pouvant lui dire sa reconnaissance à cause de leurs compagnons de route, elle mit la tête à la portière et regarda... C'était beau, ce Paris qu'elle fuyait : un chaos de masses sombres où serait tombée une pluie d'étoiles. Le ciel était encore clair et un peu rouge à l'occident ; mais cette clarté vague, qui allait diminuant de minute en minute, ne pouvait affaiblir l'éclat de la ville illuminée. Lucette pensa qu'il y avait là des merveilles dont elle avait lu cent fois la description aux côtés de son grand-père, qu'elle avait pour ainsi dire coudoyées pendant un an et qu'elle quittait maintenant sans les avoir vues : qui lui eût prédit cela autrefois l'eût bien surprise. N'importe ! elle ne regrettait rien : elle avait trop souffert. C'était passé maintenant ; comme la délivrance était venue vite! Il n'y avait pas vingt-quatre heures que, brisée de fatigue, elle s'était évanouie en aidant Adèle à essuyer la vaisselle du dîner..., elle n'avait eu que le temps de poser l'assiette qu'elle tenait pour ne pas la laisser tomber... Elle avait repris connaissance au milieu de visages inquiets penchés vers elle; puis son oncle était venu la trouver et lui avait fait une foule de questions sur les malaises qu'elle éprouvait, et, un instant après, M. de la Fontenelle lui avait offert de l'emmener chez lui... Elle n'en avait pas dormi : s'il se ravisait? si Mme de la Fontenelle ne voulait pas? Et le matin, cette bienheureuse dépêche! Elle avait tâché de cacher sa joie pour ne pas blesser ses hôtes; mais elle serrait les lèvres pour ne pas rire et chanter, car toutes les chansons qu'elle avait jamais sues lui revenaient en foule à la mémoire, et elle éprouvait une envie irrésistible d'en réjouir la petite chambre où elle faisait sa malle... Elle avait encore conduit ses cousines à leur cours, fait lire Étienne et corrigé les devoirs de Gaston, et même elle y avait pris plaisir. Elle avait tâché de dîner, mais la joie lui coupait l'appétit; et le baron, prévenu qu'elle n'avait pas mangé, avait dit avec un rire de bonne humeur : « Bon, bon, cela ne fait rien, il y a des buffets dans les gares. » Et les adieux! cela, c'était tout proche encore. Son oncle, affectueux, donnant au baron les dernières indications sur le traitement à lui faire suivre; sa tante, toujours gracieuse et polie, prodigue d'appellations caressantes. Les enfants avaient pleuré en l'embrassant. Ils l'avaient bien tourmentée; mais les enfants n'ont pas conscience de leur égoïsme, et ceux-là n'avaient sans doute pas voulu la faire souffrir : ils avaient vraiment l'air de l'aimer...

Et maintenant elle était partie! elle s'en allait encore une fois vers l'inconnu! Une créature timide et craintive se serait demandé quelles surprises désagréables cet inconnu lui tenait en réserve; mais Lucette était brave et le nouveau l'attirait. Et puis, comme elle respirait avec délices l'air frais du soir! Elle allait passer la nuit dans ce wagon; elle l'aimait mieux que sa petite chambre étouffée en manière de soupente. Et demain, la Bretagne, dont son grand-père lui avait tant parlé, la campagne, la vie au grand air et au grand soleil! Comme le baron de la Fontenelle était bon! comme sa femme avait répondu vite! « Amène-la. Sera bienvenue. » Ces deux derniers mots étaient pour elle, pour la rassurer, pour lui promettre un bon accueil; la baronne devait être aussi bonne que son mari...

Le train court, il a dépassé Versailles ; l'air fraîchit et M. de la Fontenelle ferme la portière : il ne faut pas que Lucette prenne un rhume. Elle le remercie, elle est touchée de ses attentions, qui la reportent au temps où le cher grand-père la couvait des yeux. Si les autres sont aussi bons que lui, à Quilfoc, elle s'y trouvera bien ! Il a des enfants, elle trouvera bien moyen de se rendre utile...

Lucette est lasse, ses yeux se ferment; mais quelque besoin qu'elle ait de sommeil, le sommeil ne veut pas venir. Qu'y a-t-il donc? Ah! elle n'a pu dîner, elle s'en souvient à présent, et on ne s'endort pas avec l'estomac creux. Par bonheur le baron pense à tout; il profite d'une station où l'on crie : « Vingt minutes d'arrêt! » pour apporter à sa petite compagne un potage, une aile de poulet froid et un petit pain; et il rit en la voyant manger.

« Voyez-vous, petite-cousine, le changement d'air agit déjà. Je voyais à votre mine que vous aviez faim. Voulez-vous des gâteaux maintenant? une orange? du chocolat? j'ai fait des provisions avant de quitter Paris. Non, ne me remerciez pas ; puisque je vous ai emmenée, je réponds de vous, à présent. Ma femme me gronderait si je ne vous soignais pas bien. »

Le train est reparti; Lucette, bercée par son mouvement monotone, finit par s'endormir. Le baron la regarde dormir d'un air attendri.

« Pauvre petit oiseau ! murmure-t-il en lui-même ; si cela ne fait pas pitié ! Je m'en souviendrai, des cousins Guibourg ! Quand je pense que ma petite Yvonne ou ma petite Anna pourrait se trouver seule au monde comme cette enfant-là, et tomber dans les pattes de ces gens qui la tuaient de fatigue sous prétexte de bienfaisance... Ma femme aura vite fait de la guérir sans tant de pilules! »

Le baron s'enfonce dans son coin, ferme les yeux et tombe dans un sommeil dont le tirent à peine les arrêts du train. A un de ces arrêts, des voyageurs, en descendant, laissent pénétrer dans le wagon un courant d'air froid qui le réveille tout à fait; alors il tire d'un paquet lié par une courroie une couverture de voyage et en enveloppe soigneusement Lucette. Et les voilà rendormis tous les deux.

Il faisait grand jour quand ils se réveillèrent définitivement. « Bonjour, ma petite-cousine, dit gaiement le baron. — Bonjour, mon cousin ! » dit timidement Lucette ; et ils échangèrent une poignée de main.

« Avez-vous bien dormi? avez-vous faim? demanda M. de la Fontenelle. Dans deux heures nous aurons un arrêt de cinquante minutes, et nous trouverons au buffet du chocolat, du café, du thé, ce que vous voudrez pour le premier déjeuner. Mangez des gâteaux en attendant ; rien ne creuse comme de voyager, n'est-ce pas?

— Je crois vraiment que oui! répondit Lucette en souriant. Mais que vous êtes donc bon, mon cousin ! Cette nuit j'avais un peu froid, pas assez pour me réveiller, et j'ai senti que vous mettiez sur moi une couverture..., la voilà! J'ai eu l'intention de dire : « Merci! » mais peut-être bien que je ne l'ai dit qu'en rêve.

— Rêve ou non, l'essentiel est qu'elle vous ait tenu chaud... Mangez un peu de ce plum-cake.

— Il est excellent... Comme ce pays doit être beau quand les feuilles sont poussées! Ressemble-t-il aux environs de Quimperlé?

— Oh! les environs de Quimperlé sont bien plus beaux; figurez-vous une vallée où deux rivières se réunissent : l'Isole et l'Ellé. Notre manoir est tout près de l'Isole, qui coule dans la propriété. Quand je dis manoir, on donne ce nom-là dans le pays à toutes les anciennes habitations où les propriétaires demeurent de père en fils depuis longtemps, mais n'allez pas vous figurer un château. C'est une grande maison en pierre, pas sculptée ni travaillée, et toute grise parce qu'elle a deux cents ans d'âge ; elle n'est belle ni en dedans ni en dehors. Seulement il y a du logement : c'est clair, le soleil y entre comme chez lui, et, en hiver, nous faisons bon feu dans nos grandes cheminées : le bois ne nous manque pas. D'ailleurs, il ne fait pas très froid dans la vallée ; c'est rare qu'il gèle.

— J'ai eu bien froid à Paris, dit Lucette en frissonnant encore à ce souvenir.

— Oui, on a froid d'une part et on étouffe de l'autre, dans ces petites boîtes où les Parisiens s'enferment. Vous n'aviez seulement pas de cheminée, je parie, dans cette chambre où j'ai été l'autre soir vous proposer de partir pour la Bretagne? Jolie chambre, pour une malade! Ne me parlez pas des grandes villes : c'est bon pour y demeurer en passant, parce qu'il y a des choses qu'on ne voit que là; mais pour y vivre, pouah!

— J'ai habité une très grande ville, New-York, dit Lucette; mais ce n'était que l'hiver, et, dès que le printemps venait, nous allions à la campagne. J'ai cru comprendre qu'à Paris les gens riches en faisaient autant; mais mon oncle Guibourg n'est pas riche.

— Pas riche? avec ce beau mobilier, ce valet de chambre en cravate blanche, cette table luxueuse, les bijoux de sa femme! Elle avait des diamants aux oreilles, et des bagues, et des bracelets, et une broche! tout cela pour donner à dîner à un campagnard. A moins qu'elle n'ait voulu me jeter de la poudre aux yeux... Si elle savait comme c'est du temps perdu! »

Le baron de la Fontenelle se renversa en arrière en riant aux éclats.

« Il paraît, reprit Lucette, que pour gagner de l'argent, il faut avoir l'air d'en avoir. Si mon oncle n'avait pas un beau salon et un beau cabinet dans une belle maison, on lui marchanderait le prix de ses visites. Aussi ma tante se donne beaucoup de peine pour paraître riche : vous ne vous douteriez jamais, quand vous la voyez en toilette, de tous les ouvrages qu'elle fait chez elle.

— Et elle vous avait mise au même régime, ma pauvre enfant! Soyez tranquille, il n'y a rien de cela chez nous. Nous ne sommes pas des oisifs : on a de la besogne quand on fait valoir ses terres, et ma femme s'entend à surveiller sa laiterie et sa lingerie, et son poulailler et son fruitier... A propos, il va falloir, à la première gare où l'on s'arrêtera, que j'aille voir si mes bêtes n'ont besoin de rien : des coqs et des poules de Houdan et des canards d'une espèce superbe, qui grossit sans engraisser. Ma femme va être ravie. Je lui rapporte aussi de nouvelles espèces de fleurs.

— Ah! ma cousine aime les fleurs?

— Je crois bien! le jardin est plein de roses, de toutes les espèces que j'ai pu lui procurer. »

Le train ralentit sa marche et s'arrêta. « Ah! c'est ici qu'il nous faut descendre, dit le baron. Donnez-moi la main et sautez, ma petite-cousine. Là! c'est cela. On a besoin, n'est-ce pas, de se dégourdir un peu les jambes? Trente-cinq minutes d'arrêt, vous avez le temps de déjeuner et de vous promener un peu. »

Lucette était toute ranimée quand elle remonta dans le wagon. Décidément le nouveau, l'inconnu, n'avait que des charmes jusqu'à présent. Ses cris d'admiration devant les points de vue réjouissaient M. de la Fontenelle, Breton dans l'âme, et il ne manquait jamais de lui dire en riant : « Vous verrez, c'est bien plus beau aux alentours de Quimperlé! »

Il n'est si long voyage qui ne prenne fin, et, vers quatre heures du soir, le train laissa dans la gare de Quimperlé le baron de la Fontenelle et sa petite-cousine.

Deux hommes d'équipe accoururent.

CHAPITRE XXI

Nouvelle étape de l'orpheline. — La famille de la Fontenelle. — Entrée au manoir de Quilfoc.

« Attendez un peu là, s'il vous plaît, que je vérifie nos colis et que je voie si Corentin est arrivé, dit le baron à Lucette. Corentin, c'est mon John à moi; seulement, ce n'est pas un faux Breton. Ah ! je le vois là-bas... Corentin ! par ici ! »

Corentin, un robuste gars en costume du pays, avec le grand chapeau de feutre, les guêtres et le bragou-bras, vint souhaiter le bonjour à M. le baron et s'informer s'il avait fait bon voyage. John ne se serait pas permis pareille familiarité; mais Lucette n'y trouva point à redire, et elle remercia avec effusion le brave garçon qui vint la débarrasser du paquet qu'elle portait et lui dire que Mme la baronne et les enfants envoyaient tous leurs compliments à mademoiselle.

« Tout y est, dit le baron qui avait compté ses colis. Avez-vous amené le cabriolet et la charrette, Corentin ?

— Oui, monsieur le baron, comme madame me l'a dit. Madame a même envoyé un grand châle pour mademoiselle, si elle avait froid. C'était M. Jacques qui aurait bien voulu venir avec moi ! Il pleurait, le pauvre chéri, parce que madame n'a pas voulu.

— Jacques est mon plus petit garçon, et il a trois ans, dit le baron en manière d'explication pour Lucette. Sa mère aurait bien pu le laisser venir, il ne courait pas de danger avec vous, Corentin.

— Oh ! pour sûr, monsieur le baron. Mais madame a dit qu'il vous marcherait sur les pieds, qu'il fatiguerait mademoiselle qui était malade, et puis qu'il n'était pas juste de l'envoyer tout seul, puisque les autres auraient autant de plaisir que lui à voir leur cousine.

— Vous voyez que vous êtes attendue et désirée, Lucette ! dit le baron gaiement. Nous serons bientôt arrivés : une petite heure à peine. Enlevez ces colis-là, Corentin. Commencez par les caisses... Oh ! celle-ci est trop lourde. Penraz, Morleguen, un coup de main à Corentin, s'il vous plaît.

— Voilà, voilà, monsieur le baron ! » Et deux hommes d'équipe accoururent. Lucette remarqua que le baron était très connu dans le pays et sans doute très estimé, car il n'en finissait pas de rendre des saluts à des gens de toutes classes et de répondre aux félicitations à propos de son retour. Il saluait, souriait, donnait des poignées de main, échangeait une parole amicale avec l'un ou l'autre, tout en surveillant le placement de ses colis sur la charrette.

« Doucement la cage, ne secouez pas trop mes poules... Morleguen, donnez donc un peu d'eau à mes canards avant que nous repartions... Attention, ce sont des plants de rosiers et d'arbres fruitiers, il ne faut rien mettre dessus. Merci, mes gars ; voilà de quoi boire à ma santé. En route, à présent ! Lucette, nous montons tous deux dans le cabriolet, Corentin suivra avec la charrette. »

Il aida la jeune fille à monter dans le véhicule antique et peu élégant et s'assit auprès d'elle. Un claquement de fouet aux oreilles du cheval, et les voilà partis.

« Oh ! que c'est joli ! » s'écria Lucette en regardant la ville bâtie en terrasses, la vieille tour, le clocher de Saint-Michel, la basilique de Sainte-Croix, les deux rivières, les maisons peintes de diverses couleurs et les masses d'arbres où commençait à poindre la première verdure du printemps.

« N'est-ce pas? dit le baron, tout fier. Ce sera bien autre chose au mois de mai, quand la ville sera toute fleurie. Il y a des rosiers grimpants le long de presque toutes les maisons... Allons, va, 'mon vieux Goéland... Goéland, c'est le cheval; il méritait son nom il y a vingt ans, mais à présent il est vieux et ne gagnerait pas de prix aux courses... A propos, il faut que je vous fasse mes excuses, ma petite-cousine, pour la voiture que ma femme nous a envoyée; je vois ce que c'est : les autres chevaux avaient travaillé, il ne restait que Goéland et il est habitué au cabriolet, qui n'est pas lourd : vieux cheval, vieille voiture, voyez-vous ! Je vous ramènerai voir la ville dans la calèche avec Corentin en grand costume sur le siège : c'est plus joli à regarder qu'un habit noir.

— John n'avait pas son habit noir lorsqu'il était cocher, répliqua Lucette en riant; il avait une livrée où j'ai recousu des boutons plus d'une fois.

— Vraiment? Eh bien, soyez tranquille, ma petite Lucette, si la veste de Corentin a besoin d'une ouvrière, il ne manque pas de servantes à Quilfoc... Tenez, la voilà, la vieille maison..., et les enfants nous ont vus; ils lèvent leurs mouchoirs en l'air. »

Lucette aperçut une construction de pierre grise, teintée de rose sous les rayons du soleil couchant, qui dressait sur une petite éminence ses deux étages, son grand toit et son pigeonnier en forme de tourelle. Ce n'était pas un château, mais il avait assez fière mine, le manoir de Quilfoc. Il dominait un vaste terrain découvert planté en jardin, et se détachait sur un bois dont on voyait encore toutes les fines ramures se découpant en dentelle rousse sur le ciel clair. Les bourgeons, gonflés de sève, s'entr'ouvraient déjà au bout des branches, laissant tomber leurs écailles brunes; ce n'était plus l'hiver, et ce serait demain le printemps.

Devant la maison, sur un gazon d'un vert d'émeraude, quatre enfants s'agitaient, sautant, levant les bras; il semblait qu'on les entendait rire et crier. Tout à coup ils disparurent tous dans la maison, et leur mère, qui se tenait près d'eux avec un cinquième enfant dans les bras, envoya du geste un salut aux arrivants et rentra à son tour. Le chemin s'enfonça entre deux haies plantées sur de hauts talus et la maison disparut aux yeux de Lucette.

« Comme ils ne nous voyaient plus d'un côté, dit le baron, ils ont couru au-devant de nous de l'autre. Nous sommes presque arrivés : nous entrons dans l'avenue de chênes... En avez-vous vu beaucoup, de chênes de cette taille? ils en auraient long à raconter, s'ils parlaient. Là, qu'est-ce que je vous disais? voilà ces quatre vauriens ! »

En effet, les quatre vauriens accouraient dans l'avenue, et ils semblaient bien petits sous les grands chênes. Le plus jeune demeurait en arrière et criait comme un brûlé, de rage de ne pouvoir courir aussi vite que les autres. Enfin sa sœur aînée s'arrêta et fit un signe au plus grand des garçons; ils recueillirent le petit, le mirent entre eux deux, et, le soulevant de terre, arrivèrent avec lui devant le cabriolet, barrant la route. Goéland s'arrêta sans en demander la permission.

« Hé bien! Goéland? dit le baron sur le ton de la réprimande.

— Bonjour, papa, bonjour, cousine ! » crièrent toutes les petites voix. Le second garçon, un gros joufflu de mine pacifique, avait rejoint les autres.

« Bonjour, scélérats, bonjour, mauvais drôles! répondit le baron du ton dont il aurait dit : « Bonjour, mes chers trésors ! » Voulez-vous bien vous ranger ! est-ce qu'on barre le passage aux gens?

— Prends-nous, papa! dit le plus audacieux : c'était maître Jacques.

— Nous voulons dire bonjour à la cousine! dit le gros joufflu.

— Et lui dire que nous sommes très contents de la recevoir, ajouta Yvonne, une demoiselle de huit ans.

— Moi, je veux l'embrasser, reprit Jacques d'un air résolu.

— Tout à l'heure; débarrassez le chemin, s'il vous plaît. Goéland est trop vieux pour vous traîner tous, et l'avenue monte encore !

— Eh bien, descends, toi qui es lourd, papa! dit le fils aîné. Nous monterons, et je saurai bien conduire Goéland.

— Oh! ce Léon, il a toujours de bonnes idées, dit Yvonne avec admiration. Descends, papa!

— Il faut toujours faire leur volonté, » reprit le père en se tournant vers Lucette; et il descendit.

Les quatre vauriens eurent bientôt fait de prendre le cabriolet d'assaut; Yvonne demanda poliment à Lucette la permission de l'embrasser, « puisque maman a dit que vous seriez ma grande sœur », ajouta-t-elle. Les trois autres pensèrent que la permission était obtenue pour eux aussi, car ils en profitèrent tous, et Jacques déclara qu'il aimait beaucoup la cousine et qu'il voulait être sur ses genoux.

Léon prit les rênes et siffla pour faire partir Goéland, qui se mit en marche avec une sage lenteur. M. de la Fontenelle, à pied, surveillait l'équipage.

« N'est-ce pas que je conduis bien? demanda Léon avec orgueil à sa cousine. Vous ne savez pas conduire, vous, dites?

— Mais si, répondit Lucette en riant.

— Oh! une fille! Essayez un peu, pour voir! »

Lucette remit Jacques à sa sœur et prit les rênes des mains de Léon; elle s'amusa même à activer l'allure de Goéland : le terrain ne montait plus.

« Oh! elle sait conduire! s'écria Léon en frappant dans ses mains. Et les autres applaudirent à qui mieux mieux.

— J'avais en Amérique un panier et des poneys que je conduisais moi-même quand nous étions à la campagne, » dit Lucette pour expliquer sa science. Goéland n'était pas un poney et le cabriolet ne ressemblait guère à son élégant panier ; mais elle trouvait du plaisir à se sentir des rênes dans les mains. Elle devint tout à coup rouge comme une pivoine en se trouvant en face de Mme de la Fontenelle, qui avait suivi ses enfants de loin et venait, elle aussi, souhaiter la bienvenue à la petite-cousine.

Lucette arrêta Goéland, remit les rênes à Léon et sauta à bas du cabriolet. M. de la Fontenelle la prit par la main et la présenta à sa femme.

« La voilà : elle a déjà un peu meilleure mine que quand je l'ai prise, en dépit de la fatigue du voyage. A ton tour de la remplumer, maintenant ! »

Ce disant, il prit des mains de sa femme le baby qui lui tendait les bras en criant : « Papa ! papa ! » et couvrit de baisers sa figure rose et potelée.

Mme de la Fontenelle avait commencé par embrasser Lucette de la façon la plus maternelle qui se pût voir ; puis elle avait passé le bras de la jeune fille sous le sien et elle marchait auprès d'elle, tenant une de ses mains qu'elle caressait doucement, et lui disant avec un sourire engageant des paroles encourageantes.

« Pauvre petite, vous avez donc été malade ? Vous avez bien fait de venir vous rétablir à Quilfoc ; l'air est excellent et nous vous soignerons bien. Les enfants sont un peu turbulents ; mais vous n'aurez qu'à leur dire que vous êtes fatiguée, ils vous laisseront tranquille tout de suite. Ils sont prévenus que vous êtes malade et ils seraient bien fâchés d'augmenter votre mal... Est-ce que nous ne marchons pas trop vite ? Appuyez-vous sur moi : je suis forte, j'ai l'habitude d'avoir des enfants sur les bras... Vous auriez mieux fait de rester dans la voiture... Là, voici un banc, reposez-vous un peu. »

Elle fit asseoir Lucette sur un banc rustique et s'y plaça auprès d'elle en passant un bras autour de sa taille pour la soutenir. La petite Yvonne, voyant sa grande cousine qui penchait sa tête sur l'épaule de sa mère, dit vivement à son frère

Léon prit les rênes.

Léon : « Arrête, Léon ! » et elle descendit du cabriolet et vint mettre sous le nez de Lucette une petite bouteille qu'elle sortit de sa poche.

« Que fais-tu donc là, Yvonne? lui dit Mme de la Fontenelle.

— Mais... c'est pour la faire revenir, parce que j'ai vu qu'elle se trouvait mal. Dans les histoires, on voit toujours des dames qui se trouvent mal et qui demandent un flacon de sel... Alors, comme papa avait écrit que la cousine était malade, j'en ai apporté, par précaution...

— Mais où l'as-tu pris, ton sel?

— A la cuisine, maman ! »

Mme de la Fontenelle éclata de rire, et Lucette aussi rit de bon cœur. Elle n'avait eu qu'un simple étourdissement, et elle s'excusa de faire à Quilfoc une entrée de petite-maîtresse nerveuse.

« C'est moi, répondit la baronne, qui devrais m'excuser de n'avoir pas sous la main tout ce qui peut vous être utile; mais la dépêche de mon mari ne m'avait pas renseignée là-dessus. Pouvez-vous marcher maintenant? Vous vous reposerez mieux à la maison qu'ici. »

Lucette se leva; la tête ne lui tournait presque plus, et elle fit son entrée dans le manoir de Quilfoc au bras de Mme de la Fontenelle, en caressant de la main qu'elle avait de libre la tête blonde d'Yvonne, qui avait grand besoin d'être consolée du peu de succès de son flacon de sel. Les garçons tourbillonnaient autour d'elles, et la petite Anna, assise sur le bras de son père, riait et poussait de petits cris d'oiseau joyeux. Goéland et le cabriolet avaient disparu : ils étaient allés se faire remiser, chacun à sa place.

« Voyez-vous, ma petite-cousine, dix marches de perron : mes aïeux savaient, tout comme les architectes d'aujourd'hui, que les rez-de-chaussée au ras du sol sont humides et donnent des rhumatismes. Ce n'est pas à Quilfoc que vous en prendrez ! »

Le baron riait en faisant à Lucette l'éloge de sa maison, et il avait une manière de lui parler et de la regarder, qui signifiait :

« Je suis heureux que ma maison soit salubre, parce que vous y serez bientôt guérie ! »

Il continua, en ouvrant la porte vitrée, en haut du perron à double rampe :

« Voilà le vestibule : il n'est pas aussi orné que celui du cousin Guibourg. Mais à la campagne on s'occupe surtout de se mettre à son aise. Des bancs de jardin où les enfants peuvent grimper sans qu'on les gronde, des portemanteaux pour mettre leurs chapeaux, un porte-parapluie et un bahut pour les joujoux, voilà tout ce qu'il nous faut. Voyez-vous ? »

Il ouvrit le bahut, un vieux meuble de chêne sculpté qui remontait à trois cents ans, et montra à Lucette un énorme jeu de quilles, des boules, des raquettes, des volants, un croquet, des cordes à sauter, des ballons, enfin tous les engins propres à divertir des enfants à qui ne sont mesurés ni l'air ni l'espace. Et chacun commença à vanter son jeu favori à la cousine, assurant que c'était celui-là qui la guérirait parce qu'il était très bon pour la santé. M. de la Fontenelle riait, et Lucette, à la fois émue et joyeuse, riait aussi avec une larme dans chaque œil : il y avait longtemps, la pauvre petite, qu'elle ne s'était senti le cœur aussi épanoui.

Le petit veau allait faire sa première promenade

CHAPITRE XXII

Jours de paradis.

Vous est-il arrivé d'être en proie à un cauchemar, de souffrir, de pleurer, d'avoir le cœur serré comme dans un étau, déchiré comme par une griffe, et de conserver dans votre martyre le vague sentiment que peut-être bien ce n'était qu'un rêve, dont une main secourable pourrait vous tirer en vous secouant un peu fort? Et vous est-il arrivé aussi de vivre, pendant votre sommeil, dans un monde de lumière et de paix, où tout votre être s'épanouissait délicieusement, où des paysages d'une beauté inconnue se déroulaient sous vos yeux, où vos regards ne rencontraient que des visages souriants, où des harmonies dignes de l'Éden flottaient dans l'air pur et léger, et ne vous êtes-vous pas dit en tremblant : « C'est un rêve..., pourvu qu'on ne vienne pas m'éveiller !... » Lucette avait eu dans sa vie réelle assez de longs cauchemars ; à présent, il lui semblait qu'elle traversait un rêve de paradis. Ce rêve-là aussi devait finir ; si bien accueillie qu'elle fût à Quilfoc, elle savait bien qu'elle ne devrait pas y rester toujours ; mais quel doux repos, et comme elle y reprenait des forces pour la bataille de la vie ! Elle se sentait protégée, elle se sentait aimée ; on ne lui faisait point de phrases, on ne lui avait point déclaré à son arrivée qu'elle était « l'enfant de la maison » ; Mme de la Fontenelle n'avait point usé avec elle, dès ses premières paroles, du tutoiement maternel ; mais toutes ses manières étaient d'une mère, et il était impossible à Lucette de ne pas sentir que la baronne était heureuse de l'avoir près d'elle, tout aussi heureuse que si c'eût été Yvonne subitement grandie, et devenue pour elle une compagne capable de la comprendre et de lui répondre. Et le baron ! quel bon sourire, quel regard bienveillant quand il tendait, le matin, sa large main à Lucette en lui disant : « Bonjour, petite-cousine ! avez-vous bien dormi ? » Il avait toujours quelque promenade à lui proposer, et il l'aurait mise sur les dents, en dépit de ses bonnes intentions, si la baronne n'eût pas été là.

Elle s'était fait remettre la consultation écrite par le docteur Guibourg, et elle tenait la main à ce que le traitement fût suivi de point en point. Dès le jour de l'arrivée de Lucette il y avait eu, à propos d'elle, une discussion entre les deux époux : le baron, confiant dans l'excellence de l'air breton et les effets de la vie campagnarde, voulait, comme il disait, « envoyer promener toutes les drogues du docteur » ; Mme de la Fontenelle trouvait, elle, qu'il fallait user de tous les moyens pour remettre Lucette en bon état le plus vite possible. Le dernier mot lui resta, comme de juste ; le baron avoua, comme il faisait toujours, « qu'après tout elle s'y connaissait mieux que lui », et Corentin fut envoyé chez le pharmacien de Quimperlé avec l'ordonnance du docteur Guibourg.

J'oubliais de dire que, le lendemain de l'arrivée de la voyageuse, le facteur apporta au baron une lettre chargée venant de Saint-Clair et adressée à l'hôtel où il logeait à Paris. La lettre avait couru après le destinataire : de là son retard. Elle était signée : « Julie Morineau », et recommandait au baron, si la petite n'était pas parfaitement heureuse à Paris, comme Mlle Morineau s'en doutait depuis quelque temps, de la faire partir immédiatement pour Saint-Clair. L'argent était destiné à payer son voyage.

M. de la Fontenelle répondit : « Ma cousine, vous arrivez trop tard ; j'ai enlevé l'oiseau et je le tiens à présent dans ma cage. Je voudrais bien voir ce qui se passe dans la maison des Guibourg ; il leur faut au moins deux personnes pour remplacer cette pauvre petite. » Et le brave homme se répandait en éloquence indignée contre ces hypocrites grippe-sous qui, sous prétexte de bienfaisance, se procuraient une gouvernante sans la payer, et en la tuant de fatigue, encore ! Mlle Morineau pouvait être tranquille désormais sur le sort de Lucette : on allait la lui remettre en bon état, et, quand on la lui rendrait, ce serait avec de bonnes joues roses et rondes. Mais pourquoi la lui rendrait-on ? Elle n'avait pas l'air de se trouver malheureuse à Quilfoc : Mlle Morineau devrait venir en juger par elle-même. Ce n'était vraiment pas la peine d'être parents si on ne se connaissait que par son écriture : les braves gens devaient se rapprocher, surtout quand ils étaient de la même famille... Quant aux Guibourg de Paris, on ne les inviterait pas, eux !

Mlle Morineau remercia ; l'idée de s'embarquer pour un voyage ne pouvait pas lui entrer du premier coup dans la cervelle. Mais elle se donna le plaisir de raconter à Voinette la vie que « cette pauvre petite » avait menée chez ces Guibourg de Paris, et elle ajouta : « Ils peuvent bien m'envoyer tant qu'ils voudront les portraits de leurs vilains enfants, ce n'est pas mon héritage qui les enrichira. » Mlle Julie exagérait ; les enfants Guibourg n'étaient pas vilains ; mais Mlle Julie voulait sans doute parler de la beauté morale.

Cependant Lucette était heureuse, plus heureuse qu'à Saint-Clair, où elle s'était sentie d'abord seulement supportée, puis acceptée. En somme, elle n'était sûre de l'affection de sa cousine Morineau que depuis qu'elle l'avait quittée. A Quilfoc, elle se sentait aimée. Ces braves gens l'avaient prise par esprit de famille, parce qu'elle était de leur sang, et puis parce qu'elle était malade et malheureuse ; ils l'avaient bien accueillie, par esprit de justice et par bonté, pour la dédommager de la façon injuste dont elle avait été traitée chez d'autres parents; et maintenant ils l'aimaient, elle ne savait pas pourquoi, mais elle était sûre qu'ils l'aimaient. Et elle aussi, elle les aimait de tout son cœur, les parents et les enfants. « Si mon cher grand-père les avait connus ! » se disait-elle; et ce souvenir, ce regret, attristait un moment sa joie. Mais sans doute il l'aimait mort comme il l'avait aimée vivant, et son esprit planait sur elle et bénissait les amis bienfaisants qui la traitaient comme une fille aînée.

Les premiers jours, Lucette se laissa vivre. Elle n'avait pas de force pour travailler, à peine pour réfléchir, et elle paraissait si souffrante que le baron, qui s'était attendu à une guérison subite produite par l'air de Quilfoc, s'effraya et voulut aller chercher un médecin. Mais sa femme l'en empêcha; elle savait bien, lui dit-elle, ce qu'il fallait à Lucette : il n'y avait qu'à suivre l'ordonnance du docteur, attendre et éviter toute fatigue. Et Lucette fut dorlotée comme un enfant au berceau.

Quand elle ouvrait les yeux dans son grand lit antique, un gai rayon de soleil, passant à travers ses rideaux roses, semblait lui souhaiter la bienvenue. Elle s'étirait paresseusement avec une sensation de bien-être et regardait du côté de la porte, sûre de la voir bientôt s'entre-bâiller pour livrer passage à une tête amie qui guettait son réveil. La baronne entrait, souriante, lui donnait le baiser du matin, s'asseyait près de son lit, lui demandait comment elle avait passé la nuit; tout cela tendrement, avec de doux regards et des paroles caressantes qui allaient au cœur de Lucette. Souvent elle tenait sur son bras sa petite Anna, qui agitait ses mains potelées et ses jambes dodues pour aller sur le grand lit de la cousine; et Lucette la prenait, jouait avec elle, s'amusait à la faire parler, toute fière quand elle avait réussi à lui apprendre un mot nouveau. Les autres enfants arrivaient aussi, escortant le déjeuner de Lucette qu'Yvonne lui servait gravement, lui demandant chaque jour combien elle voulait de morceaux de sucre, et quêtant des éloges pour la manière dont elle avait fait griller son pain. Les garçons restaient à la porte jusqu'à ce que Lucette les eût appelés : ils ne se seraient pas permis d'entrer sans autorisation. Ils avaient pourtant toujours quelque chose d'intéressant à lui dire : c'était tel ou tel arbuste qui s'était couvert de bourgeons depuis la veille, ou bien trois poussins qui étaient éclos, ou le petit veau qui allait faire sa première promenade, ou l'âne Mathieu qui n'avait pas voulu se laisser monter par Bertrand et qui l'avait roulé sur la pelouse, ou Trompette, le chien de chasse, qui avait failli étrangler la vieille chatte. Ils racontaient tous leurs histoires avec animation et finissaient par engager Lucette à se guérir vite pour pouvoir jouer avec eux. Jouer! Lucette avait oublié ce que c'était; mais elle ne demandait pas mieux que de rapprendre.

Elle s'y mettait et redevenait enfant, s'amusant pour son compte à lancer un ballon ou à monter sur la balançoire; mais Mme de la Fontenelle ne la laissait jamais jouer longtemps : dès qu'elle la voyait pâlir ou devenir haletante, elle intervenait amicalement et la ramenait au grand canapé du salon transformé pour elle en chaise longue. C'était vraiment pour Lucette un séjour délicieux que ce salon, grand et clair, où chaque génération avait, depuis trois cents ans, ajouté des meubles. Il ne s'y trouvait de moderne qu'un grand piano à queue et des plantes toujours fraîches, puisqu'on pouvait les renouveler tant qu'on voulait et renvoyer à l'hôpital, dans la serre, celles qui faisaient mine d'être malades. De son canapé, Lucette examinait les portraits d'ancêtres accrochés aux murs : belles dames en fraises gaudronnées, en frisure à la Sévigné ou en coiffures poudrées; seigneurs de fière mine sous leur armure de guerre ou leur toilette de cour. Le baron, qui faisait de temps en temps une apparition dans le salon, lui racontait leur histoire ou leur légende, car l'imagination des gens du pays leur en avait souvent composé une, et leur descendant les savait toutes par cœur. « Je les ai apprises sur les genoux de mon père, disait-il à Lucette, et je les répète à mes enfants : les aînés les savent déjà aussi bien que moi. Cela fait partie de l'héritage de famille. »

Lucette n'avait pas passé trois semaines à Quilfoc, que déjà ses forces, ses couleurs et son appétit étaient revenus. Elle pouvait se risquer dans de longues promenades sans qu'on fût obligé d'emmener Mathieu pour la porter, et, si Mme Guibourg l'avait vue faire sauter Jacques et Anna sur ses genoux en leur chantant une chanson nègre, elle l'aurait accusée d'avoir fait la malade pour se faire ordonner le repos.

Elle se serait bien trompée ; Lucette ne pensait qu'à travailler, au contraire, et elle le déclara à Mme de la Fontenelle, aussitôt qu'elle se sentit redevenue la Lucette d'autrefois. Mme de la Fontenelle se récria d'abord ; elle ne l'avait pas prise pour la faire travailler, mais pour la guérir et la rendre heureuse. Elle y avait gagné une gentille petite compagne avec qui elle avait plaisir à causer : c'était encore elle qui devait de la reconnaissance à Lucette. Mais la jeune fille n'admettait pas cette manière de raisonner, et, comme elle tint bon, ses hôtes durent enfin lui permettre de se rendre utile. De quelle manière ? c'est ce que nous apprendrons en lisant par-dessus son épaule une lettre qu'elle écrit à Mlle Julie, dans sa grande chambre, où entre par bouffées l'odeur des glycines et des lilas.

« Ma chère cousine, écrit Lucette, vous n'avez reçu de moi que de petits bouts de lettres depuis que je suis ici : j'étais si lasse en arrivant que je n'avais de courage pour rien, et, dès que je me suis trouvée mieux, comme tous mes hôtes se sont empressés autour de moi pour me distraire et m'amuser, je n'aurais pas trouvé poli de les quitter pour écrire une longue lettre. Aujourd'hui, je suis maîtresse d'école et je surveille mon étude. Mes élèves sont assis autour d'une belle table à pieds tournés qu'on a été dénicher dans le grenier, et ils font leurs devoirs avec de petites mines attentives tout à fait drôles. Moi, j'écris sur un petit bureau en bois de rose, relique d'une baronne de la Fontenelle qui a eu l'honneur d'être présentée à la reine Marie-Antoinette à Trianon et de lui enseigner un procédé pour faire les fromages. C'est comme cela : chaque objet a son histoire ici, et je vous assure que c'est très précieux pour l'éducation des enfants. Vous comprenez qu'ils écoutent tout de suite avec intérêt quand je leur parle d'Henri IV, par exemple, et que j'ajoute : « Vous savez bien, le roi qui a donné ce beau coutelas de chasse au baron Yves de la Fontenelle ! » Il y a en effet, dans la famille, une histoire de chasse où ce baron Yves a tué un sanglier qui venait d'éventrer le cheval du roi, et le roi lui a donné son coutelas en souvenir.

« Mais ce n'est pas cela que je voulais dire. M. et Mme de la Fontenelle étaient si indignés contre les cousins de Paris qui m'avaient fait trop travailler, qu'ils auraient voulu me garder les bras croisés toute la journée. Mais j'ai fait entendre raison à ma cousine en lui promettant de ne pas me fatiguer, et je suis bien contente, car ma présence lui permettra de garder ses garçons près d'elle un an ou deux de plus qu'elle ne l'espérait. Léon, l'aîné, a neuf ans, et on comptait l'envoyer au lycée l'an prochain. Sa mère en était déjà toute triste; mais elle ne sait pas le latin, et je crois bien que mon cousin n'en a pas lu un mot depuis qu'il a fini ses études. J'ai proposé de commencer l'enfant, cela lui fera gagner une ou deux classes. En même temps, je fais travailler Yvonne et Bertrand, et j'ai même appris l'alphabet à Jacques; mais il n'y met pas beaucoup d'ardeur : je ne le presserai pas.

« Si vous saviez, ma bonne cousine, quelle vie heureuse on mène ici! Je sais qu'on vous a invitée à y venir : vous devriez bien accepter. D'abord, on ne voit autour de soi que des figures de bonne humeur, et on n'entend jamais une parole aigre. Si les enfants se battent quelquefois, au bout de cinq minutes ils n'y pensent plus; aucun d'eux n'est égoïste, et il suffit de leur faire remarquer qu'ils deviennent importuns pour qu'ils se taisent et se tiennent tranquilles. Les domestiques sont tous dévoués et bons comme Voinette; ils adorent leurs maîtres, qui le méritent bien, et qu'ils servent depuis des années : il y en a qui sont nés dans la maison. Si vous voyiez comme Mme de la Fontenelle est bonne et douce, non seulement envers ses domestiques et ses fermiers, mais encore envers les pauvres gens des environs! Elle apaise leurs petites querelles, elle les console dans leurs chagrins, elle les aide dans leurs difficultés, elle les soigne quand ils sont malades. C'est comme son mari, à qui on s'adresse bien plus souvent qu'au juge de paix pour arranger les contestations. Le docteur Guibourg disait quelquefois, en parlant de lui : « Un homme qui ne fait rien. » Le docteur se trompait beaucoup : il n'a pas de profession, c'est vrai, mais il est occupé toute la journée. Il dirige et surveille tout ce qui se fait sur ses terres ; il se tient au courant de tout ce qui concerne l'agriculture ; il lit des revues, des journaux ; il rend des services à ses voisins ; enfin il ne reste pas un instant oisif. Ma cousine a la haute main sur le ménage, naturellement, et puis sur la laiterie, la buanderie, le poulailler, le fruitier, la serre, le jardin ; je la suis partout et je n'aurais jamais pu croire que ce fût si intéressant. En Amérique, je jouissais de tout, mais je ne faisais rien ; je vois maintenant que le sort le plus heureux, c'est certainement d'être une dame de campagne comme ma cousine de la Fontenelle.

« J'aurais encore bien des choses à vous dire, ma bonne cousine, sur les livres que je lis, car il y a ici une belle bibliothèque où la baronne choisit pour moi ; sur les visites que nous recevons, sur la musique qu'on fait de temps en temps avec des amateurs de Quimperlé, sur nos bonnes soirées en famille, sur le pays qui est tout fleuri en ce moment d'ajonc, d'aubépine et de pommiers ; mais la petite pendule de ma cheminée me dit que c'est l'heure où Corentin va partir porter les lettres à la poste. Je n'ai que le temps de vous embrasser et de vous redire que j'ai beau être heureuse ici, je ne le suis pas plus qu'auprès de vous, et que, si vous aviez besoin de moi, vous n'auriez qu'à faire un signe, je partirais tout de suite.

« *P.-S.* — Dites, s'il vous plaît, à Voinette, qu'il y a ici un chat gris, nommé Raton, qui est presque aussi aimable que Marabout. Quelles bonnes parties ils feraient ensemble ! »

La fête avait duré toute la journée.

CHAPITRE XXIII

Un an après. — Diplomatie de Mme de la Fontenelle. — Projets pour un long avenir.

Il y avait un an — un an et un jour, pour être exact — que Lucette Mauversé était arrivée à Quilfoc. Elle se leva de très grand matin, et, s'étant vêtue à la hâte d'un peignoir, qu'elle  appelait son peignoir de poussière, elle descendit, sans faire de bruit, au rez-de-chaussée où les domestiques commençaient à réparer le désordre de la veille. Lucette jugeait qu'elle devait aider à le réparer, ce désordre, puisqu'elle en était la cause ou tout au moins l'occasion. En effet, M. et Mme de la Fontenelle avaient choisi le jour  anniversaire de son arrivée pour donner une fête en l'honneur de la petite-cousine. On y était venu de Quimperlé et de tous les manoirs d'alentour, et la fête avait duré toute la journée. Jeux pour les enfants, promenade sur l'Isole dans toute une flottille de petits bateaux, grand *lunch* dans une petite île sous une tente aux vives couleurs, exercices et divertissements de toutes sortes, bal à partir de la nuit, souper, feu d'artifice, rien n'avait manqué aux plaisirs des visiteurs. J'allais dire ni à ceux de Lucette; mais Mlle Morineau, qui avait fait espérer sa présence, s'était décidée tout à coup à ne pas venir : grande déception pour sa jeune cousine, que n'avait pas dédommagée l'envoi d'une jolie robe rose.

Lucette déploya tant d'activité que Mme de la Fontenelle, qui arriva avec sa petite Anna, jeta un cri de surprise.

« Comme par la vertu de ma petite baguette! dit-elle en riant. C'est ainsi que parlent les fées, et les choses s'arrangent d'elles-mêmes à leur commandement. Je crois que vous êtes fée, Lucette! on ne se douterait pas de tout le remue-ménage qui s'est fait ici jusqu'à deux heures du matin. Mais pourquoi vous êtes-vous levée? vous étiez fatiguée et j'avais bien recommandé qu'on vous laissât dormir.

— Je me suis réveillée à mon heure ordinaire, bien reposée, et j'ai été ravie de ne pas vous trouver en bas. J'aime à faire des surprises, ma cousine... Oui, mon bijou, viens avec Lucette, ma chérie ; nous ne nous étions pas encore embrassées ce matin, mon amour! »

Ces paroles s'adressaient à Mlle Anna, qui, en voyant Lucette, s'était agitée jusqu'à ce que sa mère la posât par terre. Elle avait couru à la jeune fille en lui tendant les mains, et maintenant, assise sur son bras, elle frottait tendrement sa petite figure contre la sienne.

« Elle me quitte pour aller à vous, comme tous les autres, d'ailleurs; je devrais être jalouse, dit la baronne en riant. Allons, petite fée, venez déjeuner, puisque vous ne m'avez rien laissé à faire...; je comptais m'occuper de cela dans l'après-midi. Les enfants sont déjà à table et mon mari va partir pour Quimperlé. »

Elle passa amicalement son bras autour de la taille de Lucette, et, ainsi enlacées, elles entrèrent dans la salle à manger.

« Bravo ! s'écria le baron en les voyant; entrée du Printemps et de l'Été. Vous êtes fraîches comme deux roses, ce matin : on ne dirait jamais que vous vous êtes tant fatiguées hier et les jours précédents.

— Moi ? je ne me suis pas fatiguée, c'est Lucette qui s'est donné toute la peine : je ne faisais qu'ordonner du haut de ma grandeur.

— Ce serait beau, à mon âge, si je me fatiguais pour si peu de chose !

— Hé ! hé ! reprit le baron, l'âge n'y fait rien : vous n'auriez pas pu vous donner tout ce mouvement-là il y a un an, ma petite-cousine ! Vous rappelez-vous comme vous étiez essoufflée, rien que pour remonter du bas du jardin ? Et cette petite figure blême ! et cette robe dans laquelle on aurait dit qu'il n'y avait personne ! Parlez-moi de l'air de Quilfoc pour donner bonne mine aux jeunes filles !

— Il n'y a pas que l'air, mon bon cousin ; il y a aussi la bonté des maîtres de Quilfoc.

— Bonté ? il n'y a pas de bonté ! Nous sommes d'affreux égoïstes, en train de devenir aussi injustes que les cousins Guibourg...; je le disais encore ce matin à ma femme ; n'est-ce pas, Anna ?

— Certainement, répondit Mme de la Fontenelle en faisant signe à son mari de ne pas en dire davantage. Vous avez fini, mes petits ? reprit-elle en s'adressant aux enfants. Allez-vous-en jouer et laissez-nous prendre notre café en paix avec Lucette.

— Cousine Lucette viendra bientôt ? dit Yvonne. On ne s'amuse pas quand elle n'est pas là.

— Oui, oui, dans un instant ; elle est grande, elle aime la société des grandes personnes. Elle ira vous retrouver quand elle voudra. Emmène Anna, donne-lui la main, doucement, et conduis-la à sa bonne. »

Yvonne, avec des airs de petite maman, emmena sa sœur, et les garçons les suivirent. Sur le seuil, Léon se retourna.

« Lucette, dit-il, est-ce que la queue du cerf-volant est finie ? »

Lucette se mit à rire.

« Oui, elle est finie, il n'y a plus qu'à l'attacher ; mais il faut que ce soit moi qui le fasse. Ne le crevez pas, en attendant. »

Les enfants sortirent.

« Les voilà partis, reprit la baronne en se tournant vers Lucette. Je ne voulais pas vous expliquer devant eux les paroles de mon mari, ma chère petite amie. Permettez-moi de vous parler nettement, comme à une petite Américaine : il s'agit d'argent. Quand vous êtes arrivée en France, vous vouliez absolument gagner votre vie; dans ce temps-là, vous n'auriez pu le faire que par des procédés qui ne sont pas admis en France parmi les gens d'un certain rang. C'est peut-être bien un tort, mais nous n'y pouvons rien et nous sommes obligés de nous conformer à certains préjugés. Vous étiez donc forcée d'accepter l'hospitalité chez vos parents ; mais il s'est trouvé que vous aviez tant de cœur et de courage, que vous avez rendu plus que vous ne receviez. A Paris, on a abusé de votre bonne volonté pour vous tuer de fatigue; vous êtes venue ici pour vous reposer, et voilà que peu à peu vous vous êtes remise à faire exactement le même métier que chez les Guibourg...

— Oh! ma cousine, est-ce que cela se ressemble? Je ne travaille pas la moitié autant, d'abord ; et puis je suis si bien soignée, si bien traitée! et puis... et puis je suis aimée, n'est-ce pas?

— Elle en doute ! » dit la baronne avec un sourire attendri, en attirant Lucette dans ses bras.

Et le baron lui tendit sa main ouverte en murmurant :

« Bonne petite! il me semble qu'elle est ma fille aînée.

— C'est égal, reprit Mme de la Fontenelle, cela n'est pas juste. Votre santé s'est rétablie, vous êtes fraîche, vous êtes jeune, vous êtes forte, vous pouvez travailler, soit; mais vous ne devez pas travailler pour rien. Vous le savez bien, puisque vous vouliez chercher une place...

— Vous n'allez pas m'enlever mes élèves? s'écria Lucette d'une voix suppliante. J'avais tant de plaisir à me dire que je vous rendais service en les instruisant, et qu'ainsi je n'étais pas une trop lourde charge pour vous!

— Nous serions bien fâchés de vous renvoyer, ma chère

L'un portait le cerf-volant.

enfant! Songez donc que nous ne pourrions jamais vous remplacer. Si vous n'étiez pas là, j'aurais dû déjà me séparer de Léon, et Bertrand serait tout près de le suivre; c'est à vous que je dois de les avoir gardés. Je ne pourrais pas non plus me charger entièrement de l'éducation d'Yvonne. Vous êtes donc, par le fait, l'institutrice de nos enfants, et ce que je voulais vous dire... c'est que nous trouvons juste de payer leur institutrice... Non, chère petite, ne protestez pas; vous devez comprendre que c'est juste. Si vous étiez chez des étrangers, vous pourriez amasser de quoi vivre pour vos vieux jours, et parce que vous êtes chez des parents, vous vous trouveriez au dépourvu quand nous ne serions plus là! C'est une idée que nous ne pouvons supporter. Vous accepterez donc les appointements que nous sommes heureux de vous offrir, et, comme votre toilette n'est pas ruineuse, vous pourrez rajouter tous les ans une petite somme à ce que vous avez apporté d'Amérique. Nous ne le dirons pas aux enfants : ils ne pourraient pas obéir à leur institutrice mieux qu'ils n'obéissent à leur cousine, n'est-ce pas? Nous le dirons aux étrangers, si vous tenez à ce qu'on sache que vous gagnez votre vie; vous voyez que je ménage votre orgueil, ma Lucette!

— Mon orgueil! Oh! chère cousine, je n'en ai plus quand il s'agit de vous! je ne suis pas humiliée de vos dons..., je ferai tout ce que vous voudrez... Me remplacer? non, vous ne pourriez pas me remplacer; jamais une autre n'aimera les enfants comme je les aime; et vous donc!

— Là! nous signons aujourd'hui un long bail avec le bonheur, dit Mme de la Fontenelle, qui appuya ses lèvres sur le front de Lucette. A présent, ma chérie, comme je n'oublie pas que vos seize ans et demi ont besoin d'exercice et de distraction, allez tous les quatre enlever le cerf-volant! »

Lucette rendit avec une joyeuse tendresse le baiser qu'elle venait de recevoir et sortit de la salle à manger. Les enfants avaient trouvé son absence longue, et le petit Jacques rôdait dans le vestibule pour la guetter. Il accourut à elle avec un cri de joie, s'empara de sa main et l'emmena en triomphe.

M. de la Fontenelle, debout devant la fenêtre, regarda le groupe des enfants s'éloigner, l'un portant le cerf-volant, l'autre la pelote de ficelle, un troisième la queue, dont la petite Anna avait saisi la touffe terminale qu'elle ne voulait pas lâcher.

« Sont-ils gentils! dit-il avec un orgueil de père. C'est dommage que la grande fille ne soit pas à nous. Il est vrai que cela nous vieillirait un peu...

— Oh! cela ne me ferait pas peur, répondit la baronne en souriant. Mais une fille adoptive, c'est tout comme, et nous sommes sûrs de la garder, à présent.

— Comme tu as bien su lui expliquer les choses! je n'en aurais jamais été capable. Pour parler des intérêts de l'arrondissement au conseil général, je ne suis pas embarrassé; mais pour persuader une fille de seize ans..., c'est ton affaire, à toi! Tu as toujours été diplomate.

— Ma diplomatie n'était pas bien compliquée, cette fois-ci. Nous l'aimons et elle nous aime; elle est assez délicate pour comprendre que nous ne voulons pas la voler; tout cela devait s'arranger facilement. La voilà à Quilfoc pour longtemps, j'espère. »

Le baron de la Fontenelle partit pour Quimperlé, convaincu que la petite-cousine était domiciliée dans le Finistère pour le reste de ses jours.

On guettait l'arrivée de la diligence.

CHAPITRE XXIV

Entre la coupe et les lèvres. — Revue rétrospective des actes et des sentiments de Mlle Morineau. — M. Grogain, agent d'affaires.

Eh bien, le baron se trompait; et, à l'heure même où il se mettait en route pour Quimperlé, une lettre y arrivait, qui allait changer du tout au tout des projets qui, en y regardant bien, s'étendaient jusqu'à la vieillesse de Lucette.

Voici ce qui s'était passé : Mlle Julie Morineau, depuis que Lucette avait traversé sa vie, ne ressemblait plus à la Mlle Julie que nous vous avons présentée dans le premier chapitre de cette histoire. Il s'était éveillé en elle des aspirations inconnues; comme la Belle au Bois dormant, elle avait ouvert les yeux et vu une foule de choses qui n'avaient jamais existé pour elle jusque-là. Son cœur momifié s'était remis à battre. Elle s'était prise de pitié pour une foule de misères qu'elle ne soulageait jadis que de loin; les pauvres gens de la place du Pain-Perdu étaient devenus ses clients, et ses antiques souliers à cothurnes connaissaient désormais les escaliers déjetés et les paliers aux carreaux branlants des pauvres logis. Mais tout n'est pas rose dans l'exercice de la charité, et quelles épines que les absurdités qu'il lui fallait entendre de la bouche de gens à qui elle essayait de donner de bons conseils! Quand elle s'était heurtée à des préjugés insensés et à un entêtement que rien ne pouvait vaincre, elle revenait chez elle en haussant les épaules, non pas dégoûtée de faire du bien, mais dégoûtée de ceux à qui elle le faisait. Leur sottise et leurs défauts la rebutaient. Aimer ces gens-là? impossible! Tout son cœur se reportait alors vers Lucette; elle la revoyait, triste de ses chagrins récents, mais courageuse et ne demandant qu'à payer en affection, en soins, en gaieté même, les bontés qu'on avait pour elle. Et elle ne l'avait pas gardée! elle n'avait pas compris que cette enfant-là, c'était le bonheur qui venait frapper à la porte de sa maison solitaire... Elle était donc aveugle, dans ce temps-là? Oui, aveugle; et à présent que ses yeux s'étaient ouverts, il était trop tard. C'est souvent ainsi dans ce monde.

Elle fut prise d'une joie folle en recevant la lettre où M. de la Fontenelle lui disait que la petite n'était pas heureuse à Paris. Elle venait de rentrer, de se déshabiller, de mettre ses pantoufles, il était l'heure de dîner et le bureau de poste devait être fermé : obstacles qui lui auraient tous paru insurmontables au temps jadis. Mais elle se sentait animée d'une ardeur nouvelle. Vite elle remit ses souliers, son manteau, son chapeau, griffonna un billet au baron, prit de l'argent dans son secrétaire et courut à la poste, au grand ébahissement de Voinette. La directrice avait fermé son guichet : Mlle Morineau pénétra dans son intérieur de famille, la supplia et finit par obtenir l'expédition de sa lettre et de son argent. Puis elle revint chez elle : elle voltigeait sur les ailes de la joie plutôt qu'elle ne marchait, et elle annonça triomphalement à Voinette que « la petite » allait revenir et qu'il fallait lui préparer sa chambre.

Il y eut dans la vieille maison deux jours d'activité fébrile : Voinette, non seulement préparait la chambre, c'est-à-dire imposait à tous les objets un nettoyage complet, mais mettait toute la maison sous les armes pour faire honneur à Lucette. Mlle Julie trottinait sur ses talons, lui suggérant sans cesse quelque chose qu'elle aurait pu oublier, et lui rappelant que Lucette aimait telle ou telle crème, ou tel ou tel gâteau. On calculait les heures de voiture et de chemin de fer, on allait s'informer au bureau, on guettait l'arrivée de la diligence, qui justement passait au coin de la rue du Vieux-Pont. Point de Lucette! Sans doute il lui avait fallu un peu de temps pour se préparer : il allait arriver une lettre d'elle; et, en attendant le facteur, on donnait un nouveau coup de brosse ou de plumeau à tout objet susceptible de receler un grain de poussière. Marabout, très étonné de tout ce remue-ménage, circulait partout en dressant sa queue touffue et en se frottant aux jupes des deux femmes, et Mlle Julie se baissait pour le caresser, en lui disant : « Lucette arrive, Marabout! tu vas la voir! es-tu content, mon bon chat? » Marabout répondait par un miaulement que Mlle Julie traduisait comme elle voulait.

Toute cette joie tomba à plat, comme du lait bouillant qu'on retire du feu, lorsque la lettre tant attendue finit par arriver de Quilfoc. Lucette n'était pas près maintenant de revenir à Saint-Clair.

Mlle Morineau ne se consola pas d'avoir manqué une si bonne occasion de ravoir sa petite-cousine, et elle guetta dans les lettres de Lucette le moindre signe d'ennui ou de mécontentement, pour la rappeler tout de suite auprès d'elle. Mais elle eut beau les éplucher, elle n'y trouva jamais rien de ce qu'elle cherchait, — de ce qu'elle souhaitait, même. — Elle renonça donc à la faire venir : qu'avait-elle à lui offrir en échange de ce qu'elle lui ferait perdre? Lucette était heureuse à Quilfoc, il fallait l'y laisser.

Elle l'y laissa; mais le regret de ce qui aurait pu être ne la quitta plus, et elle se répéta cent fois le jour, à tout propos : « Si Lucette était ici! » Elle pensait sans cesse à Lucette; elle économisait sur sa propre dépense pour pouvoir lui envoyer de petits cadeaux. Elle ne songeait plus guère à ses anciens chagrins; pourtant, un jour, le souvenir lui en revint; elle fut frappée par cette idée que, faute d'une dot, Lucette pourrait avoir un sort pareil au sien. « Pauvre petite, se dit-elle, ce serait bien dommage. Voyons ce qu'on peut y faire : elle pourrait bien attendre à vingt-cinq ans pour se marier, cela me donnerait le temps de lui mettre un peu d'argent de côté ! » Alors elle se livra à une foule de calculs pour supprimer telle ou telle dépense, grappiller tant de ce côté-ci et tant de celui-là, placer avantageusement, ajouter les intérêts...; le tout, au bout de huit ou dix ans, ne produisait pas une forte somme. Comment donc faire pour doter Lucette ?

Un jour qu'elle se posait cette question, en passant par la rue Bonnetière, une des rues les plus fréquentées de la ville, son attention fut attirée par un superbe écusson noir placé entre la fenêtre et la porte d'un rez-de-chaussée. Sur l'écusson on lisait en lettres d'or : « Grogain, agent d'affaires. Vente et achat de valeurs. Opérations de Bourse et de banque. Célérité et sécurité. » La porte restait ouverte, comme pour inviter les capitalistes, et une main peinte sur le mur jaune du corridor tendait son index vers une porte sur laquelle était écrit en grosses lettres : « Entrée des bureaux. » En passant devant la fenêtre, Mlle Julie aperçut un monsieur d'apparence respectable, penché sur une vaste table pourvue de casiers et chargée de paperasses. Un jeune homme à figure jaune et mélancolique griffonnait silencieusement sur un petit bureau, à côté d'un coffre-fort à secret, meuble principal de la pièce, qui contenait en outre deux chaises vertes, voisines de la table, et une banquette de même couleur rangée le long du mur.

Mlle Morineau eut comme une révélation. « Agent d'affaires..., ces gens-là s'y connaissent ordinairement très bien..., il faut qu'ils soient honnêtes, seulement; mais il n'y a pas que des voleurs, en ce monde... Il faudra voir... Mon notaire est la prudence même, trop peut-être, car il n'a jamais de placements avantageux à me proposer. Avec cet homme-là, il pourrait y avoir quelques occasions de bénéfices qui grossiraient la dot de la petite... Il faudra que je m'informe de ce que c'est que ce Grogain. »

Et, au lieu de rentrer chez elle, Mlle Julie s'en alla voir plusieurs personnes de bon conseil. Chez toutes, après les premiers compliments, elle disait : « Avez-vous passé par la rue Bonnetière? Savez-vous ce que c'est que ce M. Grogain? » Elle n'alla pas chez son notaire qu'elle savait défiant; mais elle alla chez Mme Chandois, chez Mme Bonnet, chez Mme Grigneur et chez les demoiselles Mangon.

Chez celles-ci, elle trouva Mme Raimblot, qui secoua la tête et dit que son mari n'approuvait point qu'on confiât son argent à des inconnus. Mais Virginie se récria : un inconnu, M. Grogain! Il arrivait avec des lettres de recommandation pour quantité de personnes notables de la ville, et, de plus, il était allié à la cousine du beau-frère de Mme Chandois. Mme Chandois l'avait invité à dîner dès sa première visite, et il avait expliqué à Mme Chandois des opérations merveilleuses. « Vous comprenez, ma chère, expliquait Virginie, vous possédez une bonne valeur; vous la vendez cher pour en racheter une autre qui coûte moins : vous en avez davantage. Celle-ci monte à son tour, votre capital s'est augmenté tout seul; mais il faut s'y connaître, sans quoi on risquerait de perdre tout, et il paraît que M. Grogain s'y connaît très bien. Il vient d'acheter pour les Chandois des valeurs qui rapportent douze et quinze pour cent! Nous irons certainement le consulter un de ces jours. »

Mme Grigneur n'était pas aussi enthousiaste que Virginie Mangon; pourtant elle avait engagé son mari à essayer avec de petites sommes..., la vie devenait si chère! il ne fallait pas laisser échapper les occasions d'augmenter son bien. Mme Bonnet était du même avis, et quant à Mme Chandois, qui avait l'honneur d'être indirectement alliée à l'agent d'affaires, elle le vantait à tout venant et traitait de ganache l'honnête notaire de Saint-Clair.

Mlle Morineau rentra chez elle à moitié décidée. Elle n'était pas d'un caractère aventureux, et puis c'est plus difficile qu'on ne croit, de rompre avec les habitudes de toute sa vie. Mais il arriva que dans la semaine la petite mercière de la rue du Passage, à l'enseigne de la *Bobine d'argent*, qui avait confié ses économies à M. Grogain, gagna un lot de dix mille francs par la sortie d'une obligation qu'il lui avait fournie. Un homme qui vous faisait ainsi gagner dix mille francs, moins de quinze jours après qu'on avait commencé à faire des affaires avec lui, était certainement un habile homme, et toute la ville de Saint-Clair afflua chez M. Grogain. Mlle Julie suivit le courant.

La manie de la spéculation devint alors pour elle une nouvelle idée fixe. Par des échanges bien combinés de papiers verts contre des papiers roses, échangés ensuite de nouveau contre des papiers bleus ou jaunes, l'agent d'affaires lui avait en six mois fait gagner quelques centaines de francs; elle était ravie et voyait de bien autres bénéfices dans l'avenir. Lucette aurait une jolie dot; Mlle Julie lui chercherait un bon mari,... et elle étudiait et surveillait déjà les jeunes gens de Saint-Clair. Car il fallait qu'elle se mariât à Saint-Clair : ce serait du beau, si elle prenait un Breton qui la fixât pour toujours aux environs de Quimperlé! Non, non, ce serait à Saint-Clair; Mlle Julie l'aurait près d'elle, l'aiderait à élever ses enfants... Elle ne serait plus seule, elle aurait une heureuse vieillesse, des petits-cousins qui égaieraient sa maison, qu'elle verrait grandir, qu'elle aimerait et qui l'aimeraient... Et Mlle Julie bénissait M. Grogain qui promettait à ses vieux ans de si douces perspectives.

Mais les préoccupations d'argent ne vont jamais sans soucis : on croit, on espère gagner, mais on tremble de perdre, et Mlle Morineau vivait dans des émotions perpétuelles. Elle en perdait l'appétit, elle en perdait le sommeil; son teint n'avait plus ce je ne sais quoi de reposé que donne la tranquillité d'esprit; elle se plaignait souvent de maux de tête et ses bonnes amies se disaient entre elles : « On ne sait pas ce qu'a Julie Morineau, elle change à vue d'œil. »

Ce fut l'état de sa santé, aussi bien que la crainte de dépenser de l'argent en voyage, qui l'empêcha de se rendre à l'invitation de Mme de la Fontenelle. Le moyen de se mettre en route seule, quand on n'a jamais quitté sa ville natale, avec des étourdissements, des lourdeurs de tête, des faiblesses subites dans les jambes! Tant qu'elle serait dans la diligence, rien à craindre : le conducteur la connaissait, la plupart des voyageurs aussi, certainement; s'il lui arrivait un accident, une pâmoison, elle serait entourée, soignée et ramenée. Mais une fois en chemin de fer, qui s'occuperait d'elle? Et puis il y avait des changements de train, des attentes dans les gares : elle ne saurait jamais se tirer de tout cela. Elle resta donc chez elle et fit bien, car, si elle était partie, la suite de cette histoire aurait pu tourner tout autrement, pour elle comme pour Lucette.

Ils avaient rencontré le facteur.

CHAPITRE XXV

Une lettre qui fait bombe fulminante. — Cela se doit! — Retour à Saint-Clair.

« Lucette, une lettre de Saint-Clair pour vous ! » dit Mme de la Fontenelle, à qui Corentin venait d'apporter le courrier. Corentin avait conduit son maître à Quimperlé, et, en arrivant à la ville, ils avaient rencontré le facteur qui n'avait pas été fâché de s'épargner une course en lui donnant les lettres.

Lucette prit la lettre que la baronne lui tendait.

« Cette bonne cousine, dit-elle, j'allais lui écrire pour lui raconter la fête d'hier. Elle aime beaucoup les longues lettres... Ah ! de qui est-ce donc ? ce n'est pas son écriture... *Marie Raimblot*..., Ah ! mon Dieu ! quel malheur !

— Est-ce qu'elle est morte ? s'écria la baronne épouvantée.

— Non, non..., mais c'est très grave, je crois... Écoutez, ma cousine :

« Ma chère Lucette, je vous écris malgré Julie, mais je crois que je dois le faire. Elle était souffrante depuis quelques mois, avant-hier elle a eu une attaque. Voinette a couru chercher le médecin et moi ensuite. Le médecin, les médecins, car notre vieux docteur va se retirer et il conduit partout son remplaçant, disent qu'elle n'en mourra pas; mais elle est, pour le moment, paralysée du côté droit, et il paraît que ce sera long. Dès qu'elle a pu parler, elle a dit : « Lucette ! » Je lui ai demandé s'il fallait vous faire venir; elle s'est écriée : « Oh non ! non ! elle est si bien là-bas ! elle ne serait pas bien ici. » Mais je crois que, si vous étiez là, cela lui ferait grand bien. A chaque instant elle parle de vous, et, comme sa tête est faible et qu'elle n'a pas très bien la notion du temps, elle demande dix fois par jour s'il n'y a pas de lettre de vous. Voinette la soigne bien, mais elle est obligée de la quitter un peu pour faire le ménage et les courses. J'y vais tant que je peux, et la mère Coinchat est venue veiller cette nuit; si cela continue, il faudra prendre une garde, puisque Julie est incapable de remuer sans aide. Si vous pouviez venir quelque temps, ma chère petite, vos soins lui seraient sûrement bien plus agréables que ceux d'une étrangère, et elle se guérirait plus vite. En tout cas, écrivez-lui : quelques lignes d'amitié venant de vous lui feront plus de bien que ses deux médecins. »

Lucette replia lentement la lettre et la remit dans son enveloppe. Puis elle vint s'agenouiller devant Mᵐᵉ de la Fontenelle, s'appuya contre ses genoux et prit tendrement ses mains dans les siennes.

« Ma chère cousine, ma mère, je peux vous donner ce nom, puisque vous avez été une vraie mère pour moi, n'est-ce pas que vous ne me prendrez pas pour une ingrate, si je m'en vais juste au moment où vous venez de me dire que je vous étais si utile? Je reviendrai dès que je pourrai; je n'ai pas besoin de vous le promettre, vous savez bien que je laisse mon cœur ici... Mais je *dois* aller auprès d'elle; n'est-ce pas que je le dois? Elle m'a accueillie quand je suis arrivée chez elle, si malheureuse; elle m'a soignée malade, elle m'a empêchée de mourir, elle a été bonne pour moi, et, depuis que je l'ai quittée, je crois qu'elle m'aime encore davantage. Je vais tâcher de lui rendre un peu de ce que je lui dois; grâce à vous, je suis forte maintenant; je me porte bien, je ne craindrai pas la fatigue... Adieu, ma cousine bien-aimée...; vous me pardonnez, n'est-ce pas? vous ne m'en voulez pas? »

Non, elle ne lui en voulait pas, et Lucette sentit tout à coup ses mains inondées d'une pluie chaude, qui tombait des yeux de Mme de la Fontenelle. Elle se releva vivement et se jeta dans les bras que sa cousine lui tendait, et elles demeurèrent ainsi, pleurant ensemble jusqu'au retour des enfants. Ils s'arrêtèrent à la porte, saisis de cette terreur mystérieuse qui prend les enfants à la vue du chagrin des grandes personnes. Puis le petit Jacques, plus hardi que ses aînés, fit quelques pas en avant, tout doucement, et finit par venir se jeter sur elles à corps perdu, en criant :

« Maman ! cousine Lucette !

— Qu'est-ce que tu as? » demanda Yvonne qui avait suivi son petit frère; et les deux aînés s'approchèrent à leur tour, ne disant rien, mais regardant tristement leur mère et Lucette.

« Ce n'est rien, mes trésors, répondit la mère en s'essuyant les yeux; elle reviendra bientôt.... Lucette va être obligée de partir pour un petit voyage. »

Ce fut au tour des enfants à s'affliger, et ils interrogeaient tous à la fois leur cousine :

« Où vas-tu? Pourquoi pars-tu? Quand reviendras-tu? Est-ce que tu vas chez ces méchants cousins de Paris qui t'avaient rendue malade?

— Non, mes chéris, répondait Lucette; je vais voir la bonne cousine de Saint-Clair qui est souffrante et qui a besoin de moi pour la soigner.

— Ah !... il faut bien..., elle t'a soignée quand tu étais malade chez elle...; mais tu la guériras bien vite et tu reviendras !

— Tu embrasseras la cousine pour nous.

— Et Voinette, parce qu'elle est très bonne.

— Et Marabout aussi ! Il n'est pas malade, Marabout?

— Il faudra nous l'amener quand tu reviendras : ce sera un camarade pour Raton. »

Mme de la Fontenelle souriait.

« Les voilà presque consolés, dit-elle; ils pensent déjà à votre retour... Moi, je n'ai pas trouvé de courage contre mon chagrin, à l'idée de vous perdre, ma chère enfant. Mais je ne sais pas pourquoi je me désolerais : ce ne sera qu'une courte absence. Dès que Mlle Morineau sera transportable, mettez la clef sous la porte et amenez-la ici avec Voinette et même Marabout. Vous connaissez assez la maison pour être sûre que cela ne nous gênera point; il y a de la place ici et Voinette pourra s'occuper d'elle nuit et jour. Nous tous, nous la distrairons, nous lui tiendrons compagnie, et, l'air de Quilfoc aidant, elle sera bientôt remise. Allons faire votre malle; plus tôt vous partirez, plus tôt vous reviendrez. Nous irons vous conduire à Quimperlé en allant chercher mon mari. C'est lui qui va être désolé de vous perdre ! »

La malle fut bientôt prête; Lucette n'avait pas besoin de toilette pour son rôle de garde-malade. Elle s'en alla errer dans toute la maison, dans le jardin et la ferme; elle voulait tout revoir et faire ses adieux à tout, choses, bêtes et gens. Les domestiques, les paysans, apprenant son départ, prenaient un air triste et tous lui disaient : « Vous reviendrez bientôt, n'est-ce pas ? » Lucette le promettait; c'était son plus cher désir, et elle ne voyait pas ce qui pourrait s'y opposer, puisque la baronne voulait qu'elle amenât Mlle Morineau à Quilfoc; mais elle se sentait le cœur serré en faisant ses adieux, et il lui semblait qu'elle partait pour ne plus revenir.

Elle prit un air brave, pour ne pas s'amollir, devant la consternation du baron de la Fontenelle. Il n'essaya pas plus que sa femme de l'empêcher de partir : c'était son devoir. Mais il trouva des mots touchants pour lui dire qu'elle était l'enfant de la maison et qu'on y trouverait le temps long jusqu'à son retour. Il déclara que la baronne avait eu une bien bonne idée de la charger d'amener la cousine, dont les deux médecins ne pouvaient pas valoir l'air de Quilfoc.

Il aurait voulu conduire Lucette à Saint-Clair; mais elle lui assura qu'elle n'avait pas oublié ses habitudes d'Amérique et ne craignait point de voyager seule. Et elle partit, le cœur gros, baignée des larmes des enfants et essayant encore de leur sourire, pendant que le train l'emportait et qu'elle voyait leurs mouchoirs flotter en signe d'adieu.

Quand elle ne les vit plus, elle se retira de la portière et s'enfonça dans son coin pour pleurer à son aise. Ceux qu'elle quittait, elle les aimait tant ! ils avaient été si bons pour elle ! ils l'avaient rendue si heureuse ! Elle partait parce qu'elle le voulait, et elle le voulait parce que c'était son devoir; mais elle ne pouvait pas s'empêcher de souffrir. Aurait-on du mérite à faire son devoir, s'il ne vous en coûtait jamais rien ?

Le lendemain matin, Voinette descendait de la chambre de sa maîtresse, où elle avait passé la nuit, pour ouvrir la porte et les fenêtres, lorsqu'elle entendit tinter la sonnette extérieure du petit jardin. Elle activa sa descente en se demandant qui pouvait venir de si bonne heure, et tira vivement les verrous de la porte. Dès qu'elle l'eut entr'ouverte, Marabout, qui l'accompagnait, se glissa dehors pour prendre l'air du matin.

« Marabout ! » appela une jeune voix mélodieuse.

Voinette recula, frappée de surprise. Une grande jeune fille se tenait debout derrière la grille du petit parterre : une jeune fille brillante de santé, fraîche comme une rose, qui offrait bien une vague ressemblance avec la pâle petite Lucette qui était venue frapper à cette même porte par une nuit d'hiver..., mais était-il bien possible que ce fût elle ? Voinette hésitait; elle fit deux pas en avant pour mieux voir.

« Voinette ! bonjour, Voinette ! dit la voix. Comment va ma cousine ?

— Ah ! Jésus ! mademoiselle Lucette, c'est donc bien vous ! s'écria Voinette en venant lui ouvrir. Excusez-moi..., je n'étais pas sûre..., vous êtes devenue si jolie !... Voulez-vous me permettre de vous embrasser ?

— De tout mon cœur, ma bonne Voinette. Mais ma cousine, comment va-t-elle?

— Je trouve qu'elle va un peu mieux ; elle n'a presque plus la figure de travers et elle remue deux doigts de la main. Comment, vous êtes revenue ! Qui est-ce qui vous a donc dit que mademoiselle était malade ?

— Mme Raimblot me l'a écrit ; j'ai reçu sa lettre hier.

— Et vous êtes partie tout de suite ! vous qui étiez si bien là-bas ! Ce n'est pas pour dire que vous avez mal fait : mademoiselle va être si contente ! Elle dit bien qu'il ne faut pas vous écrire ; mais elle ne pense qu'à vous toute la journée. Entrez un peu dans le salon, s'il vous plaît ; je vais la prévenir tout doucement que vous êtes là. Et, pendant que vous causerez avec elle, je vous ferai une bonne tasse de chocolat. Ils ont de bon lait en Bretagne ; mais nous en avons aussi à Saint-Clair, et leur cuisinière ne fait peut-être pas le chocolat mieux que moi...

— Vous pourrez en juger, Voinette ; je suis chargée de vous emmener à Quilfoc avec ma cousine, dès qu'elle pourra voyager. Et nous emmènerons Marabout. Est-il devenu beau depuis deux ans !

— Il n'y en a pas un plus beau dans tout le pays... Comme vos mains sont froides ! les nuits sont encore fraîches, surtout en voyage. Je vous allumerais bien du feu, mais il y en a dans la chambre de mademoiselle, vous vous y chaufferez à votre aise. Je vais lui parler pendant que vous ôterez votre chapeau. »

Restée seule avec Marabout, qui ne la reconnaissait sûrement pas, mais qui daignait se laisser caresser par elle, en chat habitué aux hommages, Lucette regarda autour d'elle. Oui, c'était bien ce salon où elle était entrée, pauvre petite orpheline sans appui ; c'était bien ce canapé où on l'avait couchée évanouie. Que de souvenirs ! « Mon Dieu, payez pour moi ! » avait-elle dit souvent dans sa prière, en songeant à ce qu'elle devait à sa cousine. Maintenant Dieu lui donnait l'occasion de payer elle-même sa dette, elle acceptait la tâche tout entière...

« Mademoiselle est réveillée, dit Voinette en montrant sa tête à la porte du salon. Je lui ai dit que vous étiez là et elle s'est fâchée contre les gens qui vous ont fait venir ; mais je crois qu'elle est bien contente tout de même... Tenez, l'entendez-vous ? »

Lucette prêta l'oreille, et, par l'escalier, elle entendit distinctement son nom prononcé à l'étage supérieur.

« Me voilà, ma cousine, me voilà ! » cria-t-elle. Elle monta les marches quatre à quatre et courut à la chambre qu'elle connaissait si bien. Mlle Julie ne pouvait pas se dresser dans son lit, mais elle sortit péniblement son bras gauche de dessous la couverture pour tendre la main à Lucette.

« Ma pauvre petite chérie ! murmura-t-elle. Comme on a eu tort de te faire venir... Une malade... qui ne peut pas remuer..., pas seulement causer..., c'est bien ennuyeux pour une jeune fille... ; je l'avais défendu...

— Alors vous ne voulez pas de moi ? dit Lucette avec un sourire caressant ; vous me renvoyez ? Je vois bien que vous ne m'aimez pas, d'ailleurs ; vous n'avez seulement pas dit : « Embrasse-moi, Lucette ! »

— Méchante enfant, tu ne le crois pas... ; c'est pour toi que je voulais te laisser là-bas... ; tu y étais heureuse, au lieu qu'ici...

— Ici, répliqua Lucette, je serai heureuse d'une autre façon. Je vais vous soigner ; quand vous irez un peu mieux, je vous raconterai une quantité de choses amusantes sur Quilfoc et nos cousins de la Fontenelle ; je vous ferai la lecture, je vous jouerai des airs sur votre vieux piano et je vous chanterai de jolies romances ; et, dès que vous irez assez bien pour voyager, nous partirons ensemble pour Quilfoc, où on vous attend pour achever de vous guérir. Oh ! ne dites pas non : c'est une chose décidée. Nous emmènerons Voinette ; Marabout est invité aussi. »

Mlle Julie sourit.

« Pauvre Marabout ! c'est un bon chat. Il est tout dérouté de me voir dans mon lit ; il miaule et il veut toujours sauter auprès de moi. C'est toi qui m'as appris à aimer les chats, ma Lucette... ; tu m'as appris bien des choses, mon enfant... Je crois que je vaux un peu mieux qu'avant de t'avoir rencontrée...

— Oh! ma cousine, vous avez été si bonne pour moi!·Quand j'y pense, je me demande comment vous avez bien voulu me recevoir... Moi, avec mes idées de là-bas, je croyais que j'allais pouvoir gagner ma vie tout de suite, sans être à charge à personne..., et vous, vous ne deviez voir en moi qu'une mendiante... Jamais je n'oublierai votre bonté... Tenez, je suis certainement fâchée de vous voir malade, mais pas aussi fâchée que je devrais; cela me fournit une occasion de vous être bonne à quelque chose ! »

Elle riait, et Mlle Morineau se mit à rire aussi.

« A la bonne heure ! dit Voinette, qui entrait portant sur un plateau des rôties dorées et du chocolat fumant. A la bonne heure, voilà que vous la faites rire. C'est le médecin qui sera content ! Il dit toujours : « Pas d'émotion, pas de chagrin, de la paix et de la gaieté, si on veut que la guérison vienne vite. » Voilà votre chocolat, mademoiselle Lucette; vous allez le manger là, au coin du feu, avant de ranger vos affaires dans votre chambre. Elle est prête, votre chambre; elle est toujours prête, d'ailleurs ! J'avais toujours dans l'idée que vous reviendriez... Ce que vous allez recevoir de visites, quand on saura que vous êtes à Saint-Clair !... Tiens ! on sonne : est-ce que c'en est une déjà ? »

Elle s'amusa à suivre le chemin.

CHAPITRE XXVI

Où l'on revoit d'anciennes connaissances et où l'on en fait une nouvelle.
Promenade de Lucette et sa nouvelle aventure.

Ce n'était point une visite, ou du moins elle n'était pas pour Lucette. Mme Raimblot, son marché fini, avait envoyé sa cuisinière au logis par le plus court chemin et faisait un détour pour demander comment sa vieille amie avait passé la nuit. Lucette ne fit que trois bonds sur l'escalier pour aller se jeter dans ses bras.

« Je pensais bien que vous viendriez, lui dit l'aimable femme, mais je ne vous attendais pas sitôt; je comptais aller au-devant de vous à la voiture du soir. Montons voir la malade, je vous dirai s'il y a du mieux depuis hier. Sait-elle que c'est moi qui vous ai prévenue?

— Non; je ne savais pas si vous vouliez le lui cacher.

— Hier, oui; mais à présent que vous êtes ici..., je suis sûre qu'elle ne me grondera pas bien fort. Montons auprès d'elle. »

Mme Raimblot devinait juste en se croyant sûre de son pardon. Si Mlle Morineau commença par la gronder d'avoir *dérangé* cette pauvre petite, de lui avoir fait quitter une maison où elle se trouvait si bien pour venir s'ennuyer auprès d'une vieille fille impotente, elle finit par la remercier, et Mme Raimblot lui déclara en riant qu'elle acceptait ses remerciements et qu'elle lui pardonnait sa gronderie.

La paix étant faite, Mme Raimblot prit congé en promettant de revenir dans l'après-midi.

« Il ne faut pas que vous perdiez vos belles couleurs à vivre renfermée, dit-elle à Lucette ; j'apporterai mon ouvrage et je m'installerai près de votre cousine pendant que vous irez vous promener. Je suis sûre que vous avez envie de revoir le petit Coinchat et même Reine, et les bonnes gens de la place du Pain-Perdu. Avez-vous toujours leur parapluie?

— Toujours. Il tourne un peu à l'écumoire : il a tant servi à Paris pour conduire les petites Guibourg à leurs leçons, par tous les temps ! A Quilfoc, il s'est reposé ; quand il me prenait fantaisie de sortir sous la pluie, je me mettais un manteau de caoutchouc avec le capuchon sur la tête. Je vais le faire recouvrir au bon vieux marchand de la place de l'Église, qui l'a vendu.

— Cela lui fera plaisir ; il s'informe toujours de ce qu'est devenu le parapluie. Il y avait mis tous ses soins, parce que c'était pour vous... Allons, à revoir... Ah ! non, voici les médecins, je reste pour savoir comment ils trouvent la malade. »

Lucette courut à la fenêtre et regarda à travers les vitres. C'était bien le vieux docteur Levert qui ouvrait la grille et faisait tinter la sonnette, et derrière lui entrait un grand jeune homme mince et brun.

« C'est le nouveau médecin, le remplaçant de M. Levert, dit Mme Raimblot.

— Est-il du pays? demanda Lucette.

— Non. Il a fait ses études à Paris et il est fils d'un ancien ami du docteur qui est mort il y a quelques années, et qui était déjà veuf depuis longtemps : voilà tout ce que je sais de lui. Ah ! et puis son nom : il s'appelle M. Gervalle. »

Mme Raimblot se tut subitement : Voinette ouvrait la porte pour introduire les deux médecins. M. Levert regarda Lucette, réfléchit, hésita, la salua comme une inconnue... Mme Raimblot se mit à rire.

« Docteur, dit Mlle Julie, vous ne reconnaissez donc pas votre ancienne malade ? »

Le docteur écarquilla les yeux.

« Qui? mademoiselle ? Eh! comment, c'est vous, ma chère enfant ! Excusez-moi : ce n'est pas ma faute, non plus ! Pourquoi vous avisez-vous de devenir jolie comme un cœur ? Il fallait prévenir, au moins ?

— Je n'en ai pas eu le temps, répondit en riant Lucette, qui était devenue toute rouge; j'ai appris hier la maladie de ma cousine et je suis partie tout de suite. C'est à mon tour de la soigner maintenant !

— Je suis sûr que vous vous en tirerez très bien; vous n'avez plus l'air d'une enfant, plus du tout... Bientôt, d'ailleurs, vous aurez surtout à la distraire, car elle va déjà beaucoup mieux. N'est-ce pas, Gervalle, qu'il y a un grand progrès depuis hier ?

— Très grand, répondit le jeune médecin, qui s'était approché de la malade et l'examinait avec soin. Voyez, la figure est redevenue complètement régulière. Voulez-vous essayer de serrer ma main, mademoiselle ? Bien ! les doigts remuent mieux qu'hier; le bras est encore lourd, n'est-ce pas ? C'est égal, ayez bon courage, vous êtes en voie de guérison. »

Il fit quelques questions à Voinette, indiqua certaines prescriptions, non sans demander avec déférence l'avis du docteur Levert; puis tous deux s'en allèrent ensemble.

« Il est temps que je m'en aille aussi, dit Mme Raimblot; à revoir, ma bonne amie. Il est très gentil, ce jeune médecin ; le docteur Levert a bien choisi son successeur. Lui, il était souvent bourru ; celui-ci est tout à fait poli et avenant. Ce sera un plaisir d'être malade avec lui.

— Merci, dit Mlle Julie. Mais j'oublie que je ne dois pas me plaindre, à présent que j'ai cette chère petite garde-malade. »

Lucette embrassa sa cousine, reconduisit Mme Raimblot et s'en alla vider sa malle et son sac de voyage. C'était toujours le même sac, Voinette le reconnut : Lucette ne voulait pas s'en séparer.

Dans l'après-midi, Mme Raimblot revint avec son ouvrage et s'installa près de Mlle Julie.

« A présent, mignonne, allez vous promener, dit-elle à Lucette. Vous êtes habituée à vivre au grand air; si vous restez renfermée, vous tomberez malade, et ce serait une belle affaire ! Voyez-vous d'ici Voinette allant d'une chambre à l'autre porter de la tisane ? Allez voir si les maisons de Saint-Clair n'ont pas changé de place; moi, je reste ici jusqu'à cinq heures ; nous parlerons de vous pour passer le tem s.

Lucette n'avait qu'à regarder sa cousine et Mme Raimblot pour être sûre que ce n'était point du mal qu'on dirait d'elle pendant son absence. Elle leur dit amicalement au revoir, prit son chapeau et sortit.

Elle commença par aller mettre à la poste un billet qu'elle venait d'écrire aux habitants de Quilfoc ; puis elle erra lentement dans les rues, cherchant à rappeler ses souvenirs. Elle ne connaissait pas beaucoup Saint-Clair : deux jours après son arrivée elle y était tombée malade, et elle était partie pour Paris trop peu de temps après sa guérison pour avoir pu y faire de fréquentes promenades. Elle s'amusa à suivre le chemin qu'elle avait pris pour aller à l'église, cette nuit de Noël où elle était arrivée. Oui..., c'était justement ici, en face de cette porte au-dessus de laquelle il y avait une Vierge en plâtre dans une niche grillée, qu'elle était tombée en glissant sur le verglas et que sa cousine l'avait relevée. Était-ce étonnant que ce fût justement sa cousine !

Lucette arriva à l'église ; elle y entra et alla s'agenouiller derrière un pilier, à la place où elle avait pleuré en cette nuit de Noël. Comme elle se sentait petite, et seule, abandonnée ! comme elle était triste, n'osant penser ni au passé ni à l'avenir ! A présent, elle avait des amis et elle savait se rendre utile; elle avait repris goût à la vie.

En sortant de l'église, elle voulut aller revoir la rivière d'où elle avait tiré Jeannot. Plus de glaçons ! Le gazon des berges, vert comme l'émeraude, était tout parsemé de pâquerettes blanches ; Lucette s'en cueillit un bouquet. Et toujours marchant, regardant le ciel bleu où passaient de légers nuages blancs qui se miraient dans l'eau limpide, et les saules aux troncs noueux qui commençaient à verdir, elle parvint au bout de la ville, et, ne voulant pas se perdre dans la campagne, elle se dirigea vers la première rue venue. Seulement, pour ne pas s'en aller trop loin de la maison de sa cousine, elle pensa qu'il serait bon de demander son chemin, et, voyant un homme qui venait vers elle, elle pressa le pas pour le rejoindre.

En approchant, elle vit qu'il était vieux : ses cheveux blancs dépassaient son bonnet de laine. Il marchait courbé sous le poids d'une pièce de bois qu'il portait sur son épaule, et qui était probablement trop lourde pour lui, car il chancelait et paraissait faire des efforts pour la maintenir en équilibre. A un certain moment, elle lui échappa ; il essaya de la retenir, puis il la lâcha tout à coup en poussant une exclamation de colère ou de douleur, et, quand elle fut par terre, il secoua vivement son pied et le tint en l'air, comme s'il ne pouvait plus s'y appuyer.

Lucette courut à lui. « Vous vous êtes fait mal ? » lui cria-t-elle.

L'homme la regarda d'un air défiant, et, ne lui trouvant sans doute pas une mauvaise figure, il lui répondit, en essuyant du revers de sa main du sang qui coulait sur sa joue : « Oui bien ; c'est ce satané bois... ; maudit vergne, va ! Et il faut encore qu'il me tombe sur le pied ! » Puis, regardant de nouveau Lucette, il reprit :

« Vous n'êtes point d'ici, vous, pas vrai ? Je ne vous connais point !

— Moi non plus, je ne vous connais pas, répondit Lucette en riant ; mais cela ne fait rien. Je voulais vous demander mon chemin, et à présent je voudrais vous aider si j'en suis capable.

— Vous ? Essayez un peu voir ? Les belles demoiselles, ça n'a pas des mains à porter des pièces de bois.

— Non, je crois que je ne la porterais pas ; mais ce n'est pas cela que je voulais dire. Elle ne s'est pas fait de mal, votre pièce de bois ; mais vous, vous saignez.

— Oui ; elle m'a tapé un coup dans la figure quand elle est tombée.

— Et vos mains sont écorchées !

— Oui ; c'est quand j'ai voulu la retenir. Elle est pleine d'échardes, voyez-vous ; c'est du bois qui n'est pas travaillé ! Une bonne paire de sabots, bien finie, pourrait vous glisser dans les mains, qu'elle ne vous ferait pas seulement une éraflure... Voulez-vous rester là à me garder mon bois? Je vais chercher ma femme pour m'aider à l'emporter... Aïe ! »

Le bonhomme avait voulu s'appuyer sur son pied blessé ; mais il y avait renoncé tout de suite.

« Vous ne pouvez pas marcher, lui dit Lucette. Demeurez-vous loin ? Appuyez-vous sur moi, je suis forte, je vous soutiendrai.

— Vrai ? Vous êtes une bonne fille, vous, et pas fière ? Comment est-ce qu'on vous appelle ?

— Lucette.

— Lucette..., connais pas... Vous avez de la famille ici ?

— J'ai une cousine, Mlle Morineau ; la connaissez-vous, celle-là ? dit Lucette, que le bonhomme amusait.

— Ah !... Alors vous êtes la petite-cousine d'Amérique, celle qui a tiré le petit aux Coinchat de la rivière, il y a eu deux ans à Noël ? Je crois bien que je la connais, votre cousine ! ce qu'elle m'a commandé de paires de sabots ! Et je vous connais aussi : j'ai entendu dire assez de bien de vous... Écoutez, je m'appuierais bien sur vous pour m'en aller chez moi ; mais si on me vole mon bois pendant ce temps-là ? C'est du vergne, un fameux bois pour faire des sabots, et je ne voudrais pas le perdre. On a tant de mal à gagner sa pauvre vie !

— Je vais tâcher de le pousser contre le mur ; vous aurez bien quelque voisin qui pourra venir le chercher... Tenez, voilà un ouvrier qui passe ; si nous lui demandions de vous le porter ? »

Sans attendre la réponse du vieillard, Lucette arrêta le passant et lui demanda son aide. Les ouvriers s'entr'aident volontiers : celui-là chargea la pièce de bois sur son épaule, comme si c'eût été une plume, en disant : « Hé ! hé ! père Garenfoin, nous n'avons

Lucette courut à lui.

plus quinze ans ! Faut pas faire le fier et vouloir se servir tout seul ; il vaut mieux demander un coup de main aux amis, voyez-vous ! »

Le père Garenfoin s'appuya sur l'épaule de Lucette et se mit en marche, non sans beaucoup de grimaces et de gémissements, car son pied le faisait cruellement souffrir. Au bout de deux cents pas, ils se trouvèrent, au tournant d'une rue, face à face avec le docteur Gervalle, qui parut fort étonné en reconnaissant Lucette.

« Comment, c'est vous, mademoiselle ? lui dit-il. Cédez-moi la place, je vous en prie ; vous n'êtes pas de force à porter le père Garenfoin.

— On fait ce qu'on peut, répondit gaiement Lucette ; mais il osera s'appuyer sur vous plus que sur moi. Il s'est laissé tomber sur le pied le morceau de bois que vous voyez.

— Une vraie poutre ! Nous allons tout à l'heure soigner ce pied-là. Nous ne sommes pas loin de chez vous, père Garenfoin ?

— Heureusement, monsieur... Aïe..., c'est dur tout de même... Merci bien de votre bonté... Nous y voilà... Attendez que j'appelle ma femme ; ça lui donnerait un saisissement... Martuche ! »

Il avait une fameuse voix, le père Garenfoin ; à l'entendre appeler Martuche, on pouvait être assuré qu'il n'était pas bien malade. On entendit Martuche remuer dans la maison, comme si elle achevait une occupation qui ne pouvait pas s'interrompre ; elle ne vint ouvrir qu'au bout d'un instant.

Le docteur ne lui laissa pas le temps de s'épancher en jérémiades, et, coupant court à ses « hélas ! » et autres exclamations inutiles, il l'envoya chercher de l'eau et une serviette. Le père Garenfoin la rappela pour lui recommander de faire mettre la pièce de bois sous le hangar.

Lucette n'était point partie : elle désirait savoir si le pauvre homme était grièvement blessé, et, voyant que la mère Garenfoin était pour le docteur une aide très maladroite, elle lui prit tout simplement des mains la jatte d'eau fraîche et la tint pendant que le médecin lavait le visage du blessé. La plaie était peu de chose, quelques bandelettes en eurent raison ; les mains n'avaient pas non plus beaucoup de mal ; mais M. Gervalle, après avoir pansé le pied, déclara qu'il faudrait plusieurs jours de repos complet.

« Et d'abord, vous allez vous coucher ; tant que vous serez au lit, je serai sûr que vous ne marcherez pas. »

Ce disant, il s'approcha du lit, en enleva prestement la courtepointe, en médecin habitué, avec les pauvres gens, à mettre lui-même la main à la pâte. Mais Martuche s'élança pour l'arrêter, et le père Garenfoin se dressa sur son pied valide.

« Laissez-moi donc faire, dit le docteur en riant ; ne dirait-on pas que vous cachez dix mille francs dans votre paillasse ! Je veux voir de quoi est fait le lit ; il ne faudrait pas qu'il couchât sur la plume : c'est trop mou, le pied ne serait pas maintenu. C'est un matelas, très bien ; faites-le coucher tout de suite et ne dérangez pas l'appareil. Je viendrai le panser demain matin. »

Le docteur prit son chapeau, salua respectueusement Lucette et s'en alla. Lucette pensa que sa promenade avait assez duré et se fit enseigner le chemin de la rue du Vieux-Pont, où elle arriva assez tôt pour raconter à Mme Raimblot, en même temps qu'à Mlle Julie, son aventure avec le père Garenfoin.

Lucette couchait par terre.

CHAPITRE XXVII

Lente convalescence. — Promenades hygiéniques de Lucette et nouvelles de la famille Coinchal et des vieux Garenfoin.

Les jours succédèrent aux jours, et Mlle Morineau reprit peu à peu la liberté de ses mouvements; elle put même quitter son lit et s'asseoir dans son grand fauteuil à oreilles. Mais il lui fallait pour cela l'aide de Voinette et de Lucette; elle n'aurait pas pu marcher seule, et, quoiqu'elle commençât au bout d'une semaine à se servir de sa main, elle en restait fort maladroite et se serait trouvée bien malheureuse sans sa petite-cousine. Lucette était là, toujours souriante, guettant un signe, devinant le désir de la malade. Elle n'avait pas voulu coucher dans l'ancienne chambre aux débarras, préparée pour elle avec tant de soin. Chaque soir, elle apportait son matelas dans la chambre de Mlle Julie et couchait par terre auprès d'elle. Elle s'était fait un sommeil aussi léger que celui d'une jeune mère qu'éveille le moindre cri de son enfant. Mlle Julie ne pouvait pas remuer dans son lit, que Lucette ne se dressât sur son matelas, prête à la servir. Elle avait complètement remplacé

Voinette comme garde-malade. Mlle Julie protestait faiblement ; elle lui disait chaque soir : « Tu dois être fatiguée, ma chère petite fille ; va dormir dans ton lit cette nuit, Voinette te remplacera. » Mais Lucette sentait bien que sa cousine préférait ses soins à ceux de Voinette, et elle la quittait le moins possible. Elle craignait bien un peu que Voinette ne fût blessée ou affligée de se voir mise de côté. Mais au premier mot qu'elle lui en dit timidement, Voinette se mit à rire.

« Ne vous tourmentez pas de cela, mademoiselle Lucette, lui dit-elle. Les malades, c'est comme les enfants, ça n'est pas toujours raisonnable, et il faut faire leurs volontés quand même. Il y a longtemps que je la connais, Mlle Morineau, et je l'aime pour elle et non pas pour moi. Elle vous préfère à moi ? c'est trop juste ! D'abord, vous êtes bien plus gentille, et puis vous êtes sa cousine. Il n'y a qu'une chose qui me chagrine, c'est l'idée que vous vous fatiguez et que vous ne dormez pas toute votre nuitée, comme on doit dormir à votre âge. Mais j'espère que ça ne durera pas, puisqu'elle va de mieux en mieux. Si ça devait durer, j'en parlerais à Mme Raimblot. »

La bonne petite Mme Raimblot jouait un peu le rôle de Croquemitaine dans la maison de Mlle Julie ; c'était à elle qu'on s'adressait pour vaincre les entêtements de la malade parfois révoltée contre les prescriptions des médecins. Elle tenait la main à ce que Lucette se promenât tous les jours, et elle grondait Mlle Julie si celle-ci s'avisait de dire que la « petite » tardait bien à rentrer. Lorsqu'il faudrait la sevrer pendant la nuit de la société de Lucette, Mme Raimblot se chargerait de lui prouver que c'était mauvais pour l'enfant de coucher dans une chambre de malade, et il faudrait bien qu'elle se soumît.

Lucette sortait donc tous les jours, tantôt avec Voinette, qui avait confiance en Mme Raimblot pour garder sa maîtresse, tantôt avec Mme Chandois et les demoiselles Mangon, tantôt avec Mme Raimblot elle-même, quand Mlle Julie fut suffisamment remise pour accepter la compagnie de Virginie et de Paméla. A vrai dire, la société de Mme Raimblot était la seule qui lui plût ; les autres la régalaient toujours d'un bout de sermon sur ce qui convient ou ne convient pas aux jeunes filles, et la conversation avec Voinette manquait un peu de variété. Lucette aimait autant sortir seule; les bonnes amies de sa cousine lui répétaient bien que cela ne se faisait pas en France; mais sa qualité d'Américaine sauvait tout.

Une de ses premières sorties avait été pour la place du Pain-Perdu. Les Coinchat étaient un peu moins misérables que par le passé, grâce à Mlle Morineau, qui puisait pour les habiller dans ses paquets mystérieux, et qui avait souvent procuré de l'ouvrage aux parents. Le petit Jeannot allait à l'école, et Reine, n'ayant plus sur les bras le petit dernier qui courait à présent tout seul, pouvait travailler en le surveillant : Mme Raimblot lui donnait du linge à coudre, et la brave 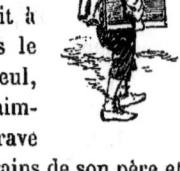 fillette ajoutait quelques sous par jour aux gains de son père et de sa mère.

Elle raconta tout cela à Lucette, assise sur un banc de la place du Pain-Perdu : puisqu'on l'envoyait prendre l'air pour entretenir sa santé, si utile à sa cousine, elle se serait fait scrupule de s'enfermer dans une maison. Reine se tenait debout devant elle, et le petit jouait avec les anciens joujoux de Jeannot.

« Et Jules? demanda Lucette, qui savait la famille Coinchat par cœur.

— Jules, mademoiselle! il deviendra un savant pour sûr! L'an dernier, il a eu tous les prix; et le maître lui a fait écrire sur une grande feuille de papier blanc... comment dirai-je? une... une... une *répétition?* je ne suis pas sûre que ce soit ce mot-là, mais c'étaient des phrases si bien tournées! c'est le maître qui lui en avait fait le modèle, pour demander à la mairie qu'on le fasse entrer au collège sans payer : ils appellent ça une bourse.

— Et la pétition a-t-elle réussi?

— La pétition, oui, mademoiselle, c'est bien ce mot-là. Oui,

M. le maire a fait dire à Jules d'aller à la mairie, dans une grande chambre où il a trouvé des messieurs qui lui ont fait des questions sur tout ce qu'on apprend à l'école, et Jules a très bien répondu. Il a fallu encore d'autres papiers, son extrait de naissance, et puis un certificat comme quoi nous sommes d'honnêtes gens, pauvres, qui ne pouvons pas payer le collège; et enfin il est arrivé une grande lettre de Paris à l'adresse de Jules, pour dire qu'il peut entrer au collège à Pâques. Si vous voyiez comme il est content! Il dit que, quand il sera savant et qu'il gagnera beaucoup d'argent, il nous prendra tous avec lui. En attendant il va demeurer au collège; mais il viendra nous voir le dimanche. Il y a aussi Félix, mon frère aîné, qui ne va plus à l'école; il est en apprentissage chez un peintre vitrier. Il avait envie de ce métier-là.

— Et Clarisse? je ne la vois pas.

— Elle va à l'école des filles, elle sait déjà un peu lire... Il n'y a que moi qui ne saurai rien..., j'apprenais si bien pourtant! »

Et Reine étouffa un soupir.

« Comment, vous appreniez, Reine? est-ce que vous alliez à l'école?

— Oh! non, mademoiselle! est-ce que je peux, moi? j'ai toujours gardé les enfants. Mais Jules me montrait, quand j'avais le temps. A présent, c'est fini!

— Pauvre Reine! Où est votre livre? je voudrais voir ce que vous savez. »

Reine, en rougissant, sortit un alphabet de la poche de son tablier; elle étudiait toute seule, à ses moments perdus. Seulement elle n'arrivait à rien, sans direction, et puis c'était chose rare que les moments perdus de Reine.

Lucette la fit lire : elle épelait bien et commençait à assembler les syllabes. Lucette lui donna tout de suite une leçon : « Avec une petite demi-heure tous les jours, lui dit-elle, vous saurez lire avant que je parte. » Reine nageait dans la joie. Seulement, comme son ouvrage n'avançait pas pendant qu'elle lisait, Lucette voulut à toute force lui remplacer le temps qu'elle lui avait fait perdre, et Mme Raimblot fut bien étonnée de

Lucette la fit lire.

reconnaître ses propres torchons entre les mains de Lucette, qui les marquait et ourlait, au lieu et place de son élève.

Il y avait encore une maison où Lucette faisait de fréquentes visites, c'était celle du père Garenfoin. Il avait beau être dur au mal, le vieux sabotier, il lui avait fallu rester plusieurs jours les mains empaquetées et la tête bandée; puis, ces petites blessures cicatrisées, son pied avait continué à le retenir au logis. Il s'y ennuyait beaucoup, au moins pendant le temps où il dut se passer de travailler, et la visite de Lucette lui faisait l'effet d'un rayon de soleil. Martuche elle-même, dont la physionomie avait quelque chose de défiant et de farouche, s'apprivoisait pour la bonne demoiselle, comme elle l'appelait, et, dès qu'elle la voyait paraître, elle s'empressait d'essuyer une chaise avec son tablier et de la lui avancer. Lucette s'asseyait, s'informait de la santé du bonhomme et demandait si le docteur était venu. Généralement il n'était pas encore venu, et on le voyait arriver quelques minutes après Lucette. C'était tout simple : il trouvait cette jeune fille si complaisante et si adroite! il aimait mieux se faire aider par elle que par Martuche, dont les mains tremblaient, et qui présentait toujours les bandes de toile du côté le plus incommode. Le père Garenfoin pensait comme lui là-dessus, et il demandait toujours qu'on attendît Lucette, quand par hasard le docteur arrivait le premier.

Dès que le père Garenfoin eut la permission de sortir de son lit, il ne laissa pas de trêve à sa femme qu'elle ne l'eût installé à son ouvrage : il avait hâte de se venger de ce maudit morceau de vergne. Et Lucette le trouva occupé à dégrossir une paire de sabots. C'était de bon bois, tout de même, ce vergne-là, et qui ferait de fameux sabots; il était à peu près réconcilié avec lui. Il le montra presque triomphalement à Lucette, en lui vantant ses qualités : il était de bonne humeur ce jour-là, le vieux Garenfoin, et Lucette s'amusait à le regarder travailler et le questionnait sur les divers états par où passe le bloc de bois pour devenir sabot.

Martuche tournait deci, delà, chassant ses poules qui s'aventuraient jusque dans la salle, et elle geignait en faisant son ménage; le temps allait changer, bien sûr ! elle sentait cela à ses douleurs.

« Attendez, mère Garenfoin, je vais vous aider! » dit Lucette en se levant vivement. Elle eut tôt fait de donner un coup de balai aux copeaux tombés de l'établi et de les rassembler tous dans un coin; elle prit le vieux morceau de drap avec lequel Martuche frottait ses meubles et fit reluire comme un miroir la table de poirier; elle essuya la poussière qui ternissait les belles assiettes à fleurs rangées dans le vaisselier, et elle voulut ensuite aider la mère Garenfoin, qui faisait le lit, tout en tournant vers elle certains regards sournois.

« Vous n'enlevez pas le matelas? dit-elle en s'avançant vers la vieille femme. C'est trop lourd pour vous seule, n'est-ce pas? Je vais vous aider, votre mari sera mieux couché quand nous aurons remué la paillasse.

— Non! non! cria Martuche d'une voix rauque, en se jetant entre Lucette et le lit. Laissez cela..., je ne veux pas..., c'est mon affaire..., il est habitué à dormir comme cela! »

« Quels yeux méchants elle me fait ! » se dit Lucette en reculant; et le père Garenfoin, dès qu'elle fut à sa portée, la saisit par sa robe en répétant d'une voix tremblante : « Oui, oui, habitué à dormir comme cela..., laissez-la faire le lit à sa façon... Venez plutôt voir creuser le sabot : le voilà qui prend une jolie forme. »

Lucette alla se rasseoir auprès du bonhomme et parut suivre avec intérêt les mouvements de sa doloire. Tout en regardant, elle se disait que ces vieux Garenfoin étaient des gens bien singuliers. Cependant Martuche était redevenue souriante, elle alla même cueillir trois primevères qui s'étaient épanouies dans son petit jardin et les apporta à Lucette. Le vieux se mit à rire et à plaisanter : la bourrasque était passée.

« Père Garenfoin, dit tout à coup Lucette, savez-vous ce que disait ce matin Mme Chandois? Elle disait qu'on a peut-être mis la main, à l'heure qu'il est, sur votre voleur.

— Hein? dit le père Garenfoin du ton et de l'air d'un homme très contrarié.

— On dirait que cela vous fâche ! reprit Lucette en souriant. Ce serait pourtant bien agréable pour vous, si l'on pouvait vous faire rendre votre argent, ou en rattraper au moins une partie.

— Ah ! sans doute... Mais depuis longtemps il l'a mangé, bien sûr ; et alors, à quoi me servirait-il qu'on l'arrête ? Je n'ai jamais rien eu à voir avec la justice, moi ; je ne veux pas commencer à mon âge.

— Mais ce ne serait pas vous qui auriez affaire avec la justice, ce serait le voleur.

— C'est égal ; il faut répondre aux gendarmes, aux juges, à tous ces gens de loi ; il ne vous en revient jamais rien de bon. Qu'on me laisse en paix, pour le petit peu qui me reste à vivre !

— Ah ! père Garenfoin, ce n'est pas possible. Un voleur, si on le laisse libre, recommence à voler ; vous ne voudriez pas être cause de la ruine de votre prochain, n'est-ce pas ? Aussi il faudra faire condamner votre voleur, quand vous l'aurez reconnu. »

Le père Garenfoin haussa les épaules.

« Reconnu ? Quand je vous dis, et je le leur ai assez dit, à tous ces gens de la justice, que je n'ai pas vu sa figure ! Il avait une blouse bleue ; mais il y en a dans le monde, des blouses bleues ! Il s'agirait de mon salut éternel, que je ne le reconnaîtrais pas ! »

Le père Garenfoin se remit à creuser son sabot avec une grande ardeur, et Lucette ne put pas le faire causer davantage ce jour-là.

Il y avait foule dans la rue.

CHAPITRE XXVIII

En bon chemin. — Visite matinale et inquiétante. — Déménagement à la cloche de bois.
Lucette commence à payer ses dettes. — Dîner de première communion.

Mlle Morineau revenait peu à peu à la vie; elle agitait les aiguilles de son tricot avec autant de vivacité que par le passé, et elle commençait à risquer de petits voyages autour de sa chambre en se tenant aux meubles. Ce serait à présent l'affaire d'un mois ou deux pour qu'elle pût se mettre en route vers Quilfoc; Lucette s'en réjouissait d'avance et ne cessait de lui faire la description du pays, des choses et des gens, si bien qu'il semblait à Mlle Julie qu'elle n'aurait qu'à renouveler connaissance avec tout cela.

Tout allait donc pour le mieux, lorsqu'un matin Mme Raimblot vint bien plus tôt que son heure ordinaire. Elle arrêta Voinette qui voulait l'annoncer à Mlle Julie et la faire monter dans sa chambre.

« Ne dites rien à votre maîtresse, Voinette, et envoyez-moi Mlle Lucette...; ou plutôt revenez avec elle, vous serez peut-être mieux qu'elle au fait de ce que je veux lui demander. »

Voinette, étonnée et s'inquiétant déjà, alla chercher Lucette.

« Ma chère enfant, dit Mme Raimblot presque à voix basse, savez-vous si votre cousine a des fonds chez M. Grogain, l'agent d'affaires de la rue Bonnetière ?

— Non, madame, je n'en sais rien. Ma cousine ne me parle pas de ses affaires d'argent ; une fois seulement elle m'a dit qu'elle pensait à mon avenir et que, si cela continuait, je ne serais pas une fille sans dot. Mais je ne lui ai pas demandé d'explications.

— Moi, je sais, madame, dit Voinette : Mademoiselle avait retiré tous ses fonds de chez le notaire, excepté sa rente, et elle les avait portés rue Bonnetière, il y a cinq ou six mois. Elle y allait souvent et elle en revenait très gaie, disant que M. Grogain était un habile homme et qu'avec quelques bonnes affaires il lui doublerait son avoir, qui serait pour Mlle Lucette. Elle me conseillait d'y porter mes économies ; mais je n'ai jamais voulu : ces gens qui viennent je ne sais d'où, je m'en défie, moi !

— Vous avez raison, Voinette... L'agence Grogain est fermée, et M. Grogain est parti. On dit qu'il a laissé sa caisse vide. Je viens de l'apprendre par Mlle Mangon, à qui Mme Chandois l'avait dit. Les Chandois sont dans la consternation, ils y perdent une forte somme.

— O mon Dieu ! pauvre mademoiselle ! Comment faire pour savoir ?

— C'est difficile : on ne peut pas lui en parler, on risquerait de lui donner une nouvelle attaque. Il faudrait trouver la clef de son secrétaire et y chercher, quand vous l'aurez installée dans le jardin ; justement il fait beau aujourd'hui. Si vous y trouvez des valeurs, quand bien même il en manquerait, on pourra lui annoncer les choses tout doucement, après avoir consulté le médecin ; mais, si vous ne trouvez rien... Vous êtes sûre, Voinette, qu'elle n'a pas vendu sa rente ?

— Très sûre, madame ; je suis allée, depuis qu'elle est malade, toucher le quartier chez le notaire. Mais ça n'est pas grand'chose, sa rente ; les autres papiers rapportaient bien plus d'argent. »

Mme Raimblot secoua tristement la tête.

« J'ai grand'peur qu'ils n'en rapportent plus guère... Enfin il faudra tâcher de savoir... et ne rien lui dire surtout. Veillez bien aux visites qui pourraient venir : il y a des bavards qui causeraient la mort de leur prochain plutôt que de se taire. Je tâcherai de savoir les nouvelles pour vous les apporter. »

Mme Raimblot partit, laissant Voinette consternée.

« Qu'allons-nous devenir, mademoiselle? Le gueux! Si on l'attrape, on devrait le pendre, pour sûr!

— Chut, Voinette; remontons vite, et prenons un air gai. Tout n'est peut-être pas perdu ; nous chercherons tantôt dans le secrétaire. »

Elle cueillit Marabout au passage, pour pouvoir entrer dans la chambre de sa cousine en simulant une conversation avec lui, et elle improvisa un conte sur la laitière qui n'avait pu lui donner que deux sous de lait, parce qu'un gamin avait renversé un de ses brocs, et qui les avait retenues en bas pour leur narrer son aventure. Car Mlle Julie, comme beaucoup de malades, voulait tout savoir et s'imaginait toujours qu'on lui cachait quelque chose.

Mme Raimblot revint dans la journée et s'installa sous le petit bosquet en compagnie de Mlle Julie et de Marabout.

Vite, Lucette monta à la chambre de sa cousine : Voinette s'était procuré les clefs du secrétaire, dont elle connaissait tous les tiroirs et toutes les cachettes.

A elles deux, elles cherchèrent partout : rien ! une somme insignifiante, et aucune des valeurs que Voinette avait vu sa maîtresse rapporter de chez le notaire.

« Tout son argent est perdu, mademoiselle ! dit-elle à voix basse à Lucette. Comment ferons-nous? J'en ai un peu à moi, mais il ne durera pas longtemps... Et encore il faut lui cacher le malheur ! Il y a de quoi perdre la tête !

— C'est justement ce qui n'est pas à faire, Voinette. D'abord, voyons : il faut dépenser le moins possible. Pour nos repas, achetez ce qui coûtera le moins cher, je dirai que c'est une fantaisie que j'ai, et vous prendrez quelque chose de bon seulement pour ma cousine. Les jours sont longs, nous ne veillerons plus, pour épargner sur la lumière, et nous nous lèverons de bonne heure pour travailler : je vais m'occuper de chercher de l'ouvrage sans qu'elle en sache rien. Montez bien la garde auprès d'elle : quand il viendra des personnes qui l'aiment et qui sont capables de se taire, vous leur recommanderez de ne pas lui parler de la fuite de Grogain ; aux bavards, vous direz qu'elle est fatiguée et qu'elle dort. Et puis, rassurez-vous, tout s'arrangera. Prenez garde à votre figure : vous faites une mine à lui mettre la mort dans l'âme. »

Lucette alla mettre son chapeau et vint embrasser sa cousine avant de partir pour sa promenade. En passant derrière Mlle Julie, elle échangea avec Mme Raimblot des signes qui des deux côtés voulaient dire : « Tout va mal. » Puis elle sortit, et s'en alla droit chez le docteur Levert.

Le plus court chemin pour y arriver étant la rue Bonnetière, elle dut passer devant l'agence du sieur Grogain. L'écusson reluisant, aux engageantes promesses, s'y trouvait toujours ; mais les nombreuses paires d'yeux qui s'attachaient sur la fenêtre n'apercevaient plus l'agent penché sur des monceaux de valeurs de toutes nuances, ni l'employé mélancolique perché sur sa haute chaise ; les volets étaient clos, tout comme la porte des bureaux et celle du corridor. Il y avait foule dans la rue, une foule remuante et grondante : le sieur Grogain avait fait de nombreuses dupes.

Lucette passa en soupirant. Ce n'était pas la première fois qu'elle se trouvait face à face avec la ruine. Mais à New-York elle avait un appui, elle se fiait à l'habileté de son grand-père ; ici c'était elle qui devait servir d'appui à sa pauvre cousine, malade, et qui d'ailleurs n'avait jamais été capable de travailler. Tout retombait sur elle, Lucette, et il fallait qu'elle trouvât à gagner assez pour faire vivre trois personnes, sans que Mlle Julie en sût rien ! Quelle tâche ! et, pour la faire paraître plus ardue, il lui passa devant l'esprit, comme une vision de paradis, la riante maison de Quilfoc. Elle ne s'y arrêta pas. Elle était revenue à Saint-Clair parce que son devoir l'y appelait ; maintenant son devoir l'y retenait, elle y resterait ! Il lui sembla entendre la voix de son grand-père lui répétant : « Sois gaie, ma Lucette, sois gaie pour garder ton courage... » et elle prit la résolution de faire son devoir gaîment.

Elle trouva le vieux médecin fort triste : depuis le matin il ne voyait que des gens qui se lamentaient d'avoir perdu leur argent en le plaçant chez Grogain. Leur dire : « C'est bien fait ! » eût été une pauvre consolation. La ruine de Mlle Morineau l'affligea plus encore que les autres : c'était une vieille amie, il avait été lié avec ses parents, et il la plaignait de tout son cœur.

« Heureusement que vous avez un asile chez vos cousins de Bretagne, ma chère demoiselle, dit-il à Lucette ; vous allez y retourner, sans doute, dès que Mlle Morineau sera guérie? D'ici là, quoique je ne sois pas bien riche, je pourrai vous avancer de quoi faire aller le ménage ; ensuite nous verrons. En vendant sa maison et en plaçant en viager ce qui lui reste, j'espère qu'elle aura de quoi vivre modestement : Voinette est une fille économe, et qui lui est très attachée.

— Vendre sa maison ! sa maison qu'elle aime tant ! où les souvenirs de toute sa vie lui tiennent compagnie ! elle en mourrait, monsieur !

— C'est que je ne vois pas autre chose à faire... Ah ! sûrement, si on lui disait cela aujourd'hui, elle pourrait bien avoir une autre attaque, et je ne répondrais de rien... ; mais dans une quinzaine de jours, trois semaines peut-être, si le mieux continue, on pourra risquer de lui en parler...

— Monsieur, quand je suis arrivée, on m'a empêchée de gagner ma vie sous prétexte que *cela ne se faisait pas*... A présent, il me semble que, si je travaillais pour faire vivre ma cousine, personne ne pourrait y trouver à redire ! J'y suis bien décidée d'ailleurs ; la seule difficulté, c'est de travailler sans que ma cousine le sache. Ne pourriez-vous me trouver quelques leçons à donner ? des leçons d'anglais, ou d'autre chose ? On me fait sortir tous les jours pour ma santé : je les donnerais pendant ces heures-là... Plus tard, quand ma cousine saura tout, je pourrai monter un petit magasin de modes et de broderies...

— Quelle vaillante fille vous faites ! dit le docteur Levert en la regardant avec admiration. C'est bien fâcheux qu'à mon âge on ait la tête trop dure pour apprendre; je vous aurais tout de suite demandé des leçons d'anglais… Mais je vais me mettre en campagne pour vous en trouver. »

Lucette sortit de la maison du docteur un peu réconfortée, et elle alla se promener au bord de la rivière, quoique la promenade ne lui sourît guère en ce moment. Mais il ne fallait pas qu'elle écourtât ses sorties : elle aurait peut-être bientôt besoin de les allonger!

Elle alla jusque chez les vieux Garenfoin : le sabotier n'avait plus besoin de ses pansements, mais il boitait toujours un peu, et il avait gardé une balafre en travers de la joue. Sa femme et lui paraissaient toujours très heureux de voir Lucette, si bien qu'elle avait conservé l'habitude d'y aller tous les jours. Le docteur Gervalle y venait aussi, on ne savait pas trop pourquoi : il aimait probablement à voir faire les sabots. Ce jour-là, quand Lucette arriva, elle entendit qu'on parlait de « mauvais gueux qui emportent l'argent du pauvre monde ». C'était le sabotier qui s'exprimait ainsi, et Lucette fit réflexion qu'il s'y prenait sur le tard à s'animer là-dessus : jamais encore il n'avait parlé de son voleur avec ce ton irrité. Il se tut subitement quand elle entra, et le docteur, qui se leva pour la saluer, devint rouge jusqu'aux oreilles. Il s'informa de Mlle Morineau, qu'il n'avait pas vue depuis quelques jours, et, sur les réponses de Lucette, il dit d'un air encourageant : « Allons, cela va très bien; bon courage, mademoiselle! Si on peut lui épargner les émotions, surtout les émotions désagréables, cet accident ne laissera pas de traces. » Lucette prit cela comme un avis qu'il lui donnait : peut-être M. Levert l'avait-il déjà prévenu.

Elle revint rue du Vieux-Pont. Mlle Morineau ne se doutait de rien; elle était gaie comme un pinson et fit beaucoup de questions à Lucette sur sa promenade : il fallut à la jeune fille de l'imagination pour y répondre. En reconduisant Mme Raimblot, Lucette lui raconta sa conversation avec le docteur. Mme Raimblot approuva l'idée des leçons d'anglais et promit de faire une active propagande.

Il n'y a guère de plus triste chose que de chercher du travail, d'en avoir absolument besoin et de n'en pas trouver. Lucette était pleine de bonne volonté ; mais les amis qui s'occupaient d'elle réussiraient-ils à lui trouver des leçons? La routine gouvernait Saint-Clair, et l'anglais ne faisait pas partie des connaissances courantes de ses habitants. Et s'il ne lui venait pas d'élèves? Elle aurait volontiers vécu de pain et d'eau, pour faire durer plus longtemps la petite somme dont elle et Voinette pouvaient disposer; mais elle mangeait à la même table que Mlle Morineau, qui se serait récriée sur ce régime d'anachorète. Il fallait patienter; Lucette trouvait la patience bien difficile. Jamais elle n'avait autant regretté les dollars de son grand-père.

Au bout de huit jours, le docteur Levert lui avait trouvé deux élèves, et Mme Raimblot deux autres. Comme les familles se connaissaient, on pouvait les réunir; ce serait même mieux, disaient les mères, à cause de l'émulation. Leur principal motif, c'était que les leçons particulières se payent plus cher que les autres. Pour ce même motif, Lucette aurait préféré séparer ses élèves; mais tout le monde ne peut pas être content.

Ce ne fut pourtant pas Lucette qui apporta le premier argent à la communauté : les leçons ne se payent pas d'avance. Mais il arriva que la cuisinière de Mme Bonnet tomba malade, juste pendant la retraite qui précédait la première communion. Or la petite Bonnet faisait sa première communion cette année-là, et Mme Bonnet avait invité tout ce qu'elle avait de parents, dans la ville et aux environs, à un grand dîner qu'elle donnait le jour de la cérémonie. Grand émoi et grand désespoir : Mme Bonnet était bonne ménagère certainement, et très capable de diriger une cuisinière novice; mais le moyen d'aller faire ses achats et de passer son temps à la cuisine, puisqu'elle avait sa fille à escorter du matin au soir pendant plusieurs jours! Elle rencontra Voinette au marché, et, tout en lui demandant des nouvelles de Mlle Morineau, elle lui confia ses ennuis. « Ne connaîtriez-vous point, lui dit-elle, une bonne cuisinière, honnête, cela va sans dire, et capable de me faire mon dîner? Je donnerais bien vingt-cinq francs, tant je suis embarrassée. »

Vingt-cinq francs! Les yeux de Voinette en brillèrent de convoitise.

« Je ne sais pas, madame..., j'y penserai... Il vous faudrait une fine cuisinière...

— Certainement! je tiens à ce que mon dîner soit bon; je ne regarderai pas à la dépense... Avec Rosalie, j'étais tranquille : elle s'entend à acheter, elle n'a jamais fait danser l'anse du panier, et on se lécherait les doigts de ses sauces. C'est comme vous, ma fille; j'ai toujours dit à Mlle Morineau que, si je n'avais pas Rosalie, je tâcherais de vous attirer chez moi.

— Oh! il n'y a pas de risque que je quitte mademoiselle... Pourtant, pour une fois..., pour rendre service à madame..., si mademoiselle voulait, bien entendu!

— Vous me feriez mon dîner? s'écria Mme Bonnet renaissant à l'espérance. Ah! Voinette, vous me sauvez la vie! Allons tout de suite demander la permission de Mlle Morineau. »

Voinette n'avait pas trop présumé de ses talents; les convives de Mme Bonnet déclarèrent tout d'une voix qu'elle ne faisait point regretter Rosalie. Et, quand elle rentra le soir rue du Vieux-Pont, Voinette mit triomphalement vingt-cinq francs dans la main de Lucette en lui disant : « Voilà, mademoiselle. Quel dommage qu'il n'y ait pas de premières communions tous les jours! »

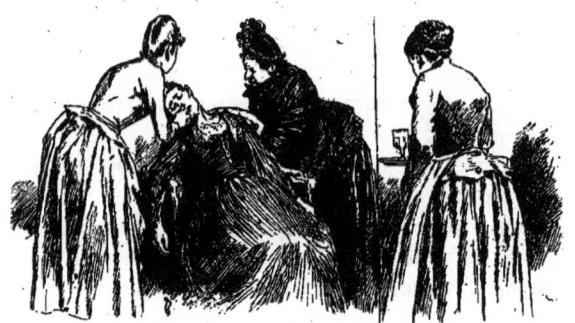

Elle lui faisait respirer un flacon de sels.

CHAPITRE XXIX

Saint Médard. — Avec une canne. — Où Mme Chandois perd une belle occasion de se taire. Révélations et attendrissement. — Le docteur Gervalle.

Cette année-là, il plut à verse le jour de la Saint-Médard : ce qui, comme chacun sait, amène un déluge de quarante jours, pas un de plus, pas un de moins.

Ce déluge causa à Mlle Morineau des inquiétudes et des étonnements sans nombre. Sans doute il fallait que Lucette sortît tous les jours, le docteur l'avait ordonné, mais était-ce vraiment bon pour sa santé d'aller se faire mouiller comme un canard? Il était surprenant qu'elle s'en tirât sans attraper de rhumes.

Lucette faisait bien d'autres choses qui étonnaient sa cousine : par exemple, des paires de petits chaussons blancs, roses, bleus, rouges, de quoi chausser tous les bébés du pays.

« Pour qui travailles-tu donc ? lui demandait Mlle Julie.

— Ah! voilà, répondait-elle; j'en avais donné à la petite-nièce de Mme Raimblot, et toutes ces dames les ont trouvés si jolis que je suis obligée de leur en faire. Elles me demandaient seulement de leur montrer ; mais je n'ai pas le temps de leur donner des leçons à toutes, et j'aime mieux les leur tricoter moi-même. »

Ce qu'elle ne disait pas, c'est que les chaussons lui étaient payés, et même le docteur Gervalle lui avait obtenu d'un grand magasin du chef-lieu une commande d'un certain nombre de douzaines. Seulement, il s'était abrité derrière Mme Raimblot, ne voulant pas s'exposer à recevoir les remerciements de Lucette. Rien que d'y penser, il se sentait devenir de toutes les couleurs ; il n'y a pas que les jeunes filles qui soient timides. Lucette ne savait pas non plus combien elle lui devait d'élèves, ni quelle peine il se donnait pour prouver aux habitants de Saint-Clair que, dans la vie moderne, il devenait absolument nécessaire de savoir l'anglais.

Les semaines s'ajoutèrent aux semaines, la période pluvieuse inaugurée par saint Médard prit fin, et Lucette, assurée d'un assez grand nombre de leçons pour fournir aux dépenses de la maison, commença à envisager l'avenir avec plus de sécurité. La cousine allait de mieux en mieux; sous peu, elle serait tout à fait guérie. Lucette avait enfin ce qu'elle demandait depuis son arrivée en France : elle travaillait pour gagner sa vie, et non seulement sa vie, mais celle de la parente qui l'avait accueillie. Elle devait être contente, elle l'était certainement... Quel dommage que Saint-Clair fût si loin de Quilfoc ! Là-bas, elle était si heureuse, et elle leur rendait aussi des services... Mais il ne fallait plus y songer ! là-bas elle n'était qu'utile, ici elle était nécessaire... Elle ne quitterait jamais sa cousine Morineau.

Elle se le redisait encore, par un beau jour de juillet, en rentrant au logis par la petite porte du jardin. Mlle Julie l'entendit et se leva pour aller au-devant d'elle, en s'appuyant sur une vieille canne à bec de corbin — la canne de son défunt père.

« Eh ! ma cousine, comme vous marchez bien aujourd'hui ! s'écria joyeusement Lucette.

— Tu vois, j'ai assez de la canne, et encore je crois que je pourrais m'en passer. Je suis presque comme avant cette maudite attaque. Ah! chère mignonne, quel bonheur de n'être plus une pauvre impotente, obligée de se faire servir comme un enfant! Tu t'es tant fatiguée pour moi! Mais tu vas te reposer, et je te promènerai et je t'amuserai! De quoi as-tu envie? Veux-tu danser? je donnerai un bal! Tu ris? Autre chose : y a-t-il longtemps que tu n'as eu de lettre de Quilfoc?

— Huit jours : ils se portaient bien et nous envoyaient leurs amitiés; vous ne vous rappelez pas que je vous l'ai dit?

— Si, je me rappelle bien. Ils m'invitent toujours à aller les voir, n'est-ce pas? Eh bien, ne crois-tu pas que nous pourrions partir, à présent que je marche presque comme tout le monde?

— Il faut en parler à nos docteurs, ma cousine.

— Sans doute, sans doute; mais tu sais bien qu'ils m'ont conseillé de changer d'air quand je pourrais voyager... On dirait que cela ne te plaît pas! Qu'y a-t-il donc?...

— Mademoiselle Morineau, grâce à Dieu, vous voici debout, entièrement rétablie! Je suis heureuse de vous revoir ainsi. J'ai fait prendre de vos nouvelles bien des fois; mais je n'ai pas eu le courage de venir moi-même : je ne vais plus chez personne depuis nos malheurs! »

Ce discours était débité d'un ton emphatique par la majestueuse et importante Mme Chandois, qui venait de paraître à la porte de la maison. Elle vint serrer les mains de Mlle Julie et se laissa choir sur une chaise du jardin, en disant avec un gros soupir :

« Ah! il y a de terribles épreuves dans cette vie! J'ai eu de la peine à prendre le dessus!

— Quelles épreuves? quels malheurs avez-vous donc eus? demanda Mlle Morineau, qui n'y comprenait rien.

— Vous savez bien! on n'a parlé que de cela dans toute la ville...; ce misérable en qui nous avions tant de confiance..., lever le pied avec notre argent!

— Votre argent?

— Eh oui! notre argent et l'argent de tous ses clients! s'écria

Mme Chandois, sans prendre garde aux signes désespérés que lui faisait Lucette. Ce misérable filou de Grogain... »

Elle se tut subitement en voyant Mlle Morineau se dresser debout comme mue par un ressort et retomber assise en devenant d'une pâleur mortelle.

« Voinette ! cria Lucette, vite de l'eau de mélisse ! »

Et, avant que Voinette fût arrivée, elle avait dégrafé le corsage de sa cousine et lui avait fait respirer un flacon de sels. Mlle Julie ouvrit les yeux et sourit faiblement à la jeune fille. « Pauvre petite ! » murmura-t-elle.

« Ah ! madame, dit Lucette à Mme Chandois, muette et consternée, nous qui avions pris tant de peine pour le lui cacher !

— Je ne savais pas..., balbutia l'autre. Elle avait donc de l'argent chez lui? Ah ! le scélérat !... La voilà qui reprend ses couleurs ; cette eau de mélisse, c'est souverain. Puis-je vous être utile, mademoiselle Lucette ?

— Oui, madame ; si vous voulez bien, en vous en allant, passer chez le docteur Gervalle et nous l'envoyer... ; je ne voudrais pas la quitter ni Voinette non plus. »

Mise ainsi poliment à la porte, Mme Chandois fit la commission... Elle eut même à faire deux courses pour une, car le docteur Gervalle était parti précipitamment le matin, et elle dut se rendre chez le docteur Levert.

Quand il arriva chez Mlle Morineau, il la trouva dans son lit ; Voinette et Lucette l'avaient fait remonter, puis déshabillée et couchée. Elle avait tout à fait repris ses sens et ne se plaignait que d'un peu de mal de tête.

Il l'examina soigneusement et fit une ordonnance, par pure précaution, dit-il, car il n'y a plus de danger maintenant que le coup est porté. Et, pensant qu'il valait mieux qu'elle sût tout que de se creuser la tête à faire des suppositions, il ramena lui-même la conversation sur la fuite de l'agent d'affaires. On l'avait arrêté avant qu'il passât la frontière, et ses victimes rattraperaient peut-être un peu de leur argent, peu de chose, il ne fallait pas se faire d'illusion là-dessus, mais enfin il restait encore un petit espoir. Mlle Julie soupira.

« Pauvre enfant, pauvre petite ! te voilà comme moi...; je n'ai pas pu me marier dans le temps faute de dot...

— Allons, allons, mademoiselle, consolez-vous, reprit le docteur ; Mlle Lucette a bien le temps de se marier, et elle est bien assez gentille pour se passer de dot.

— Mais si c'était un militaire ? comme moi !

— Il n'y a plus de garnison à Saint-Clair, ainsi vous pouvez vous rassurer là-dessus. Cela n'a pas l'air de la tourmenter beaucoup, du reste ; regardez-la. »

En effet, Lucette riait ; il était évident qu'elle ne partageait pas les préoccupations de sa cousine.

« Oui, elle rit, reprit Mlle Morineau, parce que c'est une enfant ; elle n'a pas encore idée de ce que c'est que la vie !

— Une enfant, dans tous les cas, qui se conduit comme une vraie femme et qui agit au lieu de se lamenter. Savez-vous ce qu'elle a fait depuis qu'elle est revenue ici ?

— Oh ! chut, docteur, taisez-vous ! s'écria Lucette d'un ton suppliant.

— Du tout, du tout, je ne me tairai pas : il faut que votre cousine sache combien vous êtes vaillante et dévouée. Dites, mademoiselle, vous êtes-vous demandé de quel argent vous viviez depuis trois mois ? »

Mlle Julie parut frappée de stupeur.

« C'est vrai, dit-elle, ma tête est restée si faible... J'ai donné mes clefs à Voinette..., il me restait un peu d'argent, je ne sais plus combien..., elle a été toucher mon quartier de rente...; mais j'aurais dû toucher mes coupons chez Grogain et je ne l'ai pas fait, puisque je ne suis pas sortie... C'est bien étonnant que je n'aie pas pensé à cela ! De quoi donc avons-nous vécu ?

— D'abord, Voinette a gagné vingt-cinq francs à faire le dîner de première communion de la petite Bonnet.

— Bonne Voinette ! je pensais bien que Mme Bonnet la payerait, mais je comptais que ce serait pour elle... Et c'était pour moi !

— Mon Dieu, oui..., parce que Mlle Lucette avait bien commencé déjà à donner des leçons d'anglais, mais ses élèves ne l'avaient pas encore payée, et alors...

— Lucette! c'est Lucette qui me fait vivre! Oh! la pauvre enfant! »

Mlle Morineau cacha sa figure dans ses mains et fondit en larmes.

« Oh! docteur, dit Lucette d'un ton de reproche.

— Laissez-la pleurer un peu, cela ne lui fera pas de mal, au contraire!

— Mais cela me fait de la peine, à moi, de la voir pleurer! Ma bonne cousine, ma chère cousine, regardez-moi, embrassez-moi; vous n'êtes pas fâchée contre votre petite Lucette, au moins! »

La jeune fille cherchait à écarter les mains de Mlle Julie et les larmes la gagnaient, elle aussi. Enfin Mlle Julie laissa voir sa pauvre vieille figure toute en pleurs.

« Oh! quel remords! s'écria-t-elle. J'ai été une vieille égoïste..., je l'ai laissée s'en aller à Paris, où ils l'ont rendue malheureuse...; je voulais me persuader qu'elle y serait mieux, que ces gens-là lui seraient plus utiles que moi, que c'était pour son bien..., et, au fond, j'avais peur de me déranger, de changer mes habitudes, de dépenser mon argent... Je suis bien punie; il est loin, mon argent, et c'est cette pauvre petite!...

— Chère cousine, ne parlez pas ainsi! Vous avez été si bonne pour moi! Vous n'étiez pas obligée de me recevoir, de me soigner... Et tout ce que vous m'avez donné, et vos bonnes lettres, et votre affection! Je comptais sur vous, et, quand vous me disiez que je pouvais revenir chez vous quand je voudrais, que j'y serais chez moi et que vous seriez heureuse de me revoir, je sentais que c'était vrai et que vous m'aimiez... N'est-ce pas que vous m'aimiez? n'est-ce pas que vous m'aimez encore? Ne me gâtez pas ma joie: j'ai été si heureuse de travailler pour vous!

— Elle le pense comme elle le dit, reprit le docteur; vous savez bien que cette petite Américaine voulait déjà gagner sa vie, à quatorze ans, quand elle est arrivée en France. Elle était très contente d'être Mlle Mauversé, professeur d'anglais, et, à présent qu'il n'y a plus de secret, sa situation sera bien plus facile. Si vous croyez que c'était commode d'inventer toujours de nouvelles histoires pour justifier ses absences ! »

Ceci demandait explication, et Mlle Morineau finit par rire de sa crédulité. Comme elle s'était laissé attraper ! Elle avait cru bonnement que Lucette se promenait trois heures sous la pluie, que tous ces petits chaussons tricotés restaient dans les murs de Saint-Clair, que c'était chez les Coinchat ou les Garenfoin que Lucette passait son temps ! Il fallait que sa pauvre tête fût bien affaiblie... Pauvre Lucette, qui courait la ville par tous les temps pour donner des leçons ! A présent, il faudrait qu'elle fît venir les élèves chez elle, cela la fatiguerait moins.

Lucette ne craignait pas de se fatiguer, mais elle pensa qu'un petit cours d'anglais aurait peut-être chance de réussir, et elle chargea le docteur de l'annoncer en faisant ses visites.

« Très volontiers ; j'en ai beaucoup à faire aujourd'hui, puisque Gervalle n'est pas là. Je ne serai pas fâché qu'il revienne : je me fais vieux, décidément, et j'ai besoin de me reposer.

— Où est-il donc allé, M. Gervalle ? demanda Mlle Morineau.

— Son oncle l'a demandé par dépêche ; il paraît que sa tante se meurt. Il a perdu sa mère très jeune, et son père, ne pouvant s'occuper de lui, puisqu'il était officier de marine, l'a donné à cette tante qui l'a élevé comme son enfant. Il m'a souvent parlé de sa famille : il aimait son père, mon ancien camarade, un brave garçon s'il en fut ; mais je crois qu'il aime encore mieux son oncle et sa tante. C'est tout simple, après tout ; il ne voyait pas souvent son père.

— Mais comment est-il venu se fixer à Saint-Clair ?

— Ah ! voilà. Gervalle n'avait pas de fortune ni sa femme non plus ; le garçon ne pouvait donc pas rester à Paris, où il faut des années pour se créer une clientèle. J'avais offert au père de lui céder la mienne quand je serais fatigué ; cela leur convenait très bien à tous les deux et mon vieil ami comptait venir demeurer ici avec son fils quand il prendrait sa retraite. Il est mort il y a deux ans ; mais cela n'a pas empêché Paul Gervalle de venir. Il aime la campagne et le pays lui plaît beaucoup.

— Il y réussira certainement ; il est très soigneux, très doux, très sérieux; et puis il est fort aimable, ce jeune homme. Je ne saurais pas dire qui il me rappelle, mais il a des yeux...; je suis sûre d'avoir rencontré ces yeux-là quelque part... Je ne suis jamais sortie de Saint-Clair, pourtant!

— Et il n'y est jamais venu, ni son père non plus, que je sache... Allons, je vous quitte; je m'en vais voir la mère Garenfoin, que je ne trouverai peut-être plus en vie.

— Pauvre femme! dit Lucette, est-elle donc si malade? Je n'ai pas pu y aller cette semaine, et la dernière fois que je l'ai vue elle ne se plaignait pas plus que d'habitude.

— C'est qu'elle avait l'habitude de se plaindre, aussi n'y faisait-on pas attention; mais cette fois elle est bien réellement malade : hier au soir je la considérais comme perdue. »

Le docteur partit, et Lucette, après être restée un instant avec sa cousine, sortit pour donner une leçon : elle n'avait plus besoin de s'en cacher.

Il ne sortit pas de la chambre.

CHAPITRE XXX

Lettre à la baronne de la Fontenelle. — Le veuvage du père Garenfoin. — Le plan de la baronne. — Une heure de joie. — Réaction. — Lutte de générosités.

Le soir de ce jour-là, Lucette écrivit une longue lettre à la baronne de la Fontenelle. Elle pleura beaucoup en annonçant à cette amie si tendre et si maternelle qu'elle était obligée de renoncer au bonheur de vivre à Quilfoc. Mais entre le bonheur et le devoir, ni M. ni Mme de la Fontenelle ne pouvaient trouver étonnant qu'elle choisît le devoir; elle savait qu'ils ne l'en aimeraient que mieux. Cette pensée l'aida à avoir du courage : il lui en fallait pour cacher son chagrin à sa cousine, qui se serait inquiétée si elle l'avait vue triste.

Le lendemain, Mlle Julie ne se ressentait plus de la crise provoquée par Mme Chandois. Elle espérait encore que tout son argent ne serait pas perdu; et puis elle se disait : « Je suis vieille, je n'ai sans doute pas longtemps à vivre; la première attaque est un avertissement, la seconde pourra bien m'emporter. Lucette héritera de ma rente et de ma maison et s'en ira vivre chez ses bons cousins de Quilfoc. »

Lucette cependant songeait à sa lettre qui était en chemin ; elle la voyait passer des mains du facteur dans celles de Corentin, et des mains de Corentin dans celles de la baronne. Qu'en dirait celle-ci ? qu'allait-elle lui répondre ? Pour se distraire de ses préoccupations, elle s'en alla voir les vieux Garenfoin : c'était chasser une tristesse par une autre ; mais on a beau dire, les chagrins d'autrui ne nous touchent jamais autant que les nôtres propres.

Elle trouva le père Garenfoin entouré de commères empressées à se mêler de ses affaires, sous prétexte de l'aider et de lui apporter des consolations. Martuche était morte dans la nuit et le bonhomme n'avait appelé personne : ce qui lui valait des reproches amicaux dont il avait l'air fort ennuyé. On pria Lucette de lui faire entendre raison ; il fallait qu'il se retirât chez des voisins, qui le nourriraient et le soigneraient jusqu'à l'enterrement, ou au moins qu'il allât coucher dans l'ancienne chambre de son fils et laissât les femmes veiller Martuche ; il était trop âgé pour veiller, et il se fatiguerait à s'occuper de tout ; il tomberait malade à son tour.

Mais il ne voulait rien entendre : il était chez lui et on n'avait pas le droit de le mettre à la porte ; il avait vécu quarante ans avec sa vieille et il ne la quitterait que pour la conduire au cimetière. En effet, il ne sortit pas de la chambre une seule fois, et le lendemain, quand il suivit le convoi à l'église, il eut soin de fermer ses portes et de mettre les clefs dans sa poche, au grand scandale des voisins qui voulaient remettre de l'ordre dans la maison.

Ce fut désormais dans Saint-Clair une opinion bien établie que le père Garenfoin n'avait point sa tête à lui. Cela avait commencé, disait-on, à la mort de son fils ; puis il y avait eu le billet de loterie, et ensuite l'argent volé, et enfin la perte de sa femme. Il durerait peut-être longtemps, maintenant qu'il n'avait plus rien à perdre ; mais pour un homme fini, c'était un homme fini !

Il laissa dire les gens et vécut tout seul, faisant son ménage et ses sabots, et fermant soigneusement sa maison chaque fois

Elle trouva le père Garcinpin entouré de commères.

qu'il la quittait, ne fût-ce que pour cinq minutes. C'était encore une raison pour qu'on le crût un peu fou; les gens de sa sorte, n'ayant rien chez eux qui tente les voleurs, laissent facilement leurs portes ouvertes.

Par le retour du courrier, Lucette reçut la réponse de la baronne.

« Ma chère mignonne, lui disait celle-ci, votre lettre nous a navrés. Je n'examine pas si vous nous regrettez plus ou moins que nous ne vous désirons; mais ce qu'il y a de sûr, c'est que nous ne pouvons pas prendre notre parti de nous passer de vous. Voyons, est-ce qu'il n'y aurait pas moyen de tout concilier? Je viens d'en causer avec mon mari, et voici ce qu'il propose. Que Mme Morineau loue sa maison; avec ce qu'elle en retirera et la rente qui lui reste, elle aura bien de quoi payer sa toilette et ses petites dépenses personnelles. Pour la nourriture, vous qui avez vu de près la vie de Quilfoc, vous savez qu'il n'y a pas à s'en préoccuper : nous avons de tout en abondance et elle ne nous coûtera absolument rien. Voinette suppléera ma cuisinière qui se fait vieille, ayant servi les parents de mon mari depuis leur mariage. Vous êtes bien sûre, n'est-ce pas, que tous les habitants de Quilfoc seront aux petits soins pour la cousine Morineau? Joignez-vous donc à nous pour la supplier d'accepter notre proposition; c'est dans notre intérêt que nous la faisons et par pur égoïsme; seulement nous tâcherons qu'elle n'ait pas à regretter sa complaisance.

« Prenez huit jours pour réfléchir et l'y décider peu à peu; nous attendrons bien volontiers pour être plus sûrs d'une bonne réponse. »

Suivaient les commissions d'amitié de toute la famille.

Lucette eut d'abord comme un éblouissement de joie. C'était très acceptable, cela! Dans cette large existence de la campagne, Mlle Julie ne serait point une charge pour ses hôtes. Quel bonheur si elle acceptait! Mais l'en prier, l'y disposer peu à peu, lui arracher un consentement qu'elle donnerait peut-être malgré elle! Non, Lucette ne ferait pas cela. Elle alla porter la lettre à sa cousine.

Tout en lisant, Mlle Morineau jetait à Lucette des coups d'œil de côté. La physionomie de Lucette exprimait si vivement son ardent désir, que Mlle Morineau comprit l'étendue du sacrifice que lui faisait l'enfant en restant à Saint-Clair. Et prise à son tour d'une émulation de dévouement, saisissant l'occasion qui s'offrait de la récompenser, elle s'écria : « Les braves gens ! J'ai bien assez de robes et de linge pour le reste de mes jours ; je pourrai leur payer une petite pension pour ma nourriture. Écris que nous acceptons, Lucette, écris tout de suite ! Marabout en est-il aussi ? »

Lucette se jeta dans ses bras, et, pendant une bonne heure, l'accord fut parfait entre elles. Lucette refit en grand détail à sa cousine la description de Quilfoc, maison et jardin, ferme et dépendances. Elle devinait où Mme de la Fontenelle logerait Mlle Julie : dans l'aile gauche, au premier étage, il y avait une grande chambre et un cabinet, et, séparée seulement par une cloison, une petite chambre où Voinette pourrait coucher près de sa maîtresse. Quelle jolie vue on avait des fenêtres ! quel beau pays, quels braves gens ! Et Lucette faisait le portrait et l'éloge de toute la famille de la Fontenelle, et même de tous les habitants de Quilfoc, de Quimperlé et des lieux circonvoisins. Et des projets ! on irait ici, on verrait ceci, on ferait cela ; il y avait à Quimperlé et dans les manoirs des environs une société si aimable ! Mlle Julie se trouverait sûrement très bien à Quilfoc !

Mlle Julie écoutait tout cela et ne demandait pas mieux que d'y croire ; mais son enthousiasme était déjà tombé et le regret se glissait dans son cœur. Voinette, qui la connaissait bien, depuis tant d'années qu'elles vivaient ensemble, ne s'y trompa point. Mise au courant des projets, elle ne fit pas d'objection pour ce qui la concernait : sa patrie, c'était mademoiselle et la famille de mademoiselle. Elle regarda Lucette, qui rayonnait ; de ce côté-là, tout allait très bien. Mais elle regarda mademoiselle et secoua la tête ; mademoiselle avait beau dire, ce n'était point son fait de changer, à son âge, de pays, d'habitudes, de connaissances et de tout. Elle se retira sans mot dire et Lucette, un quart d'heure après, en passant devant la cuisine, l'entendit qui tenait à peu près ce langage à Marabout : « Toi aussi, mon pauvre chat, tu te trouveras tout dérouté ; toi aussi tu la regretteras, la vieille maison ! et pourtant tu n'as pas encore trois ans d'existence... La jeunesse, ça change de place sans s'en apercevoir ; ça s'y plaît, au contraire... ; les vieilles personnes, c'est comme les vieux arbres, allez donc les transplanter ! ils ne disent rien, mais ils meurent ! »

Pauvre Lucette ! avec ses seize ans et demi, si elle était déjà bien raisonnable et bien courageuse, elle n'avait pas encore beaucoup d'expérience. Elle ne se faisait aucune idée de l'attachement des vieillards pour les lieux où ils ont vécu, et elle avait réellement cru que Mlle Julie gagnerait plus qu'elle ne perdrait en quittant Saint-Clair pour Quilfoc. Le discours de Voinette à Marabout lui donna à réfléchir. Voinette ne se trompait-elle pas ? Mlle Julie avait accepté tout de suite, sans hésitation apparente, l'offre de Mme de la Fontenelle : pourquoi l'aurait-elle fait, si cela lui coûtait tant ? Oui, Voinette devait se tromper... Pourtant Lucette, profitant de la latitude que lui laissait la baronne, de prendre huit jours pour lui répondre, ne lui écrivit pas ce jour-là, et elle observa avec soin sa cousine.

La réaction se faisait, et Mlle Morineau sentait son cœur défaillir à l'idée du départ. Quitter tout ce qu'elle avait aimé, tout son passé, tous ses souvenirs à la fois ! ce n'était guère différent de la mort, en vérité !... Devant Lucette, elle se composait un visage, elle tâchait de rire, de plaisanter ; elle s'efforçait de paraître gaie : efforts menteurs ! Son rire sonnait faux, sa voix tremblait ; elle en était réduite à détourner les yeux pour que Lucette n'y lût pas sa peine. Elle visitait ses armoires, elle parcourait sa maison, elle regardait les portraits, les vieilles gravures, les mille petits objets, ouvrages ou cadeaux de mains chères, qui n'avaient pas changé de place depuis que la mère, ou la sœur, ou l'aïeule, les avaient mis là... Il faudrait tout enlever, tout emporter, tout bouleverser... ; pourrait-elle voir cela et ne pas mourir de douleur ?

Le huitième jour, Lucette n'avait pas encore écrit. Mlle Morineau parut au déjeuner, pâlie par l'insomnie, les yeux creux, la taille affaissée…, elle était guérie pourtant; mais elle avait vieilli de dix ans depuis qu'elle ressassait en elle continuellement la pensée de l'exil. Elle mangea à peine, et, malgré ses efforts pour répondre à Lucette, elle laissait à chaque instant tomber la conversation. Voinette regardait sa maîtresse avec pitié et Lucette avec un peu de rancune. Elle pensait au dîner de première communion de la petite Bonnet et se disait en elle-même : « Si j'avais seulement un dîner par semaine à ce prix-là, c'est moi qui aurais vite fait de consoler mademoiselle ! Ils ont de bien bonnes intentions, ces cousins de Bretagne; mais l'enfer en est pavé, de bonnes intentions ! »

Lucette n'était pas gaie. Elle n'était pas triste non plus; il y avait sur sa figure un rayonnement inusité, mais elle ne riait pas, et, si elle était heureuse, c'était d'un bonheur bien sérieux. Elle regardait sa cousine et son regard prenait quelque chose de tendre, de protecteur, de quasi maternel; puis elle détournait les yeux, une ombre passait sur son visage et on aurait dit qu'elle allait pleurer : larmes bien vite réprimées, que remplaçait une expression triomphante. Quand on se leva de table, elle s'approcha de Mlle Morineau et lui offrit son bras pour faire avec elle un tour de jardin.

« As-tu écrit à Mme de la Fontenelle ? lui demanda Mlle Julie.

— Je vais lui écrire tout à l'heure, ma bonne cousine.

— Bien ; et, quand tu sortiras pour aller mettre ta lettre à la poste, tu me feras plusieurs petites commissions. Il faudra passer chez le menuisier pour des caisses, chez l'emballeur, à l'entreprise du roulage, et aussi chez M. Lavot, le notaire : je compte sur lui pour m'aider à louer la maison… »

La voix faiblit sur ces derniers mots : louer la maison ! la seule idée lui en déchirait le cœur. Lucette ne répondit que par un signe de tête, et elles firent plusieurs fois le tour du jardin sans se parler.

« Je suis lasse, dit Mlle Morineau en se laissant tomber sur un banc de la tonnelle. Va écrire ta lettre, mon enfant ! »

Lucette monta l'escalier en courant, s'installa devant une table, trempa sa plume dans l'encre d'un geste résolu et écrivit :

« J'ai attendu huit jours, ma chère cousine bien-aimée, et j'ai bien fait. Au premier moment, ma pauvre cousine Julie a dit oui pour me faire plaisir, pour ne pas me retenir loin de vous, et je crois que l'idée de ma joie l'empêchait de sentir son chagrin. Mais depuis elle l'a bien senti; elle ne m'a rien dit, elle parle de notre départ comme d'une chose arrêtée; mais si vous voyiez quelle figure elle a et comme elle a vieilli depuis huit jours! Moi, je suis jeune, je pourrai supporter ma peine; et puis ne serait-ce pas reconnaître bien mal ce que je lui dois, que de l'arracher de sa chère maison et de sa ville qu'elle aime tant? Je ne le ferai pas; puisqu'elle ne peut se passer de moi, je resterai à Saint-Clair. Pardonnez-moi si je parais vous aimer moins qu'elle; vous savez bien que cela n'est pas. Dites-moi que vous m'approuvez, cela me donnera du courage; j'en ai besoin.

« Adieu, ma seconde mère, mon père adoptif, mes petits frères, mes petites sœurs, adieu...; je n'ose vous dire au revoir, car je ne sais si jamais je vous reverrai; mais ce que je sais bien, c'est que jamais je ne cesserai de vous aimer et de vous regretter.

« Votre désolée,
Lucette. »

Elle plia vivement sa lettre, la mit dans l'enveloppe qu'elle cacheta, écrivit l'adresse et sortit de la maison. Elle marcha d'un pas décidé jusqu'au bureau de la poste et jeta sa lettre dans la boîte : le bruit qu'elle fit en y tombant lui retentit douloureusement au fond du cœur et elle s'enfuit sans se retourner.

En rentrant à la maison, elle rencontra Mlle Morineau qui revenait du jardin.

« Te voilà, petite, lui dit-elle; est-ce que tu as déjà été à la poste?

— J'en arrive, ma cousine!
— Ah!... Quand as-tu annoncé que nous partions?
— Jamais! »

Mlle Julie la regarda d'un air ahuri.

« Oui, ma cousine, j'ai écrit que nous ne partions pas.

— Comment? Mais on nous attend..., j'ai promis...; on t'aime là-bas,... tu y étais si heureuse !

— Je serai heureuse ici, et vous auriez été trop malheureuse là-bas. Ma pauvre chère cousine, vous y seriez venue pour moi..., et vous croyez que je pouvais accepter un pareil sacrifice ! Non, non; j'ai compris que ce que vous laissiez ici, c'était toute votre vie, et alors j'ai été vite décidée. Je ne quitterai pas Saint-Clair...; mais savez-vous ce que nous pourrions faire ? Vous allez prier toutes vos amies de m'envoyer des leçons ; je gagnerai beaucoup d'argent, nous ferons des économies, et l'an prochain nous pourrons aller passer nos vacances à Quilfoc. Deux mois ! vous voudrez bien y rester deux mois, n'est-ce pas ? »

Mlle Julie embrassa Lucette en pleurant.

Elles s'attendrissaient encore ensemble, quand Voinette arriva.

« Nous ne partons pas, Voinette, lui dit la jeune fille; je reste ici avec ma cousine !

— Ah ! répondit Voinette en joignant les mains, il y a des saintes dans l'almanach qu'on a canonisées et qui ne le méritaient pas autant que vous, mademoiselle Lucette ! »

Il avait commencé par les visites médicales.

CHAPITRE XXXI

Le docteur Gervalle. — Soirées à trois. — Un nouvel habitant de Saint-Clair.
Visite qui tourne immédiatement en reconnaissance. — Soirées à quatre.

Le docteur Gervalle était un jeune homme éminemment sociable; on ne pouvait en douter, car, en attendant les visites médicales, il avait fait en arrivant des visites de politesse dans toute la bonne société de Saint-Clair : ce qui lui avait acquis la bienveillance générale. Chez Mlle Morineau, il avait commencé par les visites médicales, et, maintenant qu'elle était guérie, il les avait changées en visites d'amitié. Il parlait souvent à la vieille demoiselle de ses projets d'avenir : il désirait attirer à  Saint-Clair l'oncle et la tante qui l'avaient élevé, et vivre avec eux en famille. C'était pour cela surtout qu'il avait fait tant de visites : il voulait préparer d'avance de bonnes relations à ses parents, pour qu'ils se trouvassent bien à Saint-Clair. « Le pays est charmant, disait-il, tout ce qu'il faut pour mon oncle, un ancien militaire qui a bon pied, bon œil et qui aime les longues promenades; ma tante ne sort pas beaucoup, mais elle adore les fleurs et le jardinage : ici elle pourra avoir un beau jardin à peu de frais. Mon oncle est à la retraite : qu'est-ce que cela peut lui faire de manger sa pension ici ou ailleurs? J'en ai déjà parlé et l'on n'a pas dit non; je vais m'occuper de trouver une maison convenable pour l'expiration de leur bail, et j'irai les chercher.

Vous me permettrez de vous les présenter, mademoiselle? ils sont bons et charmants tous les deux, et vous ne regretterez pas d'avoir fait leur connaissance. »

Mlle Julie répondait comme il convenait; le jeune médecin lui plaisait beaucoup, et elle était flattée de se trouver tout d'abord liée avec sa famille. Elle serait ravie de mettre la tante du docteur au courant de tous les petits détails de ménage particuliers à Saint-Clair; Voinette aussi serait à sa disposition pour diriger sa domestique ou pour lui en trouver une si elle n'en amenait pas. Et elle remarquait avec orgueil qu'il n'y avait pas dans la ville une maison où le docteur allât aussi souvent que chez elle.

Elle prit une part très vive à son chagrin, lorsqu'elle apprit par le docteur Levert qu'il n'était arrivé près de sa tante que pour la voir mourir. Lucette s'en affligea aussi. Elle faisait très grand cas de M. Gervalle; elle l'avait vu si doux, non seulement auprès de sa cousine, mais encore auprès du père Garenfoin et d'un des enfants Coinchat qui avait eu une bronchite : il devait être bon et affectueux, et certainement il souffrait beaucoup de perdre la tante qui l'avait élevé, juste au moment où il rêvait de se réunir à elle et de rendre à sa vieillesse les soins dont elle avait entouré ses premières années. Aussi, quand il revint à Saint-Clair, les deux cousines l'accueillirent avec une nuance de compassion qui le toucha. Son deuil l'empêchait d'aller dans le monde, mais non de venir le soir passer quelques instants avec elles, et leurs relations devinrent peu à peu une sorte d'intimité, qui leur profitait à tous les trois. Mlle Julie rajeunissait en l'écoutant causer avec Lucette, et Lucette, si dévouée qu'elle fût à sa vieille cousine, n'était pas fâchée d'échanger des idées avec quelqu'un d'un âge plus rapproché du sien.

Six mois se passèrent. M°lle° Morineau, redevenue aussi alerte qu'autrefois, avait remisé sa canne à bec de corbin parmi les souvenirs de famille de ses grands-parents. Lucette donnait beaucoup de leçons d'anglais, et pour se distraire elle s'était remise à la musique et cultivait sa jolie voix. Le docteur s'était découvert un filet de voix de ténor, et M°lle° Julie, ayant opéré des fouilles dans les vieux cahiers de musique empilés au grenier, avait mis au jour quantité d'airs de Grétry, Monsigny, Dalayrac, Boïeldieu et autres compositeurs qui avaient fait les délices de ses aïeules. Ils faisaient maintenant les siennes, et tel duo chanté par Lucette et le docteur évoquait le souvenir de sa tante Rose qui le chantait autrefois avec son père... Elle fermait les yeux, et ils lui apparaissaient, comme s'il ne s'était pas passé quarante ans depuis qu'ils avaient quitté ce monde... Non, ce n'étaient plus eux qui chantaient : ce n'était que le docteur et Lucette... Eh bien, était-il moins doux de les entendre? Chère petite Lucette! Quel bonheur qu'elle eût trouvé ce plaisir-là, pour égayer sa vie laborieuse! La peur que Lucette s'ennuyât, qu'elle regrettât trop amèrement Quilfoc, était le seul point noir dans la vie de M°lle° Morineau, qui sans cette crainte se serait trouvée parfaitement heureuse. Mais elle se rassurait en regardant Lucette : elle n'avait vraiment pas l'air d'une personne qui se sacrifie. Ce n'était plus l'agitation, la gaieté un peu forcée des premiers jours; elle était calme et souriante, avec de bons éclats de rire de jeunesse, à propos de tout et à propos de rien. Et puis ces yeux brillants, cette fraîcheur de rose, ces contours arrondis de la joue et du menton, cette animation, cette vivacité de mouvements! Ce n'était pas de la comédie, tout cela : Lucette ne regrettait plus rien, Lucette était heureuse! M°lle° Morineau pouvait l'être aussi, sans remords.

Vers Noël, M. Gervalle pria Voinette de vouloir bien veiller à ce que sa maison fût chauffée et la chambre qu'il destinait à son oncle prête pour le surlendemain. L'oncle avait achevé de régler toutes ses affaires, et M. Gervalle partait pour aller le chercher ; ils arriveraient pour se coucher, il n'y avait pas besoin de leur préparer à dîner.

Voinette se conforma aux instructions du docteur, et revint émerveillée de la jolie maison qu'il avait louée.

« Il n'y a pas beaucoup de meubles, dit-elle, mais sa femme de ménage m'a dit que ceux de son oncle allaient arriver ; l'oncle amène aussi sa domestique, ou plutôt elle le suivra, car il la laisse derrière lui pour expédier toutes ses affaires. Mais si vous voyiez, mademoiselle, le cabinet de consultations du docteur, avec de beaux meubles et de grands rideaux à dessins ! il y en a jusque devant les portes. Et la vue, d'un côté sur la ville et de l'autre sur la campagne ! et le jardin, en parterres près de la maison, avec une allée de tilleuls qui le sépare du potager. Il y a des poiriers, des pommiers, des cerisiers, des pêchers, de tout ! Ah ! c'est grand dommage que sa tante soit morte, elle aurait été bien heureuse dans cette maison-là : pas besoin d'acheter un fruit pour faire ses confitures ! »

Lucette rit de cet idéal de bonheur ; pourtant elle comprenait le plaisir de faire des confitures et l'orgueil de les réussir : elle avait appris cet art chez Mme de la Fontenelle.

Le lendemain, Voinette annonça que ces deux messieurs étaient arrivés : en passant devant la maison pour revenir du marché — ce n'était pas son chemin, mais elle y avait passé tout de même — elle avait vu le vieux qui fumait sa pipe à sa fenêtre : un homme superbe, qui avait dû être bien joli garçon dans son temps.

Dans la journée, Mlle Morineau et Lucette sortirent ensemble pour quelques emplettes d'étrennes. Au retour, elles furent accueillies par les doléances de Voinette.

« Ah ! mademoiselle, dit-elle à sa maîtresse, faut-il que vous ne soyez pas rentrée un quart d'heure plus tôt ! *Ils* sont venus tous les deux. Oh ! ils ont dit qu'ils reviendraient ; mais ils voulaient tout de suite présenter leurs respects à ces dames... Le vieux monsieur regardait les fenêtres, la petite cour, il glissait ses regards derrière moi pour voir le corridor, on aurait dit qu'il

Le duo chanté par Lucette et le docteur.

voulait mettre tout cela dans un tableau. C'est égal, il a l'air bien aimable. Voilà leurs cartes.

— Tiens ! il ne s'appelle pas Gervalle, dit Lucette en jetant un coup d'œil sur la carte de l'oncle.

— Sans doute qu'il est le frère de sa mère, ou bien le beau-frère de son père, répliqua Mlle Julie en tirant ses lunettes de leur étui. Maurel, lieutenant-colonel en retraite..., le lieutenant-colonel Maurel..., le lieutenant Maurel. »

Elle parlait comme dans un rêve, avec une voix sans inflexions qui surprit Lucette. Enfin elle poussa un grand soupir, et il sembla à Lucette qu'elle avait rougi. Elle remonta dans sa chambre, tenant toujours la carte à la main, s'assit dans sa bergère et resta pensive, oubliant d'ôter son chapeau. « Il regardait tout, murmura-t-elle ; si c'était *lui!* Nous ne nous reconnaîtrions pas..., tout cela est si loin ! N'importe, j'aurais du plaisir à le revoir. »

Elle resta distraite toute la soirée et ne dormit guère la nuit. Quelle singulière chose que la destinée ! S'ils avaient pensé autrefois à ce qui arriverait quand ils seraient vieux tous deux, ils se seraient vus, se tenant fidèle compagnie, jouissant de la jeunesse de leurs enfants, et heureux de bercer leurs petits-enfants sur leurs genoux. Si c'était lui ! Certes il pouvait y avoir beaucoup d'autres Maurel dans le monde..., pourtant Mlle Julie était convaincue que c'était bien lui, le beau lieutenant dont elle avait dû être la femme... Ils se retrouvaient après tant d'années : c'était comme s'ils eussent habité le château de la Belle au Bois dormant. Ils étaient vieux et chacun d'eux s'appuyait sur un rejeton florissant — n'était-ce pas un fils pour lui, le docteur ? n'était-ce pas une fille pour elle, Lucette ? Le rêve d'avenir de leur jeunesse, la vision souriante qui devait éclairer leurs vieux jours, ne pouvait-il pas devenir une réalité ?

Mlle Morineau s'endormit enfin vers le matin, en souhaitant que ce fût *lui*.

Elle ne voulut pas sortir ce jour-là ; peut-être reviendrait-il. Lucette la quitta après le déjeuner pour aller donner ses leçons, et elle resta seule.

Elle prit son ouvrage et alla s'installer dans le salon, deux heures plus tôt qu'à l'ordinaire. Voinette lui fit observer qu'elle avait tort de ne pas attendre que le feu fût bien pris et la pièce bien chaude : elle risquait de s'enrhumer. Mais elle n'était pas en disposition d'écouter Voinette, et elle avala consciencieusement la fumée. Le vent soufflait dans la cheminée ce jour-là, et la flamme avait de la peine à monter.

Mlle Julie prit son tricot, fit trois mailles et s'arrêta. Si c'était lui, il allait reconnaître le salon; rien n'y avait changé. Elle se pencha pour se regarder dans un vieux miroir incliné, accroché au milieu du panneau qui lui faisait face... La reconnaîtrait-il? Elle était coiffée comme autrefois; seulement ses cheveux n'étaient plus de la même couleur, et les joues!... Partie, la jeunesse!

N'importe : Mlle Morineau, avec sa mise proprette et correcte, à laquelle Lucette s'amusait à ajouter quelques nœuds de rubans un peu plus modernes, faisait une très agréable vieille; et ce fut certainement l'avis du vieux monsieur décoré, boutonné militairement dans sa redingote noire, qui fut introduit dans le salon comme trois heures sonnaient. Il s'inclina profondément devant elle, pendant que M. Gervalle, entré avec lui, expliquait à Mlle Morineau que son oncle, ayant eu le regret de ne pas la rencontrer la veille, n'avait pas voulu retarder davantage l'honneur de faire sa connaissance.

« De renouveler connaissance, interrompit M. Maurel. Dans ma jeunesse, j'ai été en garnison à Saint-Clair comme lieutenant, et j'ai eu l'honneur d'être reçu dans cette maison. Je prie mademoiselle Morineau de croire que je ne l'ai jamais oublié. »

C'était bien lui! et il se souvenait! Toute joyeuse, Mlle Julie lui tendit la main en disant d'une voix émue : « Moi aussi, je me souviens... Je me réjouis de ce que vous venez vivre à Saint-Clair. Venez souvent me voir; nous serons comme deux vieux amis. »

Il lui serra la main et s'assit auprès d'elle, regardant les vieux portraits, les meubles, les statuettes de biscuit, les vieilles faïences, comme on regarde d'anciens amis à demi oubliés qu'on retrouve avec plaisir. M. Gervalle se récriait : « Vous ne m'aviez pas dit cela, mon oncle. — C'est que je voulais voir comment je serais reçu ! » répondit M. Maurel. Il se mit à demander des nouvelles d'une foule de gens d'autrefois : certes, il avait bonne mémoire, ou son séjour à Saint-Clair avait marqué d'une façon toute particulière dans son souvenir.

Pendant qu'ils remontaient ainsi le fleuve du temps, un malade pressé faisait poursuivre le docteur de maison en maison. Son émissaire le joignit chez Mlle Morineau, et le docteur s'en alla, laissant ainsi son oncle et Mlle Julie : ils n'avaient pas besoin de lui, d'ailleurs !

Dès qu'ils furent seuls, le colonel s'approcha de la vieille demoiselle et lui dit à demi-voix : « Vous avez dû m'en vouloir beaucoup..., mais ce n'est pas ma faute. J'ai attendu dix ans, envoyant toujours mon adresse à votre père, quand je changeais de garnison... Enfin on m'a assuré que vous étiez mariée..., on avait assisté au mariage... Un an après, j'ai appris que vous étiez morte...

— C'était ma jeune sœur : les gens qui vous ont renseigné ont bien pu ne connaître qu'elle, car j'avais renoncé à aller dans le monde après... après votre départ.

— Je n'ai été détrompé qu'il y a un an, quand Paul s'est établi ici. Il me tenait au courant de ses clients et de ses relations, et il me parlait sans cesse de vous et de votre charmante petite-cousine.

— Ah ! ma chère petite Lucette ! C'est l'héritage de mon oncle d'Amérique, cette enfant-là. Elle m'est arrivée ruinée et dépourvue de tout, et maintenant c'est elle qui travaille pour me nourrir : à dix-sept ans !

— Je sais, Paul m'a conté cela. Il a pour elle une admiration profonde, que je ne demande qu'à partager. Est-ce que je ne la verrai pas ?

— Elle n'y est jamais à cette heure-ci ; mais venez ce soir, avec votre neveu. Les enfants feront de la musique, pendant que nous causerons de l'ancien temps ; et ensuite, à présent que nous serons quatre... Jouez-vous toujours au boston ?

— J'y jouerai très volontiers avec vous, et nous l'apprendrons aux jeunes, qui ne le savent sûrement pas : ce n'est pas un jeu de leur temps. Vous rappelez-vous les belles *misères* que faisait votre tante ? »

Quand on a commencé à se dire l'un à l'autre : « Vous rappelez-vous ? » il n'y a pas de raison pour que cela finisse. Le colonel et Mlle Morineau devisaient encore sur le passé, lorsque Lucette rentra et que le docteur Gervalle revint chercher son oncle.

Il était occupé à visiter ses greffes.

CHAPITRE XXXII

Dans le jardin du docteur. — Un colonel transformé en ambassadeur. — Une paillasse bien rembourrée. — Robes et bijoux. — L'héritage de mon oncle d'Amérique.

Le printemps était revenu, les jonquilles et les jacinthes blanches embaumaient le petit jardin de Mlle Morineau, et le  docteur Gervalle faisait remplir le sien de rosiers de toutes les couleurs, sans compter les massifs de silènes et de myosotis, les bosquets de lilas, les bordures d'œillets blancs, les semis de fleurs d'été. Il avait nommé son oncle, qui s'y entendait très bien, jardinier en chef, et les plantations du docteur défrayaient pour le moment toutes les conversations. Il aurait certainement le plus joli jardin de la ville, si tout cela poussait bien. L'ancien propriétaire avait planté des asperges, des artichauts, des arbres fruitiers; lui, il aimait les fleurs ; après tout, il pouvait bien aimer aussi les fruits : ses arbres étaient en plein rapport. Et il pouvait aimer l'ombre, avec cette belle allée de tilleuls : il y avait de tout dans ce jardin-là.

L'oncle Maurel était occupé à visiter ses greffes de rosiers, lorsque Paul Gervalle vint le trouver, tout empressé.

« Que fais-tu donc là ? lui dit-il. Je te croyais parti et je t'aperçois de ma fenêtre, le nez sur un églantier qui possède trois feuilles au bout d'un bâton. Elles pousseront bien sans toi, les feuilles ! Allons, viens, je t'en prie !

— Cette greffe est superbe, répondit l'oncle sans se déconcerter. Tu verras quelle rose ! un parfum, une couleur, une forme ! la perfection. Je l'avais créée dans mon jardin de là-bas, et je ne lui ai pas encore donné de nom : tu seras son parrain, si tu veux.

— Oui, mon bon oncle ; mais vas-y, je t'en supplie ! Tu vas attendre qu'elle soit sortie.

— Eh bien, j'y retournerai, voilà tout..., nous ne sommes pas à une heure près ! »

Paul Gervalle fit la grimace.

« Allons, j'y vais, calme-toi : le temps de faire ma toilette. Tu sais que je ne suis pas long : on prend l'habitude d'aller vite, dans l'état militaire.

« C'est égal, *elle* aura là un joli jardin... J'y vais, j'y vais ! »

Un quart d'heure après, il sonnait à la porte de Mlle Morineau qu'il savait trouver seule.

« Comme vous avez l'air solennel aujourd'hui ! dit-elle en lui tendant la main. Et cette toilette de cérémonie !

— Toilette et air de circonstance... Je devrais vous débiter un beau discours, mais je ne suis pas éloquent... Ma vieille amie, Paul est un cœur d'or, et Lucette une perfection de jeune fille : ils se conviennent parfaitement, et je viens vous proposer de les marier ensemble. Paul m'a chargé, en qualité d'oncle, de vous faire la demande officielle. Il est comme mon fils, Lucette est comme votre fille ; nous aurons le plaisir, j'espère, de voir grandir nos petits-enfants. »

Mlle Morineau pleurait de joie.

« Je le désirais..., je l'espérais..., je suis bien heureuse... Je ne peux pas répondre pour elle, mais je crois bien qu'elle dira oui. Ah ! si ce misérable Grogain n'avait pas emporté mon argent ! J'aurais eu tant de plaisir à la doter et à lui donner un beau trousseau !

— Le fait est qu'ils ne seront pas bien riches pour commencer ; mais Paul réussit bien, il arrivera à se faire une jolie situation. Il n'y a pas besoin de tant d'argent pour être heureux ! Il a de la chance, lui, il peut se marier sans s'inquiéter de la dot ! »

Cette allusion toucha Mlle Julie, et elle ne pensa plus à Grogain et à sa fuite. Elle causait encore avec le colonel de l'avenir de « leurs enfants », lorsque Paul Gervalle entra.

« Ah ! mon garçon, tu n'as guère de patience ! lui dit son oncle en riant. Tiens, embrasse ta cousine, ta belle-mère, comme tu voudras l'appeler..., à condition que Mlle Lucette consente, bien entendu ! »

Paul ne se le fit pas dire deux fois ; mais il expliqua qu'il n'avait pas eu l'indiscrétion d'entrer à propos de rien. Il venait de voir le vieux Garenfoin qui était malade, très malade ; mais, toujours détraqué du cerveau, le bonhomme ne voulait personne auprès de lui, et il demandait à voir Mlle Lucette. Le docteur venait de la rencontrer dans la rue : il lui avait fait part du désir du père Garenfoin, et il s'était chargé de dire à sa cousine où elle était, pour qu'elle ne s'inquiétât pas de ne point la voir rentrer à l'heure ordinaire.

Lucette, de son pas preste et léger, n'avait pas mis grand temps à arriver chez le père Garenfoin. La porte était fermée, elle frappa.

« Qui est là ? dit une voix faible.

— Moi, Lucette Mauversé. Vous m'avez fait demander, père Garenfoin ?

— Oui, ma chère petite âme du bon Dieu ! et j'avais grand' peur de mourir avant de pouvoir vous parler. Passez votre petite main sous la porte : elle est si menue ! vous pourrez bien l'y faire entrer. Tâtez à gauche, vous trouverez la clef... Vous l'avez, entrez maintenant ! »

Lucette ouvrit la porte. Le père Garenfoin était couché, et rien qu'à le voir elle comprit qu'il ne se trompait pas quand il disait qu'il allait mourir. Il la regarda, et une ombre de sourire passa encore sur sa figure jaune et ridée.

« Ça me fait du bien de vous voir, lui dit-il ; vous avez toujours été si bonne pour les pauvres vieux ! Voulez-vous me rendre un service..., un grand service ? Allez vite me chercher le notaire..., M. Lavot, qu'il s'appelle, le notaire de votre cousine, et dites-lui qu'il vienne aujourd'hui, tout de suite, et qu'il apporte du papier timbré. C'est très pressé, très pressé. Allez vite, je vous en prie. Emportez la clef et enfermez-moi, que personne ne puisse entrer ; vous ne la donnerez qu'à lui pour qu'il ouvre la porte... Oui, du papier timbré..., une plume..., de l'encre..., il n'y en a pas ici. Allez vite, allez ! »

Lucette lui obéit et se rendit chez le notaire, s'excusant de le déranger pour un fou. Le notaire était un brave homme ; il connaissait le père Garenfoin et consentit à se rendre à son dernier désir. Le bonhomme voulait peut-être léguer sa bicoque à quelque parent éloigné.

« Ah ! vous voilà ! Merci, mon bon monsieur ! que Dieu vous récompense ! dit le père Garenfoin en voyant entrer M. Lavot. Avez-vous du papier timbré ? Je veux faire mon testament.

— Alors il nous faut deux témoins : où les prendrons-nous ?

— Appelez ma voisine, la Jeannette, et dites-lui d'envoyer son beau-frère, le suisse de la paroisse, il sait écrire. »

Par bonheur le suisse se trouvait chez lui, et il amena un de ses cousins.

« Je suis prêt à écrire, père Garenfoin, dit le notaire.

— Attendez, monsieur, il faut que je vous explique. Aidez-moi à me lever, vous autres..., il faut ouvrir ma paillasse. »

Les deux hommes le soulevèrent, l'enveloppèrent dans sa couverture, et sur son ordre l'assirent par terre, le dos appuyé au mur.

« Enlevez le matelas, dit-il. Un couteau..., coupez la ficelle qui tient la fente de la paillasse... Cherchez au fond, maintenant, trouvez-vous un paquet ? »

Les hommes mirent au jour un paquet de petite dimension, enveloppé de toile à carreaux.

« Je suis prêt à écrire, » dit le notaire.

« C'est cela ! Donnez-le à M. le notaire, et puis remettez-moi dans mon lit : j'ai froid.

« Monsieur le notaire, reprit le vieux sabotier quand il fut recouché, ouvrez ce petit paquet-là : il y a dedans cent mille francs.

— Cent mille francs !

— Oui ; comptez-les. Comptez-les, que je voie s'il n'en manque pas. Je les ai bien surveillés ; mais les voleurs sont si fins ! Un, deux, trois, quatre... Oui, ils y sont... C'est le billet de loterie, monsieur le notaire.

— Comment, le billet de loterie ? Vous disiez qu'on vous avait volé ! »

Une expression finaude fit grimacer la figure du vieillard, et il reprit :

« Je l'ai dit, pour écarter les voleurs, donc ! Si on nous avait su de l'argent..., il y a tant de canailles en ce monde ! on nous aurait égorgés pour le prendre, ma pauvre femme et moi. Au lieu que nous l'avons gardé... pour nos vieux jours... »

Leurs vieux jours ! il y avait longtemps qu'ils étaient venus ! et ils s'étaient épuisés de travail plutôt que de toucher à cette somme, qui ne leur rapportait que le plaisir de dormir sur une liasse de billets de banque.

« Et à présent, mon brave homme, qu'est-ce qu'il faut en faire ? demanda M. Lavot, gardant pour lui les réflexions philosophiques qui pouvaient lui venir à l'esprit.

— Emportez-les chez vous, mon bon monsieur ; vous avez des coffres-forts qui ferment bien, vous ! on ne vous les volera pas. Et puis vous allez mettre par écrit sur votre papier timbré que je donne tout mon argent et tout ce qui m'appartient à Mlle Lucette, la cousine de Mlle Julie Morineau. J'aurais aimé à faire un cadeau au jeune docteur, qui est si bon avec les pauvres gens ; mais j'ai entendu dire qu'on ne pouvait pas léguer aux médecins. C'est égal, j'ai un espoir..., une idée qui m'est venue en les voyant ensemble... S'ils se mariaient, ça me ferait bien plaisir..., le docteur aurait sa part de mon argent. La demoiselle fera bien aussi quelque chose pour sa cousine, qu'un mauvais gueux a volée : pas besoin de le lui dire. Écrivez vite, monsieur, pendant que je peux encore signer. »

Le testament fait, le père Garenfoin y apposa péniblement sa signature, et se laissa ensuite retomber sur son lit, épuisé, en murmurant : « Là ! je peux m'en aller à présent ! » Il ferma les yeux et demeura immobile.

« Il est bien bas, dit le suisse à l'oreille de son cousin.

— Oui, il ne faudrait pas le laisser seul, n'est-ce pas, monsieur ?

— Je suis de votre avis, répondit le notaire; mais il faudrait quelqu'un qui le veillât en cachette, puisqu'il veut rester seul.

— Je vous entends, murmura le père Garenfoin. Laissez entrer... qui voudra..., je n'ai plus peur... Plus rien... à voler... Allez vite... serrer l'argent... »

Ce furent ses derniers mots; il n'avait plus la force de parler, mais il faisait signe au notaire de partir : il lui tardait évidemment que l'argent fût en sûreté dans un coffre-fort. M. Lavot s'en alla, et le suisse alla chercher Jeannette pour soigner le malade. Disons tout de suite que le père Garenfoin s'éteignit dans la soirée.

Le notaire, en quittant le vieux sabotier, se hâta de rentrer chez lui. On a beau être notaire et habitué à manier de fortes sommes, on ne tient pas à se promener avec cent mille francs et un testament dans sa serviette : on peut être écrasé par une voiture, recevoir une cheminée sur la tête, mourir d'un anévrisme, et n'être pas relevé par d'honnêtes gens. M. Lavot mit donc son dépôt en sûreté; et puis, considérant le père Garenfoin comme mort, il se dirigea vers la rue du Vieux-Pont, pour faire part à Lucette de sa bonne fortune.

Il était très content, le notaire ; la petite ne quitterait pas sa cousine, certainement, et la pauvre Mlle Julie retrouverait ainsi l'aisance qu'elle avait perdue.

Il trouva les deux cousines aussi rayonnantes l'une que l'autre : Mlle Julie venait de faire part à Lucette de la demande du docteur. La jeune fille avait à ce moment-là bien autre chose en tête que l'argent; elle ne reçut donc pas le notaire avec les transports de joie auxquels il s'attendait. Elle s'attendrit sur le père Garenfoin, et le vieux sabotier fut pleuré par son héritière : cela n'arrive pas toujours.

« Vous voilà devenue un des brillants partis du pays, mademoiselle, lui dit M. Lavot; il ne tiendra qu'à vous de faire un beau mariage. »

Lucette se mit à rire.

« Justement, monsieur, ma cousine allait se rendre chez vous pour vous parler de mon contrat : comme cela se trouve !

— Vous vous mariez ? s'écria le notaire ébahi.

— Oui, reprit Mlle Morineau; Lucette épouse le docteur Gervalle.

— Ah ! très bien..., un jeune homme d'avenir..., bonnes manières..., très distingué... C'est étrange, cette idée était venue au père Garenfoin. Je vous félicite, mademoiselle... Il n'est pas riche, je crois ?

— Il l'était encore plus que moi, puisque je n'avais rien ; j'aurai le plaisir de lui apporter un peu de bien-être. Vous voyez que tout est pour le mieux. »

Le notaire salua et se retira.

« Tu lui as annoncé tout de suite ton mariage ? dit Mlle Julie à Lucette. Je croyais que vous ne vouliez en parler que quand il serait sur le point de se faire ?

— Oui, c'était convenu comme cela. A présent, il faut au contraire l'annoncer à tout le monde, avant qu'on sache le legs du père Garenfoin. Les gens pourraient croire que M. Gervalle ne m'a demandée que quand il m'a sue riche. »

Cette idée n'était pas venue à Mlle Julie, mais elle était bien assez délicate pour la comprendre.

« Tu es une bonne fille, Lucette ! » dit-elle en attirant sa cousine dans ses bras.

. . . .

Deux mois après, dans le petit salon de Mlle Morineau, Mme Raimblot, Mme Chandois et les demoiselles Mangon arrivaient, convoquées par la maîtresse du logis, tout comme le jour d'hiver où Lucette avait comparu devant elles pour subir un interrogatoire. Mais les choses étaient bien changées. Toutes les fleurs de l'été — les belles roses du docteur — embaumaient le salon et la salle à manger dont la porte restait ouverte, car ce n'était pas trop de deux pièces pour contenir les cadeaux de noce offerts à Lucette, et que les vieilles amies de sa cousine avaient demandé à voir. Lucette en robe rose, rayonnante de joie et de fraîcheur, les accueillit sur le seuil, et livra en souriant ses joues à leurs baisers.

« Quel beau temps ! dit Mlle Virginie pour dire quelque chose.

— N'est-ce pas ? et j'espère qu'il va continuer pour le grand jour et pour notre voyage.

— C'est dans huit jours ? dit Mlle Paméla.

— Oui, dans huit jours, et ma cousine vous a priées de venir aujourd'hui, parce que nous allons être obligées de serrer tout cela au fond des armoires et d'en faire porter une partie chez M. Gervalle. Il nous faut de la place pour loger les cousins de Quilfoc.

— Ah ! ils viennent ? dit Mme Raimblot, qui paraît aussi joyeuse que Mlle Julie et Lucette. Tant mieux, je serai bien aise de les connaître.

— Ils vous connaissent déjà, madame; je leur ai si souvent parlé de vous ! »

Mme Raimblot adresse à Lucette un regard attendri; elle sait bien que si « la petite » a parlé d'elle, ce n'est pas pour en dire du mal.

« Voilà ma robe, dit Lucette : du satin, sans ornements.

— De mon temps, dit Mlle Virginie, on portait de la mousseline en été.

— On n'en porte plus guère à présent. Et puis, comme je suis une personne pratique, j'ai choisi du satin, parce que cela se teint bien. Voilà ma robe de visites, voilà une robe de soie noire, voilà une toilette de soirée que ma cousine m'a donnée...

— Oh ! la robe de la grand'mère Morineau ! et le devant est pris à une autre robe, qui vient de la tante Élise... On fait donc des toilettes qui sont des arlequins, à présent ?

— Mais oui, mademoiselle, et c'est très joli, vous verrez.

Ma cousine m'a aussi donné des bijoux que vous connaissez.

— Je te donne tout ce que tu voudras, ou plutôt tout ce qui est ici est à toi... Je regrette seulement que tu ne prennes pas le châle de ma mère, tu n'en trouveras pas un plus beau dans les magasins.

— Chère cousine, je n'en achèterai pas; je vous le demanderai si j'en ai besoin. Mais on ne s'en sert plus que pour draper les pianos ou faire des portières, et vous ne voudriez pas? »

Mlle Julie ne peut retenir un geste d'horreur ; ses amies s'y associent. Lucette rit.

« Regardez ici, dit-elle à Mme Raimblot; ce sont les cadeaux des cousins qui ne me connaissent point. Le cousin de Lille m'a envoyé un bracelet... Son frère, le juge de Carpentras, m'a fait envoyer cette boîte d'argenterie de chez un orfèvre de Paris. Seulement il me prie de lui en accuser réception poste restante, pour que sa gouvernante ne voie pas la lettre.

— Voilà une gouvernante qui surveille l'héritage de son maître, dit Mme Chandois. C'est dommage, car il est généreux, ce cousin-là : quel beau cadeau !

— Les Guibourg de Paris m'ont envoyé ces flambeaux.

— Tiens ! dit Paméla qui en avait pris un pour le regarder de près, ils ont même oublié d'enlever l'étiquette du Bon Marché... Cinq francs cinquante, ce n'est pas cher !

— Ils ne sont pas bien riches non plus, j'en sais quelque chose. Mais regardez mon linge, c'est le cadeau de mes chers cousins de Quilfoc. Nappes, serviettes, draps, tout est fait avec le lin et le chanvre du pays, tissé à la main, blanchi sur le pré, et cousu et marqué dans la maison. Yvonne a ourlé deux douzaines de serviettes, la chère petite ! »

Le linge a toujours été une *great attraction* pour les ménagères. Celui de Quilfoc fut admiré comme il méritait de l'être, et de l'éloge du linge on passa à celui de la famille de la Fontenelle.

« Quand arrivent-ils? demanda Virginie.

— Demain soir. Ils partiront le lendemain du mariage, avec ma cousine Julie, que nous ramènerons, car nous passerons par

Quilfoc, en revenant de notre petit voyage. Je me fais une fête de cette visite en Bretagne : j'avais si bien renoncé à y retourner !

— Pour moi ! ma pauvre chérie, dit d'une voix émue Mlle Morineau en prenant la petite main de Lucette qu'elle caresse doucement. Heureusement tout cela finit bien : Dieu t'a récompensée de ton sacrifice.

— Nos désirs s'égarent souvent et nous ne savons guère ce qui nous convient, dit sentencieusement Mme Chandois. Vous rappelez-vous, Julie, quand vous nous parliez de votre oncle d'Amérique, qui devait revenir avec des millions et enrichir toute sa famille ? »

Mlle Julie sourit, et, montrant Lucette :

« J'ai reçu plus que je n'attendais, dit-elle : c'était mieux que des millions, c'était le bonheur, l'héritage de mon oncle d'Amérique ! »

TABLE DES MATIÈRES

		Pages.
CHAPITRE Ier.	Où l'on fait connaissance avec la nièce de son oncle. — La petite ville anonyme où elle demeure....................	1
—	II. Les cent mille francs du père Garenfoin. — La bonne petite Mme Raimblot. — Où Mlle Julie donne des détails sur son oncle d'Amérique. — Une idée lumineuse...............	9
—	III. Une annonce dans les journaux. — A la messe de minuit. — Où Mlle Julie et ses amies sont intriguées par une petite fille en deuil. — Bravoure de Voinette.......................	23
—	IV. Réveil de Lucette. — Petit retour en arrière. — Où Mlle Julie donne audience à Lucette et les nouvelles qu'elle apprend. — La peau de l'ours, pour qui est-elle ?...................	35
—	V. Où Lucette raconte à sa cousine et au lecteur tout ce qu'ils ont besoin de savoir. — Écritures d'outre-tombe. — Les bonnes dispositions de Lucette............................	41
—	VI. Projets de Lucette. — Mlle Morineau, ne se fiant pas à ses lumières naturelles, réunit son cénacle...................	53
—	VII. Présentation et interrogatoire. — Étonnements de Lucette. — Une invitation à dîner qui est une bonne action. — Lettres à la famille..	61
—	VIII. Petit aperçu du caractère de Lucette. — Elle s'indigne d'être passée à l'état de bête curieuse. — Promenade solitaire. — Un sauvetage..	71
—	IX. Où Lucette rentre en néréide dans la maison de sa cousine. — Où Jeannot gagne à son équipée une bonne soupe et des vêtements chauds. — La place du Pain-Perdu. — Réflexions et préjugés....................................	81
—	X. A la santé de Lucette ! — Veillée d'hiver et lectures diverses. — Les suites d'un bain à la glace. — Lucette passe à l'état d'héroïne. — Un parapluie et un chat...................	91
—	XI. Où Voinette obtient pour autrui ce qu'elle n'avait jamais pu obtenir pour elle-même. — Convalescence. — Lecture de lettres de famille. — Que fera-t-elle ?.......................	101
—	XII. Tout ce qui reluit n'est pas or. — Théorie des oncles d'Amérique. — Alliance de la charité et de l'économie. — Ce que regrettait Lucette. — Sentiments panachés de Mlle Julie.....	111
—	XIII. Arrivée à Paris. — L'appartement du docteur Guibourg, médaille et revers. — Quatre enfants imparfaits. — Un faux Anglais. — Avant de s'endormir........................	121

TABLE DES MATIÈRES.

Pages.

Chapitre	XIV.	Lucette à sa cousine Morineau. — Réflexions de Mlle Julie sur le lieutenant de dragons et l'oncle d'Amérique, qui tournent au bénéfice de Marabout...	129
—	XV.	Où Voinette continue à triompher et où Marabout monte en grade. — Étonnante histoire de voleur. — Une famille qui manque de sabots...	139
—	XVI.	Où l'on pénètre dans l'intérieur des vieux Garenfoin. — Mme Chandois juge d'instruction. — Où Mlle Morineau commence à s'apercevoir que « l'homme n'est pas fait pour vivre seul » — ni la femme non plus.............................	149
—	XVII.	Ce qu'on peut tirer d'une parenté pauvre. — Échange de lettres peu significatives. — Nouvelle réunion chez Mlle Julie, où l'on a des nouvelles de Lucette.............................	159
—	XVIII.	Mlle Julie continue à s'instruire. — Le voleur du père Garenfoin. — Noël passé, Noël présent. — Ouverture d'un colis et son contenu. — « Pour ta toilette. ».........................	167
—	XIX.	Où M. le baron de la Fontenelle entre en scène. — Découragement de Lucette. — Un convive qui bouleverse bien des choses. — Dépêches entre Paris et Quilfoc...................	177
—	XX.	Lucette est de nouveau en route pour l'inconnu. — Conversation d'un brave homme et d'une orpheline. — Arrivée à Quimperlé..	189
—	XXI.	Nouvelle étape de l'orpheline. — La famille de la Fontenelle. — Entrée au manoir de Quilfoc..	195
—	XXII.	Jours de paradis...	205
—	XXIII.	Un an après. — Diplomatie de Mme de la Fontenelle. — Projets pour un long avenir...	213
—	XXIV.	Entre la coupe et les lèvres. — Revue rétrospective des actes et des sentiments de Mlle Morineau. — M. Grogain, agent d'affaires..	221
—	XXV.	Une lettre qui fait bombe fulminante. — Cela se doit ! — Retour à Saint-Clair...	229
—	XXVI.	Où l'on revoit d'anciennes connaissances et où l'on en fait une nouvelle. — Promenade de Lucette et sa nouvelle aventure...	237
—	XXVII.	Lente convalescence. — Promenades hygiéniques de Lucette et nouvelles de la famille Coinchat et des vieux Garenfoin.....	247
—	XXVIII.	En bon chemin. — Visite matinale et inquiétante. — Déménagement à la cloche de bois. — Lucette commence à payer ses dettes. — Dîner de première communion.....................	257
—	XXIX.	Saint Médard. — Avec une canne. — Où Mme Chandois perd une belle occasion de se taire. — Révélations et attendrissement. — Le docteur Gervalle..	265
—	XXX.	Lettre à la baronne de la Fontenelle. — Le veuvage du père Garenfoin. — Le plan de la baronne. — Une heure de joie. — Réaction. — Lutte de générosités............................	273
—	XXXI.	Le docteur Gervalle. — Soirées à trois. — Un nouvel habitant de Saint-Clair. — Visite qui tourne immédiatement en reconnaissance. — Soirées à quatre................................	283
—	XXXII.	Dans le jardin du docteur. — Un colonel transformé en ambassadeur. — Une paillasse bien rembourrée. — Robes et bijoux. — L'héritage de mon oncle d'Amérique........................	293

NOUVELLE COLLECTION

A L'USAGE DE LA JEUNESSE

Format in-8 à 4 francs le volume broché

CARTONNÉ EN PERCALINE A BISEAUX, TRANCHES DORÉES, 6 FRANCS

ASSOLLANT (A.). *Montluc le Rouge.* 2 vol. avec 107 vignettes.
— *Pendragon.* 1 vol. avec 42 vignettes.
BLANDY (Mme S.). *Rouzélou.* 1 vol. avec 112 vignettes.
CAHUN (L.). *Les pilotes d'Ango.* 1 vol. avec 45 vig.
— *Les Mercenaires.* 1 vol. avec 54 vignettes.
CHÉRON DE LA BRUYÈRE (Mme). *La tante Derbier.* 1 vol. avec 44 vignettes.
COLOMB (Mme). *Le violoneux de la Sapinière.* 1 vol. avec 85 vignettes.
— *La fille de Carilès.* 1 vol. avec 96 vignettes.
— *Deux mères.* 1 vol. avec 133 vignettes.
— *Le bonheur de Françoise.* 1 vol. avec 112 vignettes.
— *Chloris et Jeanneton.* 1 vol. avec 105 vignettes.
— *L'héritière de Vauclain.* 1 vol. avec 104 vignettes.
— *Franchise.* 1 vol. avec 113 vignettes.
— *Feu de paille.* 1 vol. avec 98 vignettes.
— *Les étapes de Madeleine.* 1 vol. avec 105 vignettes.
— *Denis le Tyran.* 1 vol. avec 115 vignettes.
— *Pour la Muse.* 1 vol. avec 105 vignettes.
— *Pour la Patrie.* 1 vol. avec 105 vignettes.
— *Hervé Plémeur.* 1 vol. avec 111 vignettes.
— *Jean l'innocent.* 1 vol. avec 112 vignettes.
— *Danielle.* 1 vol. avec 112 vignettes.
— *Les révoltes de Sylvie.* 1 vol. avec 112 vignettes.
CORTAMBERT (E.). *Voyage pittoresque à travers le monde.* 1 vol. avec 81 vignettes.
— *Mœurs et caractères des peuples.* (Europe, Afrique.) 1 vol. avec 60 vignettes.
— *Mœurs et caractères des peuples.* (Asie, Amérique, Océanie.) 1 vol. avec 60 vignettes.
CORTAMBERT (E.) et Ch. **DESLYS**. *Le pays du soleil.* 1 vol. avec 35 vignettes.
DAUDET (E.). *Robert Darnetal.* 1 vol. avec 81 vig.
DEMOULIN (Mme GUSTAVE). *Les animaux étranges.* 1 vol. avec 172 vignettes.
— *Les gens de bien.* 1 vol. avec 32 vignettes.
— *Les maisons des bêtes.* 1 vol. avec 70 vignettes.
DESLYS (Ch.). *Courage et dévouement.* 1 vol. avec 31 vignettes.
— *L'ami François.* — *Les Noménoë.* — *La petite Reine.* 1 vol. avec 35 vignettes.
— *Nos Alpes.* — *Le muet de Brides.* — *Les légendes d'Évian.* 1 vol. avec 30 vignettes.
— *La mère aux chats.* — *La balle d'Iéna.* — *La fille du rebouteur.* — *Le bien d'autrui.* 1 vol. avec 30 vig.
DILLAYE (Fr.). *La filleule de Saint-Louis.* 1 vol. avec 39 vignettes.
ÉNAULT (L.). *Le chien du capitaine.* — *Trop curieux.* — *Les roses du docteur.* — *Le mont Saint-Michel.* 1 vol. avec 43 vignettes.
FATH (G.). *Le Paris des enfants.* 1 vol. avec 60 vig.
FLEURIOT (Mlle ZÉNAÏDE). *M. Nostradamus.* 1 vol. avec 36 vignettes.
— *La petite duchesse.* 1 vol. avec 75 vignettes.
— *Grand cœur.* 1 vol. avec 45 vignettes.
— *Raoul Daubry, chef de famille.* 1 vol. avec 32 vig.
— *Mandarins.* 1 vol. avec 96 vignettes.
— *Cadok.* 1 vol. avec 24 vignettes.
— *Calins.* 1 vol. avec 102 vignettes.

FLEURIOT (Mlle ZÉNAÏDE). *Feu et flamme.* 1 vol. avec 70 vignettes.
— *Le clan des têtes chaudes.* 1 vol. avec 65 vignettes.
— *Au Galadoc.* 1 vol. avec 66 vignettes.
— *Les premières pages.* 1 vol. avec 65 vignettes.
GIRARDIN (J.). *Les braves gens.* 1 vol. avec 115 vig.
— *Nous autres.* 1 vol. avec 182 vignettes.
— *Fausse route.* 1 vol. avec 65 vignettes.
— *La toute petite.* 1 vol. avec 128 vignettes.
— *L'oncle Placide.* 1 vol. avec 139 vignettes.
— *Le neveu de l'oncle Placide.* 1re partie. 1 vol. avec 122 vignettes.
— *Le neveu de l'oncle Placide.* 2e partie. 1 vol. avec 98 vignettes.
— *Le neveu de l'oncle Placide.* 3e et dernière partie. 1 vol. avec 117 vignettes.
— *Grand-père.* 1 vol. avec 91 vignettes.
— *Maman.* 1 vol. avec 112 vignettes.
— *Le roman d'un cancre.* 1 vol. avec 119 vignettes.
— *Les millions de la tante Zézé.* 1 vol. avec 112 vig.
— *La famille Gaudry.* 1 vol. avec 112 vignettes.
— *Histoire d'un Berrichon.* 1 vol. avec 118 vignettes.
— *Le capitaine Bassinoire.* 1 vol. avec 110 vignettes.
— *Second violon.* 1 vol. avec 112 vignettes.
— *Le fils Valansé.* 1 vol. avec 100 vignettes.
— *Le commis de M. Bouvat.* 1 vol. avec 119 vignettes.
GIRON (AIMÉ). *Les trois rois mages.* 1 vol. avec 60 vig.
GOURAUD (Mlle J.). *Cousine Marie.* 1 vol. avec 30 vig.
NANTEUIL (Mme P. de). *Capitaine.* 1 vol. avec 70 vig.
— *Le général du Maine.* 1 vol. avec 60 vignettes.
— *L'Épave mystérieuse.* 1 vol. avec 30 vignettes.
PAULIAN (L.). *La hotte du chiffonnier.* 1 vol. avec 60 vignettes.
ROUSSELET (L.). *Le charmeur de serpents.* 1 vol. avec 95 vignettes.
— *Le fils du connétable.* 1 vol. avec 113 vignettes.
— *Les deux mousses.* 1 vol. avec 60 vignettes.
— *La peau du tigre.* 1 vol. avec 102 vignettes.
— *Le tambour du Royal-Auvergne.* 1 vol. avec 115 vig.
SAINTINE. *La nature et ses trois règnes, causeries et contes d'un bon papa sur l'histoire naturelle.* 1 vol. avec 171 vignettes.
— *La mythologie du Rhin et les contes de la Mère-Grand.* 1 vol. avec 160 vignettes.
TISSOT et **AMÉRO**. *Aventures de trois fugitifs en Sibérie.* 1 vol. avec 72 vignettes.
Tout Droit, par l'auteur de la *Neuvaine de Colette*. 1 vo avec 86 vignettes.
WITT (Mme de), née GUIZOT. *Une sœur.* 1 vol. avec 65 vignettes.
— *Scènes historiques*, 1re série. 1 vol. avec 18 vignettes.
— *Scènes historiques*, 2e série. 1 vol. avec 23 vignettes.
— *Lutin et démon.* — *A la rescousse.* — *De glaçons en glaçons.* 1 vol. avec 56 vignettes.
— *Normands et Normandes.* 1 vol. avec 70 vignettes.
— *Notre-Dame Guesclin.* — *La Jacquerie.* — *Delhi et Cawnpore.* 1 vol. avec 70 vignettes.
— *Légendes et récits pour la jeunesse.* 1 vol. avec 18 vignettes.
— *Un Patriote au XIVe siècle.* — *Les héroïnes de Harlem.* — *Une heureuse femme.* 1 vol. avec 54 vignettes.
— *Un nid.* 1 vol. avec 63 vignettes.
— *Un jardin suspendu.* — *Un village primitif.* — *Le tapis des quatre Facardins.* 1 vol. avec 39 vignettes.

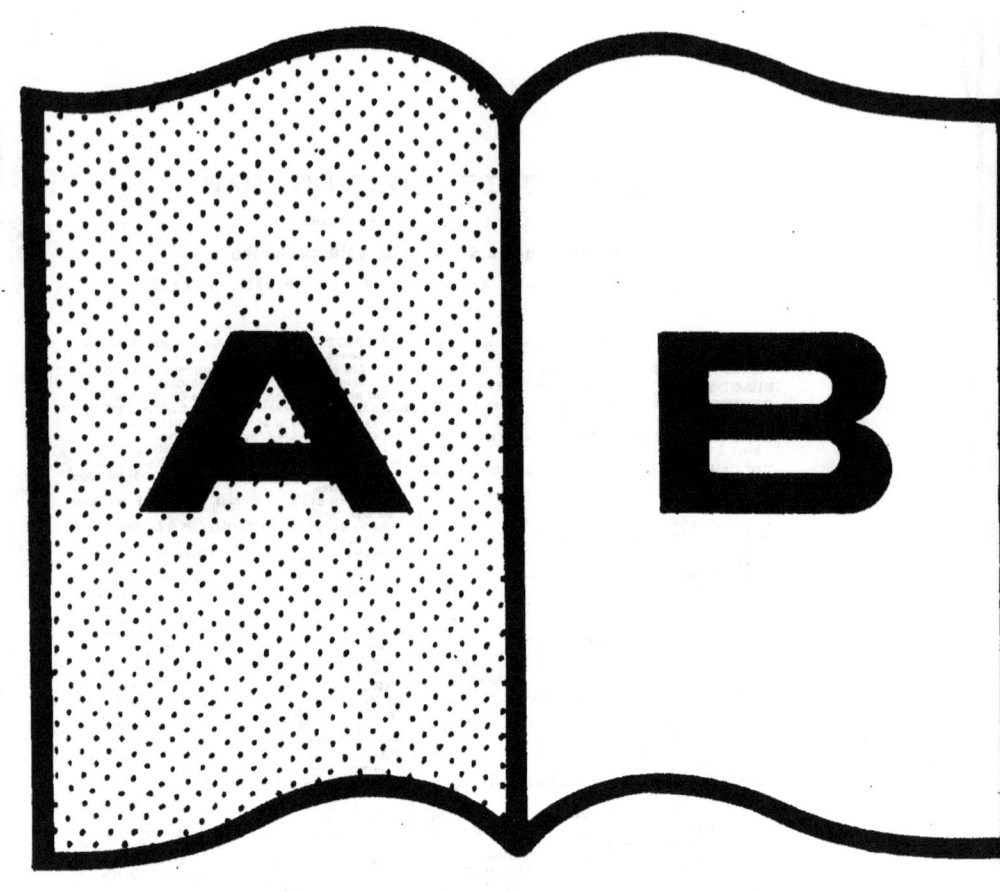

Contraste insuffisant

NF Z 43-120-14

www.ingramcontent.com/pod-product-compliance
Lightning Source LLC
Chambersburg PA
CBHW071302160426

43196CB00009B/1388